취업과 성공을 보장하는

군대
골라가기

취업과 성공을 보장하는

군대
골라가기

임준호 지음

학고재

갈림길에서 만나는 새로운 가능성

북한의 핵실험과 미사일 위협으로 지구촌이 매우 불안하지만 그 위협에 가장 근접한 우리나라 사람들은 외국 언론이 미스터리라고 할 만큼 '이상한 평온' 속에서 살아가고 있다. 우리의 이러한 위기 불감증은 1953년 정전 이후 60여 년 동안 북한의 존재에 익숙해지고 전쟁의 위협마저 일상화되어버린 결과이자, '설마'하면서 현실을 회피하는 심리 탓이기도 하다. 그러나 한편으로는 그만큼 국군과 동맹 미국군으로 구성된 한·미 연합군에 대한 강한 믿음이 바탕에 깔려 있다고 생각된다.

위기를 저지하고 또 극복할 수 있도록 준비된 군은 '작은 국가'라고 할 만큼 다양한 조직으로 구성되어 있다. 육군, 해군, 공군의 방대한 조직은 전투력을 효율적으로 발휘할 수 있도록 다양한 무기와 장비체계를 갖추고, 이를 잘 운용하기 위해 교육·훈련된 크고 작은 조직체로 구성되어 있다. 이 가운데에는 평생 얼룩군복을 입고 군을 주도적으로 이끌어가는 직업군인이 있고 국민의 4대 의무 중 하나인 국방의 의무를 다하기 위해 일정 기간 군에 복무하는 장병들도 있다. 이들 모두는 20대 젊은이로 군 생활을 시작하고 그 안에서 희망과 선택, 적성과 전문적 능력에 따라 다양한 길을 걷게 된다.

이 책은 앞날을 고민하는 젊은이들에게 새로운 가능성으로서 '군'을 제시하고, 군대와 관련된 수많은 정보를 꼼꼼하게 정리해 소개하고 있다. 군대를 포괄적으로 이해할 수 있는 큰 그림과 함께 주도적으로 자기의 앞날을 선택할 수 있는 길을 보여주려는 것이다.

20대 젊은이들에게는 학업, 군복무, 취업이라는 부담이 있다. 다양한 가능성과 어려움이 뚜렷하게 구분되지 않는 갈림길에서 째깍거리는 시계바늘에 쫓기며 미래를 고민하고 선택하게 된다. 이는 모두가 너나없이 맞닥뜨리는 대단히 어렵고 힘든 순간이다.

시인 로버트 프로스트Robert Frost가 「가지 않은 길」에서 말하듯이 인생은 '선택'으로 놀라울 만큼 달라지게 마련이다. 그뿐만 아니라 삶 전체가 크고 작은 선택의 연속이기에, 정확한 정보를 얻고 효율적으로 고민해 남들보다 분명한 선택지를 쥐는 것도 실력이자 요령이 된다. 어느 길을 선택할 것인가? 그 길을 걸어갈 것인가, 뛰어갈 것인가? 갈림길의 이정표 앞에서 내일을 고민하는 대한민국 젊은이들에게 이 책을 권하고 싶다.

전 국방부장관
김태영

스마트폰보다 더 필요한 군 입대의 바이블

내가 아는 임준호 교수는 참 매력적인 사람이다. 스마트한 외모에 완벽한 업무로 모든 상관으로부터 인정받는 유능한 장교이면서 큰 행사나 여흥을 즐기는 자리에선 재치 있게 사회를 보거나 현란한 춤과 노래로 분위기를 주도하는 타고난 연예인 같은 장교이기도 했다.

내가 교육사령관으로 근무하던 2011년, 사령부 예하부대인 기초군사교육단 생도대장으로 근무하던 임준호 대령은 잦은 사고로 인해 침체된 조직을 살아 숨 쉬게 만드는 혁신형 리더였다. 또한 열정과 사랑을 바탕으로 한 섬김의 리더십으로 부하들로부터 진정 어린 충성을 받는 21세기형 지휘관이었다.

그런 참군인이었던 임준호 대령이 전역을 하면서 군에서 입은 은혜에 보답하고 군에 입대해야 할 젊은이들이 목표를 갖고 군에서 많은 것을 얻을 수 있는 길을 제시하는 책을 집필했다. 방대한 자료가 필요하지만 군부대의 특성상 자료를 확보하기 힘들어 지금까지 아무도 시도하려는 생각조차 하지 못했던 대단한 일을 해낸 임준호 교수에게 진심 어린 축하와 격려를 보낸다. 그만큼 이 책은 대한민국 군軍과 미래에 군인이 될 모든 사람들에게 정말 가치 있는 책이다.

이 책은 한 가지 분명한 사실을 확신하게 해준다. 군대가 마지못해 끌려가는 희망 없는 곳이 아니라, 새로운 희망이고 취업 천국이며, 블루오션 그 자체라는 점을 말이다. 즉 군대에 대한 인식과 패러다임을 확실하게 바꾸어줄 것이다. 누구나 이 책을 읽고 자신에게 맞는 곳을 골라서 입대한다면, 군대 생활! 이제는 즐겁고 유익하게 할 수 있다.

지식은 곧 힘이다. 이 책은 우리 젊은이들에게 군대에 무작정 끌려가지 않고, 군대를 선택해서 골라 갈 수 있는 힘을 제공해준다. 아무 생각 없이 군대에 입대하면 그 사람의 미래도 그저 그렇게 흘러가게 된다. 심지어 끌려 다니게 될지도 모른다. 하지만 군대를 선택해서 골라간다면, 어떤 상황에서도 자신의 삶을 주도적으로 끌고 가는 성공하는 사람으로 우뚝 설 것이다. 대한민국 남자들은 모두 군대에 가야 한다. 그것이 대한민국의 법이며 원칙이다.

이 책은 군인이 되는 모든 길을 안내하는 길잡이다. 그러므로 군에 가야 할 모든 젊은이와 부모들이 반드시 읽어야 한다. 대한민국 국민이라면 누구나 읽어야 하는 전 국민의 필독서인 셈이다.

이 책이 군 입대를 해야 하는 모든 젊은이에게는 군대에 대한 희망을, 부모님께는 대한민국 군軍에 대한 믿음을 갖게 하는 군 입대의 바이블이 되리라 확신한다.

천안함재단 이사장(전 해군 교육사령관)

손정목(예비역 해군 중장)

추천사

대한민국 모든 청년의 필독서

인생에서 가장 중요한 시기가 언제일까?

바로 군 생활을 하는 시기다. 가장 건강하고 혈기왕성하기 때문만은 아니다. 인생에서 중요한 것은 속도나 성과가 아닌 방향이기 때문이다. 한평생을 활기차고 성공적으로 살아가는 데 필요한 방향을 설정하고 나아가기에 가장 좋은 시기가 바로 군 생활을 시작하는 2~3년의 기간이다.

군 생활을 시작하는 젊은이는 크게 2가지 부류로 나뉜다. 첫 번째 부류는 별 생각 없이 군대에 끌려가는 젊은이들이다. 그들은 중요한 군 생활을 아무 준비도, 사전 지식도 없는 상태로 무작정 입대를 한다. 선택이 아닌 피동적으로 말이다. 이렇게 되면 그야말로 2년여의 군 생활이 백해무익한 시간으로 전락해버릴 수도 있다. 두 번째 부류는 군대를 주도적으로 선택하고, 취업한다는 생각으로 입대하는 젊은이들이다. 즉 대한민국 군대와 군 생활에 대한 폭넓은 지식과 정보를 사전에 인지하고, 자신과 잘 맞는 군대가 어떤 곳인지를 깊게 성찰한 후,

군대를 스스로 선택해 취업한다는 생각으로 입대하는 것이다. 이런 부류의 사람들은 첫 번째 부류와 상황이 180도 달라진다. 군 생활을 유익하고 즐겁게 할 뿐만 아니라 전역 후, 취업을 하거나 창업을 하는 데도 상당한 도움이 된다. 이 책은 바로 첫 번째 부류의 많은 청년들을 두 번째 부류의 사람으로 바꿔주는 책이다.

이 책은 마법서魔法書다. 이 책을 읽기 전, 의무적이고 수동적이고 절망적이고 무의미하게 생각되었던 군 생활이 이 책을 읽고 나면 능동적이고 선택적이고 의미 있고 활기차고 유익하게 보낼 수 있다는 희망이 생기기 때문이다.

이 책은 당신이 선택당하지 않고 선택하게 해주며, 끌려가지 않고 골라 가게 해준다. 이 책을 읽으면 당신은 2번 이상 놀라게 된다. 첫 번째는 내가 선택할 수 있는 군대의 종류가 너무나 많다는 사실에 놀랄 것이다. 두 번째는 군대에 대한 보편적인 정보와 많은 지식들이 상세하게 담겨 있다는 사실에 또다시 놀랄 것이다.

이 책을 통해 군 복무가 슬픔에서 기쁨으로, 좌절에서 희망으로, 낭비에서 유익함으로 전환될 것이라 확신한다. 이 책을 읽지 않고 입대한 사람과 읽고 나서 자신이 선택해 입대한 사람은 군 생활의 질과 차원이 달라질 것이 너무나 확실하다. 그래서 대한민국 국민이라면 상식적으로, 사회적으로 그리고 개인적으로 반드시 읽어야 할 필독서라고 감히 주장하고 싶다.

한국퀀텀리딩센터 김병완칼리지 대표

작가 김병완(퀀텀독서법 저자)

군대, 골라 가자!
그러면 취업에 성공하고 리더로 성장한다

"비장의 무기가 나의 손에 있다. 그것은 희망이다!"

나폴레옹의 말처럼, 여러분에게는 희망이라는 비장의 무기가 있다. 군 입대라는 어찌 보면 절망적인 상황에서 어떻게 희망을 찾을 수 있을까? 그것을 알고 싶다면 반드시 이 책을 읽어라! 군 입대를 앞둔 당신이 '선택할 수 있는 최선의 길'을 알려줄 것이다.

"우리 아들! 군대도 가야 하고 취직도 해야 하는데 어떻게 해야 할지 모르겠어요. 군대하고 취업을 단번에 해결할 수는 없나요?"

아들의 군 입대와 취업을 걱정하는 어머니께 알려드리고 싶다.

"이 책을 보고 나면 아들에게 어디를 가라고 말해줘야 할지 행복한 고민을 하게 되실 겁니다."

"선배님, 어디를 가야 군대 잘 갔다고 소문이 날까요?"

군 입대에 대해 선배에게 조언을 구하는 젊은이에게 말해주고 싶다.

"이 책을 읽고 나면 당신이 어디와 궁합이 맞는지 알게 될 겁니다. 그리고 이 책을 읽지 않고 군대를 갔다면 어땠을까? 아마 생각하기도 싫을 겁니다."

위 질문에 대한 대답뿐 아니라 군에 가야 할 젊은이와 자식을 군에 보내야 하는 부모님께 알려주고 싶은 게 너무 많다. 지금까지 그런 질문에 자신 있게 대답할 수 있는 사람이 없었고 잘 정리된 책도 없었다. 이 책은 '군대에 가야 하는 수많은 청년'과 '직업군인의 길을 가려는 사람', 그리고 '자원해서 군에 가고자 하는 여성'을 생각하면서 썼다.

필자는 임관 후 30년 군 생활의 대부분을 '함정 지휘관과 인사·교육부서에서 근무'했다. 특히 해군대학 교수, 해군전투병과학교 교관, 해군기초군사교육단 생도대장으로 근무하면서 '장교 교육은 물론 준사관, 부사관, 병에 대한 교육훈련까지 모두 경험'했다. 또한 초계함장 재직 시 사관생도 연안실습, 군수지원함장 재직 시 순항훈련에 참가해 '사관생도 교육'에도 앞장섰다. 전역 후에도 '대학의 군사학과 교수로 재직'하면서 좋은 자질을 가진 우수한 학생을 훌륭한 군 간부로 양성하기 위해 노력하고 있다. 이처럼 다양한 경험을 바탕으로 필자가 연구하면서 알게 된 모든 내용을 이 책에 담았다.

이 책을 보면 '군대 안에 자신이 선택할 수 있는 길이 얼마나 많은지' 알게 된다. '자신에게 맞는 군이 어디인지'도 확인할 수 있다. 군대도 궁합이 맞는 곳을 찾아가야 성공할 가능성이 높다. 군대를 잘 골라가야 취업도 쉽게 하고 훌륭한 리더로 성장할 수 있는 것이다.

군에 가야 할 젊은이라면, 자식을 군에 보내야 하는 부모라면, 직업 군인에 관심이 있는 사람이라면 반드시 이 책을 읽어야 한다. 왜냐하면 이 책은 '의무복무와 취업을 동시에 해결할 수 있는 길', '직업군인이 되는 다양한 방법', '의무복무기간 동안 돈을 벌면서 근무할 수 있는 기회'를 알려주기 때문이다.

군대가 '블루오션'이고 '취업 천국'이라는 점을 알리고 싶다. 그래서 우수한 인재들이 '자신에게 맞는 군을 선택'해 지원하는 건강한 대한민국을 만드는 데 기여하고 싶다. 군 입대는 의무이지만 선택이기도 하다. 선택할 것인가, 선택당할 것인가? 당신이 직접 선택하라! 이 책이 '군 입대를 앞둔 당신에게 희망을 선물할 것'이다!

차 례

1 군대에 취업하자

2 군대도 궁합이 맞아야 잘 간다!

6 군대, 제대로 알자

1

군대에
취업하자

군대가 취업의 블루오션이라니!

"인생에서 가장 고통스러운 것은 꿈에서 깨어났을 때 갈 길이 없는 것"이라는 루쉰의 말처럼 요즘 우리나라 젊은이들의 청년실업에 대한 위기의식은 우리의 상상 이상이다. 필자가 장교 생활을 시작한 1980년대는 대한민국이 폭주기관차처럼 고도성장을 하던 시기였다. 그래서 대부분의 대학생들은 졸업을 앞두고 여러 기업들 가운데 어느 회사를 가야 할지 갈등해야 하는 행복한 고민을 했다. 지금 취업을 준비하고 있는 학생들 입장에서 보면 무척이나 부러울 것이다.

하지만 시대는 변화한다. 스마트폰과 인공지능의 발달은 우리의 삶을 완전히 변화시키고 평생직장이라는 개념을 사라지게 만들었다. 그런 면에서 군대는 분명히 청년취업의 블루오션이다.

군대는 급격하게 변화하는 세상의 흐름을 받아들이기에는 조직의 특수성이 너무 강하다. 따라서 당분간은 우리 사회가 변화하는 모습을 지켜보면서 단계적으로 바뀌어 나갈 것이다. 그렇다면 지금이 마지막 기회일 수도 있다. 공무원 신분으로 평생직장을 보장받을 수 있는 곳, 조금만 노력하면 선택할 수 있는 길이 너무나 많은 곳, 그런 곳이 바로 군대다.

군대에는 직업군인이 아니더라도 의무복무를 해야 하는 청년들을 위해 병무청과 각 군에서 시행하고 있는 다양한 병역지원 제도가 있다. 자신의 전공과 적성에 맞는 제도를 잘 찾아보면 취업과 병역의무를 동시에 해결할 수 있는 길이 많다는 놀라운 사실을 발견할 수 있다.

어떤 목표를 달성하기 위해서는 반드시 거쳐야 하는 필수 코스가 있고 자신의 의지에 따라 선택이 가능한 일반 코스가 있다. 일반 코스는 자신의 선택여부에 따라 가지 않아도 되지만 필수 코스는 자신의 의지와 상관없이 반드시 거쳐야 하므로 선택의 여지가 없다.

대한민국 남자에게 군대는 필수 코스다. 기회는 가만히 기다리는 사람에게는 찾아오지 않는다. 스스로 찾아서 필수 코스를 선택하는 젊은이만이 기회를 잡을 수 있다. '군 입대를 앞둔 젊은이들이여! 여러분에겐 희망이라는 꿈이 있다. 그 꿈을 여러분의 것으로 만들어 성공하는 삶을 살아보지 않겠는가?'

군 입대를 취업이라고 생각하자. 병사로 입대하더라도 숙식을 제공받고 얼마 되지 않지만 월급도 받으니 약 2년간 군대에 취업한 것으로 생각하자. 군대는 여러분의 가치를 높일 수 있는 '기회의 장'인 동시에 '취업의 블루오션'이다. 여러분 모두 군대라는 인생의 필수 코스에서 젊음의 열정과 패기로 가득 찬 멋진 자신을 만들어보기 바란다.

군대는 취업 천국이다

군대에 취업할 수 있는 곳이 이렇게 많았나?

21세기 최고의 기업가 중 하나인 빌 게이츠는 "기회를 포착하는 것이 지혜이고 기회가 없으면 만들면 된다"라고 말했다. 빌 게이츠의 말처럼 군대에는 포착할 수 있는 기회가 많고 조금만 관심을 가지면 만들 수 있는 기회는 더욱 많다. 군대 안에는 엄청나게 많은 기회가 있는데 사람들은 군대가 폐쇄적이고 경직되어 있으며 시키는 대로만 해야 하는 곳이라고 생각한다.

잘 찾아보면 군대에도 자신의 적성과 전공을 고려해 근무할 수 있는 부서가 많고 선택할 수 있는 일의 종류도 다양하다. 그럼에도 아무

런 생각도 없이 군에 입대해 '거꾸로 걸어놓아도 국방부 시계는 돌아
간다'는 말만 되뇌며 시간만 때우다 전역하는 젊은이들이 많다. 그러
기에는 청춘이 너무 아깝지 않은가?

군에서 만난 부하들 중에 "군대 안에 선택할 수 있는 길이 이렇게
많은 줄 알았다면 사전에 잘 준비해서 내가 원하는 길을 선택했을 겁
니다"라며 뒤늦게 후회하는 사람들이 많았다. 그나마 그렇게 깨달은
사람은 조금 늦었더라도 자신의 길을 스스로 개척해 나간다. 하지만
푸념만 하고 새로 시작할 생각조차 없는 사람이 의외로 많았다.

'군대에 취업하라'는 표현이 조금은 생소할 것이다. 군대를 간다고
하면 대부분 병역의 의무를 수행하기 위해 병사로 입대하는 것을 생
각하기 때문이다. 하지만 직업군인을 선택하고 간부로 입대하는 사람
들은 사실상 취업한 것이나 다름없다. 특히 사관학교에 합격한 학생
들은 입학과 동시에 취업이 됐다고 봐야 한다. 경제적으로 완전히 독
립한 것이나 마찬가지기 때문이다. 대학 등록금 걱정도 없고 의식주
비용은 국가에서 부담하며 용돈이라 할 수 있는 품위유지비까지 받
는다. 결론적으로 사관생도는 입학과 동시에 부모에게 엄청난 효도를
하는 셈이다.

부사관으로 입대하는 사람들도 마찬가지다. 20대 초반에 간부로서
직업군인의 길을 선택하는 부사관은 병역의 의무를 걱정할 필요가 없
다. 취업 걱정도 없다. 그리고 일찍 효도하는 자식이 된다. 또한 학군장
교ROTC나 학사장교, 육군3사관학교, 군 장학생을 비롯해 중·단기 장
교를 지원하는 사람들도 사실상 군대에 취업한 것이나 다름없다.

그들 중 일부는 장기복무자로 직업군인의 길을 계속 갈 것이고 나

머지 인원은 전역을 하고 사회로 돌아갈 것이다. 장기복무를 하지 않더라도 장교나 부사관 등, 독신간부로 일정기간을 근무하면 보통 연봉의 반 이상은 저축할 수 있다. 개인에 따라 차이가 있지만 3~4년을 복무하고 전역하는 장교나 부사관은, 평균 3,000~5,000여만 원의 종잣돈을 마련할 수 있다. 그 돈은 미래를 설계하는 데 많은 도움이 될 것이다.

책 집필을 위해 자료를 수집하고 연구를 하면서 군대에 갈 수 있는 길이 너무나 많다는 사실에 깜짝 놀랐다. 평상시 아들을 군에 보내야 하는 친구들이 군 입대에 관한 질문을 했을 때, 얼마나 엉터리로 답변을 해줬는지 지금 생각하면 얼굴이 화끈거린다. 당시에는 필자가 직업군인이다 보니 대충 전해들은 지식을 가지고 잘 아는 것처럼 대답을 했다. '무식하면 용감하고 선무당이 사람 잡는다'고 했던가. 하지만 오랜 시간을 두고 많은 연구를 한 지금은 어떤 것을 물어본다 해도 정확하게 그 사람의 상황에 맞는 조언을 해줄 수 있다. 나도 모르는 사이에 군 입대에 대한 전문 컨설턴트가 되어버린 것이다.

앞서 언급한 직업군인이 되는 방법 외에도 많은 길이 있다. 그 길을 여기서 일일이 설명해줄 수는 없다. 다만 몇 가지만 예를 들면, 공군항공과학고등학교를 진학하거나 자신의 전공이나 경력을 고려해 전환·대체 복무 또는 취업맞춤특기병을 선택해 일찌감치 군대와 취업을 동시에 해결하는 방법도 있다.

이미 군에 입대했는데, 미리 준비해서 자신에게 맞는 곳을 선택하지 못한 것을 후회하고 있다면 지금 함께 근무하고 있는 간부들에게 성실한 모습을 보여주기 바란다. 지휘관으로부터 추천서를 받으면 규정된 경쟁을 통해 부사관이나 군부대의 공무원이라는 군무원으로 연계해서 근무할 수 있는 가능성이 높아진다. 이처럼 자신이 관심을 갖고 노력만 한다면 군대에서 취업할 수 있는 길은 무궁무진하다. 군대를 취업 천국이라고 말할 수 있는 이유다.

사회에서 취업을 하려면, 스펙을 갖추기 위해 학원을 다니고 각종 자격증을 취득하는 등 많은 노력을 기울여야 한다. 필자 생각에 자신의 역량을 정확히 판단했을 때, 사회에서 취업하기 위한 노력의 약 50%만 투자한다면 군대에서 자신이 목표로 하는 어떤 길이라도 갈 수 있다. 군대는 일반인의 접근이 쉽지 않은 곳이고, 조직 특성상 정보를 얻기 어렵기 때문에 조금만 노력해도 좋은 결과를 얻을 수 있다.

대한민국 군대를 기업에 비유하면 우리나라에서 가장 큰 기업일 것이다. 2017년 확정된 군 예산이 우리나라 전체 예산의 약 10%에 해당하는 40조 3,000억 원이다. 또 인원은 약 63만 명으로 예산이나 인력 규모를 보면 엄청나게 큰 기업이다. 이런 노다지 취업 시장을 사람들은 왜 외면하려 할까? 아마도 힘들고 통제받는 생활이 싫기 때문일 것이다. 세상에 공짜는 없다. 어느 정도 자신을 희생하지 않으면 자신의 목표를 달성하지 못한다는 것을 우리는 다 알고 있다. 그렇다면 정답은 나와 있는 것이 아닐까?

칭기즈칸은 이런 말을 했다.

가난하다고 탓하지 말라.
나는 들쥐를 잡아먹으며 연명했다.
작은 나라에서 태어났다고 말하지 말라.

나의 병사들은 적들의 100분의 1에 불과했지만 세계를 정복했다.

나는 내 이름을 쓸 줄 모르지만

남의 말에 귀 기울이면서 현명해지는 법을 배웠다.

너무 막막해 포기해야겠다고 말하지 말라.

나는 목에 칼을 쓰고도 탈출했고, 뺨에 화살을 맞고도 살아났다.

취업하기 어려운 시대다. 그리고 군대 생활이 힘들고 고달프다고 생각할 수 있다. 하지만 위기와 고난에 처했던 칭기즈칸보다 더 힘들다고 말할 수 있을까? 나폴레옹은 수필가로서 실패했고, 링컨은 상점 경영에 실패했으며 셰익스피어는 양모 사업가로서 실패했다. 하지만 그들 중 누구도 포기한 사람은 없다. 모두 자신에게 맞는 일을 찾아 노력한 결과 우리가 기억하는 위대한 인물이 됐다. 아무리 힘들어도 희망을 품고 살아가는 사람은 내일의 승자가 될 수 있다.

이제 군대를 취업 천국이라 생각하라. 그리고 자신에게 맞는 곳을 잘 선택하라. 당장은 고되고 힘들겠지만 군대에서 흘린 땀과 노력이 훗날 큰 복이 되어 여러분을 찾아갈 것이다.

IQ보다 EQ가 높다면 장교에 도전하라

21세기 군대의 리더십은 EQ가 좌우한다

'난 IQ intelligence quotient 가 높을까? EQ emotional quotient 가 높을까?' 사람들은 보통 IQ가 높다고 하면 '머리가 좋아서 공부를 잘할 것 같은 사람'을 생각한다. 그래서 사람들은 자녀의 IQ가 높으면 공부를 엄청 잘해서 훌륭한 사람이 될지도 모른다는 막연한 기대를 한다. 실제로 필자가 학교를 다니던 1970~1980년대는 IQ가 높은 사람들이 대부분 공부를 잘했고 착실했으며 얌전한 편이었다. 우리는 보통 그런 사람들을 '모범생' 또는 '범생이'라고 부르고 리더십이 뛰어나지 않더라도 어느 정도 인정해주었다.

이런 모범생이라는 의미는 2000년대 중반이 되면서 '엄친아(딸)'라는 호칭으로 변화했다. 엄친아(딸)란 '엄마 친구 아들(딸)'의 줄인 말로 집안 좋고 성격이 좋으면서 공부도 잘하며 인물도 훤한, 모든 면에서 뛰어난 젊은이를 의미한다. 과거의 모범생은 공부만 잘하면 될 수 있었는데 요즘 시대가 원하는 엄친아(딸)가 되려면 집안과 인물, 성격까지도 좋아야 한다. 그렇기에 모범생과 엄친아(딸)는 같은 의미가 아니다. 모범생은 자신의 노력으로 될 수 있지만 엄친아(딸)의 조건 중 집안과 인물은 타고나는 것이지 자신이 노력해서 이룰 수 있는 조건이 아니기 때문이다.

그럼 EQ가 높은 사람을 사람들은 어떻게 생각할까? EQ란 '감성지수' 또는 '감정적 지능지수'라고 한다. 그래서 사람들은 EQ가 높은 사람은 이성보다 감정이 우선하기 때문에 어떤 일을 할 때 감정에 치우쳐 잘못된 판단을 할 수 있다고 생각한다. 이처럼 사람들은 EQ를 부정적으로 잘못 생각하는 경우가 많다. 하지만 EQ의 진정한 의미는 지능지수IQ와는 질이 다른 지능으로 '마음의 지능지수'라고 할 수 있다. 'EQ는 자신과 다른 사람의 감정을 이해하는 능력과 삶을 풍요롭게 하는 방향으로 감정을 통제할 줄 아는 능력'을 의미한다. EQ와 유사한 의미로 EnQ라는 말이 있다. 이는 엔터테인먼트 지수entertainment quotient 의 약칭으로 '사람들을 즐겁게 만드는 능력'을 뜻한다.

필자가 사관생도 생활을 시작했던 1980년대 초반부터 최근까지 군대에서 EQ가 높은 사람은 IQ가 높은 사람보다 인정받기가 더 어려웠다. 필자가 EQ, 특히 EnQ가 유난히 높아서 그랬는지 험난한 생도 생활, 모험적인 장교 생활을 했다고 느끼기 때문이다. 필자는 고등학교 시절, 집에서는 열심히 공부하는 모범생인 척하면서 학교에서는 응원단장, 합창반 지휘자, 연극반 반장 등 다양한 활동을 했다. 사관학교 생도 시절, 3년간 춤추는 서클에서 활동했고 축제를 주관하면서 각종 행사의 사회를 보았다. 해군사관학교 공식 DJ와 보컬그룹의 리드 싱어로도 활동했다. 하지만 그런 활동은 부정적인 평가를 받게 했다. 오히려 잘 노는 생도, 나약하고 불량한 생도라는 안 좋은 이미지를 심어주었다. 그래서 생도 시절 내내 다소 어려운 내무 생활을 했다. 지금은 추억이지만 당시에는 상당히 괴로웠다. 일부 진취적인 선배들이 좋게 평가해주면서 열심히 하라고 격려하기도 했지만 말이다.

임관 후, 함장으로 근무할 때는 평상시 갈고닦은 노래와 춤 실력으로 부하들과 마음으로 소통하는 관계를 만들었다. 수병들에게는 20대 초반에 맞는 아이돌 그룹의 춤과 노래로, 장교들과는 그들의 수준에 맞는 방식으로, 그리고 원·상사들과는 분위기 있는 트로트로 눈높이를 맞춰 어울렸다.

사관생도와 함께 순항훈련을 갔을 때는 기항지에 입항할 때마다 국내 최신 유행곡을 구해 전파했다. 입수한 노래와 춤을 모든 사람들이 알 수 있도록 다양한 행사를 통해 보여주며 사관생도와 승조원이 가족처럼 지내게 만들어주었다. 그래서 함께 근무한 부하와 생도들에게 '신세대 함장, 춤추는 함장'이라는 영광스러운(?) 별명을 얻기도 했다.

군수지원함 함장으로 근무할 때는 배의 넓은 공간을 활용해 배 안에 꽃밭과 연못을 만들었다. 독한 기름 냄새로 인해 쥐도 바퀴벌레도 살지 못하는 열악한 환경에서 군함 생활을 하는 부하들에게 무언가 해줄 것이 없나 고민한 결과였다. 장교와 직별장들을 설득해, 부서별로 하나씩 총 4개의 작은 이동식 꽃밭을 만들었다. 그리고 원사와 상사들이 연못을 만들게 했다. 꽃밭을 연못 근처로 모으니 아담한 정원이 만들어졌다. 그곳을 '한마음 정원'이라 부르며, 장병들이 체력 단련을 하거나 휴식을 취할 때 볼 수 있도록 운용했다. 승조원들의 반응이 매우 좋았다. 수병들 개개인에게 선물한 작은 화분에 자신의 이름과 가족 또는 애인의 이름을 붙이게 했다. 그리고 본인이 직접 물을 주고 관리하게 했다. 그렇게 필자와 부하들은 한마음이 되어 생사고락을 함께했다.

하지만 평범하지 않았던 필자의 지휘 스타일은 경직된 사고를 갖고 있는 일부 상급 지휘관과 동료 장교들에게 부정적으로 비쳤다. 그들의 생각이 틀린 것은 아니다. 군대는 규정과 원칙, 명령과 복종만이 존재하는 조직이기 때문이다. 필자의 새로운 시도는 규정에 없었다. 하지만 함장으로서 부하를 위하려는 순수한 마음에서 추진했기 때문에 후회는 없었다. 엄밀히 따지면 규정에 '하라'고 되어 있지 않았지만, '하지 마라'고 명시되어 있지도 않았다. 그렇기에 함장의 권한으로 추진할 수 있다고 판단했다.

공무원들은 대체로 검증된 것만을 추진하고 가급적 새로운 일은 시도하지 않으려고 한다. 군대도 별반 다르지 않다. 하지만 이제 시대가 변하고 있다. 아니 이미 변했다. 급변하는 시대에 성공하려면 EQ를 적극 활용하고 참신한 아이디어를 가지고 새로운 시도를 해야 한다.

IQ보다 EQ가 높다면 장교에 도전해보라고 말하고 싶다. 나폴레옹은 "모든 장교는 배낭 속에 자신만의 장군 지휘봉을 갖고 있다"라고 말했다. 이는 모든 장교가 장군이 될 가능성을 갖고 있지만 장군이 되려면 그에 걸맞는 자질과 잠재력을 갈고 닦아야 함을 의미한다. 소위

때 없던 진정한 용기가 장군이 되었을 때 갑자기 나타나지 않는다는 말과 같다. '될성부른 나무는 떡잎부터 알아본다'는 말이 있지 않은가! 여기서 알아보아야 할 떡잎은 어떤 것일까? 21세기에 가장 필요한 떡잎은 바로 높은 EQ와 EnQ를 가지는 것이다.

앞으로의 군대는 EQ와 EnQ가 높은 장교가 훌륭한 지휘관이 될 수밖에 없다. 군대의 주축을 이루고 있는 초급장교와 부사관, 병사들 대부분이 젊은이들이기 때문이다. 그들의 생각은 시대의 흐름에 맞게 계속 진화한다. 엄격한 군기와 규율, 계급에 의한 권위만으로는 그들에게 진정한 충성을 얻어내지 못할 것이다. '부하들의 마음을 얻는 것', 그것은 자신이 누려야 할 권한과 진정성 있는 사랑을 그들에게 나누어줘야 가능해진다. 그러기 위해서는 지휘관이 부하들보다 더 많이 고민하고 노력하고 연구해야 한다.

EQ가 높은 사람은 어느 조직이든, 어떤 집단이든 반드시 그곳의 리더 역할을 하고 있다고 보면 된다. 그런데 EQ가 높은 사람이 가장 빛나는 순간이 있다. 그것은 바로 '위기 상황'이다. 어떠한 조직이나 개인도 위기 상황에 빠지면 자신도 모르게 리더를 바라본다. 그 상황에서 IQ가 높은 사람은 대체로 이성적인 판단과 계급에 의한 권위로 대처한다. 반면 EQ가 높은 사람은 이성적인 판단만을 하지 않는다. 주변 상황과 자신을 바라보는 구성원 개개인의 감정까지 모두 고려해 결심하며 그들 모두가 믿고 따르게 만든다. 설령 누군가가 나서서 희생해야 하는 순간이 오더라도 리더는 모든 사람이 수긍할 수 있는 결심을 해야 한다. 그러자면 그 사람이 기꺼이 자신을 희생하는 데 필요한 동기를 부여하고 모든 사람에게 믿음을 심어주어야 한다. 그리고 카리스

마와 애정 어린 눈빛으로 그 사람을 포용해야 한다. 이러한 리더의 모든 행동은 그가 평상시 부하들의 진정한 충성을 받았으며 그들을 자신의 가족보다 더 사랑하고 아꼈음을 증명하는 것이다.

이처럼 21세기 장교에게 필요한 품성과 자질을 판단할 때 장교는 EQ가 높은 사람을 최우선으로 고려해야 한다. 이런 시대의 흐름 때문인지 육군사관학교와 해군사관학교에서는 '군 적성우수자 특별전형'을 실시하고 있다. 외국의 많은 명문 대학이 성적만으로 학생을 선발하지 않는 것처럼, 군의 간성干城을 육성해야 할 사관학교도 군의 특성을 고려해 그들만의 철학을 바탕으로 모집정원의 일부(육사 10%, 해사 30%)를 학교장 추천 특별전형으로 선발하고 있다. 지원자격은 학교장이 추천하는 학생 중에서 국가관이 투철하고 리더십이 뛰어나며 사관생도로서 잠재력과 창조적 도전정신이 높은 사람이다. 다시 말해 훌륭한 장교가 될 가능성이 높은 사람을 우선 선발하겠다는 것이다. 이 전형에 가장 부합되는 학생은 아마 EQ가 높은 학생일 것이다.

특별전형 외에도 EQ가 높은 학생이 장교가 될 수 있도록 다양한 길을 알려주고 지원할 수 있는 방안을 수립해야 한다. 장차 그들은 부하로부터 진정한 존경을 받는 훌륭한 지휘관으로 성장해 대한민국의 안보를 굳건히 지켜 나갈 것이라 확신한다.

등록금이 필요하면
알바 대신
유급지원병을 선택하라

PART 03

조금만 고생하면 군대에서 등록금 모을 수 있다

우리나라 대학 등록금이 다른 나라와 비교할 때 많이 비싸다고 한다. 그런데 더욱 심각한 건 거의 모든 부모들이 자녀를 대학에 진학시키려 한다는 데 있다. 우리나라의 대학 진학률은 1990년대 초반 40%에서 2008년 84%까지 높아졌다. 이후 조금씩 낮아지긴 했지만 지금도 70% 수준으로 독일, 미국, 일본 등, 다른 선진국에 비해 매우 높은 수준이다. 대부분의 나라와는 너무 차이가 많이 나서 비교하는 것 자체가 무의미할 정도다. 그래도 다들 대학을 다니려고 하니 어쨌든 등록금은 마련해야 한다. 부모님께 전적으로 의지하기에는 부담이 너무 커 가정형편이 어렵다면 스스로 마련할 방법을 찾아야 한다. 더군다나 군대를 마치고 복학하는데 부모님께 부담 드리는 것이 너무 미안해서 말을 꺼내기가 쉽지 않다. 그래서 대부분의 전역 장병들은 대학에 복학하기 전까지 아르바이트를 해서 학비와 생활비를 모으려 한다. 아르바이트를 할 수 있는 기간이 너무 짧아 등록금을 마련할 수 없을 경우에는 휴학까지도 고려한다.

하지만 아르바이트를 해서 등록금을 낼 정도로 목돈을 마련하는 것은 쉽지 않다. 2017년 최저 시급(6,470원)을 기준으로 하루 8시간을 일한다고 할 때, 약 5만 2,000원 정도를 받는다. 일주일에 하루만 쉬고 일을 한다고 해도 수입의 절반 정도를 생활비로 충당하고 나면 한 달에 대략 62만 원 정도를 저축하는 것이 최대라고 볼 수 있다. 대학교 1년 등록금이 평균 800만 원 내외라고 가정하자. 1년 내내 아르바이트를 해도 모은 돈이 744만 원에 불과하니 1년 치 등록금을 마련하는 것은 어렵다. 이러한 젊은이들을 위한 여러 대안 중 하나가 바로 유급지원병 제도다.

'유급지원병'은 군에서 현역으로 근무한 병사들이 의무복무를 마친 후 일정기간을 하사로 근무할 수 있도록 만든 제도다. 유급지원병이 되는 방법은 2가지가 있다. 각 군에서 현역병으로 복무하다가 전역 2~6개월 전에 지원하여 의무복무기간 종료 시점부터 6~18개월을 하사 계급으로 추가 근무할 수 있는 '유형1 유급지원병'과 입대하기 전에 36개월 의무복무인 유급지원병으로 지원하여 각 군에서 의무복무기간을 병사로 근무하고 잔여기간인 12~15개월(공군 12개월, 해군 13개월, 육군/해병대 15개월)을 하사 계급으로 근무하는 '유형2 유급지원병'이다. 참고로 유급지원병은 하사로 임관하면 '전문하사'로 분류된다.

군대는 업무의 특수성 때문에 병사라고 하더라도 일정기간 한 분야에서 계속 근무하면 해당 분야에 대한 전문성을 가진다. 그러므로 유급지원병 제도는 군 입장에서 보면 특정 분야의 전문성을 갖춘 유능한 인재를 계속 활용할 수 있어 효율성 면에서 매우 좋다. 병 개인 입장에서도 간부급 수준의 급여를 받고 부사관으로 복무하며 리더십과 책임감을 키울 수 있어서도 좋다. 또한 숙달된 일을 계속하면서 기술까지 연마해 나중에 취업하는 데도 도움이 되므로 정말 좋은 제도다.

필자가 군수지원함 함장으로 근무하던 2009년, 함정 조리병으로 근무하던 수병이 장교들의 권유로 유형1 유급지원병에 지원, 조리하사로 12개월을 더 근무한 적이 있다. 그는 하사 임관 후 매월 약 120만 원을 받았는데(2016년 기준 유형1 유급지원병 하사 급여는 약 140만 원) 2010년 전역하면서 약 1,400만 원이 저축된 통장을 갖고 집으로 돌아갔다. 그는 배에서 생활하면서 봉급 전액을 저축했고 생활비는 별도로 받는 함정근무수당, 급식비, 보너스 등으로 충당했다. 만약 그가 유형2 유급지원병으로 지원했다면 하사로 임관하면서 군에서 지급하는 장려금을 포함, 지금 기준으로 한 달에 약 200만 원을 받았을 것이다. 그리고 잔여 복무 기간 13개월 동안 봉급 전액을 저축한다고 가정하면 전역하면서 약 2,600만 원의 종잣돈을 마련했을 것이다. 유급지원병의 두 가지 유형에 대해 간략히 정리해보면 다음과 같다.

표에서 유형1 유급지원병의 자격 요건은 현역병이므로 각 군 모두 동일한 조건이다. 그러나 유형2 유급지원병의 자격 요건은 각 군별로 약간 다르다. 육군은 자격·면허·전공자에 한한다. 해군은 일반, 조리, 기관 계열은 제한이 없으나 나머지 계열은 육군과 동일한 조건이다.

유급지원병의 종류

구 분	유형1	유형2
지원자격	• 현역병 복무 중인 자	• 1~3급 현역 입영대상 • 자격, 면허, 전공요건을 갖춘 자
접수/선발	• 접수: 현역병 중 전역 2~6개월 전 해당부대 • 선발: 각 군 참모총장	• 접수: 매월 병무청 홈페이지 • 선발: 병무청장
복무 분야	• 각 군별 필요한 전 분야	• 각 군별 첨단장비 운용분야 우선 또는 필요한 전 분야
계 급 복무 기간	• 병 의무복무기간: 병 계급 • 병 의무복무 후 6~18개월	• 연장 복무기간: 하사 • 병 의무복무기간 포함 입대 시부터 3년

보 수	• 연장 복무기간 월 약 140만 원
	  (하사 3호봉+장려수당 30만 원)
		• 연장 복무기간 월 약 200만 원
		  (하사 3호봉+장려수당 90만 원)

대우/특전	• 영외숙소 지원, 사이버대학 진학기회 제공 등 • 하사 복무기간 중 연장 및 장기복무 지원가능 • 부사관 진출 시 우대 선발(경력 및 호봉 인정)	

출처: 2015년 병무행정 소개 책자

해병대는 아무런 조건 없이 지원가능하다. 공군은 군 특성화고 졸업 예정자만을 대상으로 선발하기 때문에 별도 민간 선발은 없다.

유급지원병 제도는 가정형편이 어려운 젊은이들이 대학 등록금을 마련하거나 개인적으로 필요한 종잣돈을 모으는 데 효율적이다. 복학 시기가 맞지 않거나 부모님의 부담을 덜고 효도하고 싶은 젊은이라면 신중하게 생각해볼 필요가 있다. 가정형편이 어렵지 않더라도 도전하는 삶에 필요한 종잣돈을 젊은 나이에 스스로 마련할 수 있다면 지원할 만한 가치가 있지 않을까?

인생에서 성공하는 사람은 힘이 세고 머리 좋은 사람이 아니다. 생각의 뿌리가 튼튼한 사람이다. 마음속에 튼튼한 생각의 뿌리를 내린 사람이 행복해진다. 행복해지는 데 가장 중요한 것은 마음가짐이다. 어떻게 마음먹느냐에 따라 보이지 않는 것도 마음의 눈으로 볼 수 있다. 가정환경이 불우하다고 해도 젊음이라는 무한한 가능성과 열정만 있다면 어떤 일에 도전하더라도 충분히 해낼 수 있다.

군에서는 사회에서 노력했을 때보다 훨씬 적은 노력으로 얻을 수 있는 것이 많다. 유급지원병도 그러한 제도 중 하나다. 마음이 흔들려 잘못된 판단을 하지 않도록 생각의 뿌리, 마음의 뿌리를 튼튼하게 만든다면 행복하고 희망찬 미래를 향해 슬기롭게 살아가는 젊은이가 될 것이다.

제복 입는 공무원이 되려면
전환복무를 지원하라

MIU(Man in Uniform) 멤버가 되는 길　　　　　　　　**PART I 04**

'MIU'라는 용어는 'Man in Uniform'의 약자로 직역하면 '제복 입은 남자'라고 할 수 있다. 이 말은 열악한 근무여건 속에서 나라를 위해 자신의 생명을 걸고 근무하는 군인, 경찰, 소방관들의 희생을 기리고 그들의 헌신을 기억하고 격려하자는 취지에서 2012년 동아일보에서 제정한 '영예로운 제복상'을 영문(MIU: Man in Uniform)으로 표기하면서 쓰이기 시작했다.

　제복을 입는다는 것은 그 옷을 입는 동안 위기의 순간에 자신의 생명을 걸고 맡은 바 임무를 성실히 수행하겠다는 약속을 하는 것이라 생각한다. 그래서 제복을 입는 군인, 경찰, 소방관들은 국민들에게 신뢰를 받는다. 전혀 모르는 사람이라 해도 제복을 입은 사람이 말을 걸거나 어떤 상황을 설명하면 별다른 의심 없이 받아들이는 것도 제복이 주는 신뢰 때문이다. 미국의 시민들은 제복 입은 사람들을 존중해 준다. 제복을 입은 사람들은 그러한 시민의 믿음에 자신의 희생으로 보답을 한다. 우리나라도 미국과 같이 제복에 대한 의무와 신뢰라는 사회적 인식이 정착되기를 바란다.

제복에는 그것이 속한 조직의 명예와 긍지가 담겨 있다. 그래서 제복을 입고 행동할 때는 남들이 자신을 쳐다보지 않더라도 법규나 공중도덕을 위반하는 행위는 본능적으로 하지 않으려 한다. 그런 의미에서 제복은 명예와 긍지를 더욱더 단단하게 만들고 지켜주는 좋은 도구다. 만약 명예와 긍지가 없는 사람이 제복을 입었을 경우, 그는 여러 가지 비리에 노출될 수 있다. 부적절한 언행으로 지탄받을 가능성이 높아지고 그로 인해 조직의 명예를 떨어뜨릴지도 모른다. 제복 입는 공무원의 대표적 특징이 국가와 국민을 위해 자신의 생명을 바칠 수 있는 마음가짐이므로 제복을 입기 위해서는 일정기간 동안 힘든 교육훈련을 받아야 한다.

군에 입대를 앞둔 젊은이들 중에서 군인은 아니지만 제복 입는 공무원을 희망하는 사람이 있다면, 원하는 조직(경찰, 해경, 소방)의 전환복무 지원을 권한다. 제복을 입는 공무원 조직은 크게 3가지가 있다. 군대, 경찰(해양경찰 포함), 그리고 소방공무원이다. 목표가 경찰이나 해경, 소방관이라면 군에 지원하기 전에 원하는 조직에 대한 정보를 얻도록 노력하라. 그리고 획득한 정보를 바탕으로 준비하라. 지원했다면 합격할 수 있도록 철저히 준비하라.

장차 취업하고 싶은 조직에서 약 2년 동안 군 의무복무 대신 근무할 수 있는데, 그런 기회를 놓치는 사람은 나중에 그곳에 취업할 가능성 역시 높지 않을 것이다. 2년은 결코 짧은 기간이 아니다. 주어진 2년여의 기간 동안 자신의 전문성을 키우고 조직 내에 자신의 인맥을 형성한다면 해당 조직에서 성공할 가능성이 엄청나게 높아질 것이다. '취업'은 사람이 사람을 선발하는 것이다. 함께 근무했던 사람이 성실하고 모든 사람들에게 인정받았다면 그에 대한 기대감 때문에 어떤 방법으로든 도움을 주려고 할 것이다. 그러므로 자신이 희망하는 조직에서 군 의무복무를 할 수 있는 길이 있다면 그 길을 선택하기 위해 최선의 노력을 다하라고 당부하고 싶다.

대나무는 종자를 심고 몇 년이 지나도 순이 잘 나오지 않는다.

1년, 2년 그렇게 몇 년 세월을 공들여도 좀처럼 움이 트지 않는다.

그렇게 씨를 심어 놓은 사람을 애타게 만든다.

그러다가 심은 지 5년째가 되는 해에 순이 돋기 시작한다.

그런데 놀라운 것은 그 순이 나온 날로부터 한 달 반이란 짧은 시간에 꼭 대기가 보이지 않을 정도로 대나무가 높이 자란다는 것이다.

경이적인 성장이다. 자라는 것이 눈에 보일 정도로 정말 힘차게 성장한다.

그렇다면 이 대나무를 키우는 데는 과연 얼마만큼의 노력이 필요했을까?

순이 돋고 나서부터 크기 시작했으니까 한 달 반 만에 그만큼 성장했다고 볼 수 있을 것이다.

하지만 사실은 이미 5~6년 전에 심고 묵묵히 기다린 결과다.

같은 맥락에서 사람이 성장하는 이치도 이와 같다.

믿음을 가지고 끈질기게 한 우물을 파면서 내실을 키운다면 지나간 해의 실패나 고통은 결코 짐이 되지 않는다.

오히려 그 고통이 성장의 발판이 되어 목표를 이루는 데 큰 도움이 된다.

- 전상중의 「죽순과 같은 끈질긴 기다림」 중에서

단기간에 자라는 것처럼 보이지만, 대나무는 순이 돋기까지 5년 이상을 인내하면서 기다린다. 인생에서 목표로 하는 것을 달성하기 위해 2년여의 군 의무복무 대신 자신이 희망하는 조직에서 근무할 수 있다면 그것은 행운이다. 하지만 그런 행운은 가만히 있는데 찾아오지 않는다. 준비하고 노력하는 사람에게만 찾아온다. 행운을 잡기 위해 당신은 어떤 노력을 하고 있는가? 그저 요행을 바라며 기다리기만 하는 것은 아닌가? 마음속으로만 생각하지 말라. 부모님, 선생님, 친구, 지인들에게 자신의 계획을 이야기하라. 그들이 당신을 성원하고 도와줄 것이다. 간혹 직접적인 도움을 주는 사람도 있다. 세상은 혼자 사는 것이 아니다. 내 곁의 소중한 사람들을 믿어야 한다. 그 사람들과 소통해야 한다. 그러면 당신에게 지금보다 훨씬 더 많은 기회가 찾아올 것이다.

제복 입는 공무원이 되는 것은 쉽지 않다. 공무원이 된다 해도 제복과 함께하는 데 필요한 명예와 긍지를 지키는 것 역시 만만치 않다. 자신의 생명보다 다른 사람을 먼저 챙긴다는 것이 얼마나 어려운 일인지 시간이 지날수록 더 느낄 것이다. 하지만 제복이 주는 명예와 긍지는 돈이나 권력보다 훨씬 가치가 있다는 것을 알게 될 것이다. 그래서 많은 젊은이들이 제복을 입기 위해 도전하는 것이 아닐까? 제복 입는 공무원의 명예와 긍지를 지킬 각오가 있다면 전환복무를 지원하기 바란다.

취업맞춤특기병으로
취업과 군대를
한 번에 해결하라

군 복무 중에도 내 업무경력은 계속된다

흔히 사람들은 기회를 기다리고 있지만,
기회는 기다리는 사람에게 잡히지 않는 법이다.
우리는 기회를 기다리는 사람이 되기 전에
기회를 얻을 수 있는 실력을 갖춰야 한다
– 도산 안창호

대부분의 사람은 기회가 오기를 기다리기만 한다. 기다리다가 기회가
오지 않으면 '왜 나에겐 기회가 오지 않는 걸까?' 하고 의문을 갖기 시
작한다. 하지만 의문을 갖는다고 저절로 기회가 오는 것은 아니다. 안
창호 선생의 말처럼 기회를 얻을 수 있도록 실력을 키우고 노력을 해
야 한다. 그런 의미에서 병무청에서 시행하고 있는 '취업맞춤특기병'
제도는 특기나 기술이 없는 청년들에게 본인 적성에 맞는 기술훈련을
받게 도와주고 군 입대를 통해 취업의 기회를 주는 좋은 제도다.

　취업맞춤특기병은 고졸 이하 병역의무자 중 대학에 진학하지 않고
취업도 하지 않은 청년이 입영하기 전에 고용노동부에서 주관하는 기

술훈련(3개월~1년)을 수료하면 훈련받은 기술과 연관된 중소기업에 취직했다가 기술특기병으로 입영해 복무하거나 기술특기병으로 먼저 복무한 뒤 전역한 후에 관련 직종에 취업할 수 있게 지원하는 제도다.

이 제도는 고졸 이하(대학 중퇴자 가능) 학력을 가진 취업 취약계층 병역의무자들이 병역과 취업 고민을 한 번에 해결할 수 있도록 2014년 부터 육군에서만 시행해왔다. 하지만 2016년부터는 해군과 공군에서 도 적용하기 시작했고 지원자격도 완화됐다. 2015년 6월까지는 고졸 이하 현역병 입영대상자 중 18~24세 이하이며 고용노동부에서 주관 하는 취업성공패키지에 참여해 기술훈련을 받고 있거나 마친 사람에 게만 지원자격을 주었다. 하지만 2015년 7월부터는 국가기간·전략산 업직종훈련, 중소기업친화직종훈련, 국가인적자원개발컨소시엄 채용 예정훈련, 폴리텍기능사양성과정훈련, 내일배움카드제 훈련 중인 사 람과 일학습병행제, 취업사관학교 등 각종 직업 훈련을 받은 입영대상 자에게까지 확대 적용하고 있다.

'취업성공패키지'는 저소득층, 미취업청년 등 취업 취약계층을 대 상으로 한 고용노동부의 통합취업지원 서비스다. 1단계 '상담' → 2단 계 '훈련' → 3단계 '취업'의 단계로 구성된다. '일학습병행제'는 실무 형 인재양성을 위해 기업이 취업을 원하는 청년근로자를 채용하여 체 계적인 교육훈련을 제공하고 평가하는 일터 기반 학습을 말한다. '취 업사관학교'는 학업중단, 가출 등의 이유로 경제적·사회적·심리적 도 움이 필요한 청소년을 대상으로 건전한 자립을 지원하는 맞춤형 훈련 과정이다.

취업맞춤특기병에 지원하는 방법과 복무 절차는 다음과 같다. 첫째, 연중 원하는 시기에 병무청에 지원서를 제출한다. 인터넷으로 신청하거나 지방병무청 군 지원센터를 직접 방문 접수한다. 둘째, 지방병무청 군 지원센터의 전문상담관과 병역설계에 대해 대면상담을 실시한다. 이때 징병검사를 받지 않은 사람은 지원 신체검사를 받는다. 셋째, 고용센터를 이용하여 고용노동부 전문상담원과 적성 및 진로 등에 대해 상담한다. 이때 개인별로 적성에 맞는 기술훈련을 안내받을 수 있고 취업성공패키지 대상 여부도 확인할 수 있다. 넷째, 고용센터에서 훈련비와 훈련수당을 지원받는다. 자격에 따라 훈련비는 전액 또는 일부가 지원된다. 훈련수당은 매월 최대 40만 원까지 받을 수 있다. 다섯째, 직업기술훈련을 받은 사람은 훈련과정 이수 후 6개월 이내에 입영해야 한다. 이때 가급적 원하는 시기와 분야로 입영할 수 있게 도와준다. 만일 취업했다면 24세까지 입영을 연기할 수 있다. 여섯째, 입영하면 해당 군에서 규정된 기간 동안 기술특기병으로 의무복무한다. 군 복무기간 동안 기술훈련과 자기계발, 자격증 취득 등을 할 수 있다.

필자가 고등학교를 졸업한 1980년대 초에는 대학 진학률이 30%에 불과했다. 그래서 대학을 진학하지 않은 많은 청년들이 일찍부터 직업을 찾아 산업 전선에 뛰어들었다. 특히 지금의 마이스터고나 특성화고와 같은 실업계(공고, 상고, 농고 등) 고등학교 출신들은 대한민국 경제발전의 주역으로서 많은 기여를 했다. 인문계 고등학교 출신들도 공무원이나 사무직에 진출해 국가발전에 기여했다. 하지만 1993년부터 대학 진학률이 급격히 높아지기 시작해 2008년 84%가 됐다. 세계 최고 수준의 대학 진학률을 기록했지만 청년 취업률은 반대로 낮아지고 있다.

이러한 사회 분위기에서 고졸 이하 병역의무자 대부분은 자격증이나 기술이 없어 기술병 지원을 해도 합격하기 어렵다. 특히 일반고등학교 졸업자들은 뚜렷한 전공이나 자격증이 없어 일찍 취업할 방법이 없고 군대에서 기술을 습득하기도 어려워 군 복무기간이 경력 단절로 이어지는 경우가 많다. 취업맞춤특기병 제도는 입영 전, 그리고 전역 후 취업을 위한 상담과 지원 서비스를 제공한다는 점에서 일반특기병 제도와 다르다. 군 복무 중 숙달한 기술을 활용할 수 있고 전역 후에도 관련 분야로 취업할 수 있기 때문에 군대와 취업을 동시에 해결하려는 젊은이에게 좋은 제도다.

2016년 1월 정부는, 국방부와 고용노동부가 2014년부터 정부부처 간 협업과제로 시행해온 취업맞춤특기병 모집 인원을 2015년보다 30% 늘어난 1,300명으로 확대하고 해군과 공군에도 적용했다. 제도가 시행된 2014년부터 2년간 1,842명이 취업맞춤특기병으로 지원, 1,061명이 기술훈련을 받거나 수료한 후 입대했다. 그중 128명은 2016년 전역했다. 이들은 전역 후 3개월간 취업 지원 서비스를 받는데 이 기간 중 취업하면 최대 100만 원의 취업성공수당을 받는다.

최근 청년일자리 창출이 최대의 관심사로 떠오르고 있다. 대학을 졸업해도 원하는 일자리를 구하기가 하늘의 별따기 만큼 어렵다고 푸념하는 젊은이가 늘어나고 있다. 이런 때에 취업과 병역의 의무를 한번에 해결할 수 있다면 취업맞춤특기병에 도전할 만한 가치가 있다고 생각한다. 이 제도를 활용해 군 복무를 하고 나면 군 경력을 인정받아 좋은 조건으로 취업할 수 있을 것이다.

잘 찾아보면 군대 안에도 자신의 여건에 맞는 제도가 있다. 하지만 아무리 좋은 제도라도 준비하고 노력하지 않는 사람에게는 무용지물이다. 스스로 정보를 찾고 계획을 세우고 준비해야만 좋은 결과를 얻을 수 있다는 것을 기억하라. "기회는 언제나 당신 눈앞에 있다."

마이스터고와
특성화고 졸업생은
산업기능요원으로 근무하라

종잣돈도 만들고 의무복무도 마치는 일거양득의 방법

『인간 관계론』의 저자 데일 카네기는 "기회가 눈앞에 나타났을 때 그 것을 붙잡는 사람은 십중팔구 성공한다"고 했다. 토마스 에디슨은 "고 생 없이 얻을 수 있는 귀중한 것은 하나도 없다"고 했다. 그런 의미에 서 마이스터고와 특성화고 졸업생, 사회복무요원이 산업기능요원으로 복무할 수 있는 것은 정말 좋은 기회이다. 복무기간이 현역병보다 약 간 길지만 에디슨의 말을 생각하면 그러한 조건은 당연하다. 산업기능 요원으로 근무할 자격이 있는 젊은이가 그러한 기회를 활용하지 못한 다면 눈앞에 있는 보석도 알아보지 못하는 어리석은 사람이 되는 것 이다.

'산업기능요원'이란 정부가 지정한 중소기업에서 제조·생산 인력으로 근무하면서 군 복무를 대신하는 사람을 말한다. 이 제도는 1973년 처음 도입된 이래 국가 경제발전에 크게 기여했다는 평가를 받고 있다. 그러나 이 제도를 이용해 복무한 인원의 70%가량이 대학 이상 학력 소지자였고 대부분은 복무가 만료되자마자 퇴사했다. 이는 중소기업 기능인력의 안정적 제공이라는 본래의 취지와 맞지 않기도 했지만, 고학력자 병역이행 대체 수단으로 이용된다는 오해를 불러 일으켰다. 또한 현역병 복무자와의 형평성 때문에 병무청과 해당 기업에서 엄격한 복무관리를 해왔으나 일부 불량 기업에서 제도를 악용한 부당 노동행위를 요구해 한때 사회문제가 되기도 했다. 이에 정부는 중소기업의 경쟁력을 강화하고 기능인력 육성정책을 지원하며 고학력자의 병역 대체화 시도를 근절하기 위해 여러 가지 방안을 마련했다.

먼저 2011년부터 마이스터고·특성화고 졸업생을 산업기능요원에 우선 편입할 수 있도록 제도를 정비했다. 그래서 고교 재학 중 생산현장 맞춤기술을 습득하고 복무가 끝난 후에도 계속 근무할 수 있도록 보장했다. 중소기업 현장맞춤형 인력을 지원하기 위해 마이스터고·특성화고 졸업생에 대한 배정인원도 계속 확대 중이다. 이를 위해 산학연계 맞춤형 인력양성사업에 참여하는 업체를 지정업체로 우선 선정하고 있다. 2014년에는 기간 산업체 현역의 경우 전원 해당 학생으로 배정했다.

산학연계 맞춤형 프로그램에는 해당 분야 기술장인을 육성하는 마이스터고, 산학연계 맞춤형 실무 기능인력을 양성하는 사업맞춤형 특성화고, 산업계와의 협력 강화 및 취업률 제고를 위한 산학협력형 특성화고가 참여하고 있다. 또한 공고·전문대와 연계하여 중간 기술 리더를 양성하는 '중소기업기술사관 육성프로그램'도 산학연계 맞춤형 프로그램에 해당된다.

사회복무 보충역 대상자에 대한 산업기능요원 배정인원도 2013년 3,000명에서 2017년 5,500명으로 매년 500명씩 확대 배정하고 있다. 배정인원 확대로 인해 축소되는 관공서 행정지원 인원은 여성, 장년 등을 활용한 시간제 일자리로 대체하고 있다.

요즘 젊은이들의 취업 시기는 계속 늦어지고 있다. 취업이 되지 않아 어학연수, 대학원 진학 등을 통해 졸업 시기를 늦추기 때문이다. 1970~1980년대 고등학교 졸업자 대부분은 대학에 진학하지 않고 일찍부터 직장에 다녔다. 그래서 한 직장을 오래 다니면서 야간 대학이나 대학원 과정을 마치고 특정 분야 전문가로 인정받은 사람들을 많이 볼 수 있었다. 그러나 요즘은 아이를 대학에 보내야 좋은 직장에 취업할 것이라는 부모의 막연한 기대 때문에 여러 가지 문제가 발생하고 있다. 예를 들면, 부모의 은퇴 시기는 다가오는데 자녀들은 취업이 되지 않아 졸업을 연기하거나 취업 준비를 위한 스펙 쌓기에 매진하면서 자신에게 맞는 직장을 찾게 된다. 이 기간 동안 부모는 자녀의 교육비와 생활비를 부담하느라 경제적으로 어려움을 겪을 가능성이 높아진다. 이는 자녀들이 자신의 조건과 능력은 생각하지 않고 복지여건 등이 좋은 양질의 일자리만 찾으면서 중소기업에는 취업하지 않기 때문이다.

하지만 마이스터고와 특성화고를 졸업하는 학생들은 우량 중소기업에 취업하고 직장 생활을 하면서 병역의 의무를 마침으로써 상당한 종잣돈을 마련할 수 있다. 의무복무기간이 현역자원은 34개월, 보충역은 26개월로 다소 길긴 하지만 어차피 자신이 계속 근무할 직장이라면 근무기간이 문제가 되진 않을 것이다. 이러한 젊은이들은 부모에게 효도할 확률이 매우 높아진다. 또한 이른 경제활동으로 결혼시기도 빨라질 가능성이 높아 자녀 출산이라는 국가시책에도 부응하고 결혼을 통해 안정적인 사회생활을 하게 된다.

한편 병역신체검사에서 4급을 받은 사회복무 보충역자원에 대한 산업기능요원 배정인원도 2017년 5,500명까지 매년 500명씩 확대하고 있다. 하지만 지원자가 많지 않아 할당된 인원을 제대로 채우지 못하고 있다. 좋은 제도를 제대로 알리지 못해서일 수도 있고, 편한 곳에서 사회복무요원으로 근무하려는 안일한 생각 때문일 수도 있다. 하지만 가정형편이 어렵거나 부모님으로부터 독립하겠다는 확고한 의지와 목표가 있는 사람이라면 산업기능요원에 지원하기 바란다.

필자의 아들도 2012년 공익근무요원(현 사회복무요원)으로 병역의 의무를 마쳤지만 만약 산업기능요원 제도를 알았다면 당연히 지원했을 것이라고 아쉬워했다. 이처럼 많은 젊은이들이 제도를 알지 못해 지원을 못하는 경우가 있을 것이다. 비록 의무복무기간이 일반 사회복무요원보다 2개월이 길지만 부모님의 부담을 덜어주는 것이 효도라고 생각한다면 충분히 고려해볼 만하지 않을까? 좋은 회사를 선택하게 된다면 여건에 따라 월급 중 적정 금액을 저축해 상당한 종잣돈을 마련할 수 있다. 그 돈으로 소집해제 후 배낭여행, 소규모 창업 등 자신이 계획한 일을 해볼 수 있을 것이다.

대학을 졸업하자마자 공무원이나 조건이 좋은 우량기업의 정규직
으로 취업하기가 고시에 합격하는 것만큼 어렵다는 푸념들이 많다.
그만큼 취업시장이 이미 전쟁터라는 것이다. 중소기업이라 하더라도
고교 졸업 후 바로 취업이 된다는 것은 본인에게나 부모에게나 정말
좋은 일이다. 대학의 낭만과 추억을 느낄 수는 없지만 자신이 처한 환
경과 미래를 생각한다면 그 정도는 충분히 감수할 수 있어야 한다. 나
중에 계획을 세워 대학 과정과 동등한 자격을 취득할 수도 있다. 일찍
부터 의미 있는 취미 생활과 사회봉사 활동을 한다면 대학의 낭만보
다 더 많은 추억을 만들 수도 있지 않을까?

　　빌 게이츠는 "대가 없이 얻고자 하지 말라"고 말했다. 마이스터고와
특성화고 졸업생, 사회복무 보충역 대상자는 이 말을 되새기며 자신
의 여건을 고려해 산업기능요원에 지원해 국가정책에 부응하면서 자
신의 미래에 대한 꿈과 희망을 개척해 나가기 바란다.

책임감과 희생정신이 강하다면 군 간부가 되라

명예로운 직업군인의 길

군에서 간부라는 용어는 계급이 아니라 장교와 부사관을 통칭할 때
쓰는 호칭이다. 하지만 보통 장교보다는 부사관 계층을 말할 때 주로
간부라는 표현을 쓴다. 부사관은 2,000년 이상의 유구한 역사를 갖고
있으며 군 전투력 발휘의 중추로서 국가가 전란의 위기에 처할 때마다
각자의 위치에서 헌신하며 나라를 지켜왔다.

　서양의 부사관 제도는 기원전 3세기경 고대 그리스 평민 철학의 대
표 격인 스토아학파를 시작으로 볼 수 있다. 이 학파는 강인한 체력,
금욕, 사기, 자기절제 능력을 가장 중요하게 여겼으며 후일 로마군 부
사관 형성의 기초가 됐다.

이처럼 군대에서 중요한 역할을 담당하는 부사관은 기원을 로마시대에서 찾을 수 있다. 로마시대의 명장인 카이사르Julius Caesar는 기원전 55년경, 갈리아 전쟁을 수행하면서 장수와 병졸 간의 중간계층인 부사관 제도를 활용하여 지휘계통을 확립했다. 이때의 부사관은 로마군 10명을 지휘하므로 십부장principalis이라 불렸고 캡틴captain(100~600명 지휘)을 보좌하여 부대의 행정·군수 및 병에 대한 군기유지와 교육훈련 업무를 담당했다.

중세인 13세기경에는 공역수행 직위자를 서전트sergeant라고 불렀는데 이들은 토지를 지급받고 그 대가로 병역의무를 수행했다. 기사 작위 바로 아래의 계급으로 병을 지휘하는 중간 간부계층이었던 것이다. 그 후, 15세기 이탈리아에서 기본 전투제대인 스콰드라squadra(25명)를 지휘하는 코포럴corporal(상병)이란 계급을 만들었고 세계적으로는 상병부터 부사관으로 인정하고 있다.

현대적 의미의 부사관 제도는 19세기 초 나폴레옹 군대에서 완성되었는데, 미 육군은 독립전쟁 당시, 연합군이었던 프랑스군으로부터 군제軍制와 부사관 제도를 도입하여 전 세계적으로 표준이 되는 기초를 다졌다. 특히 나폴레옹 시대 이후로 무기체계와 전술이 획기적으로 발전하면서 전쟁의 양상이 급격히 변화했다. 이는 부사관이 소부대 전투지휘, 병에 대한 교육훈련과 첨단장비 운용 등 군 전문인력으로서 전투력 발휘의 핵심세력으로 급부상하는 계기가 됐다.

우리나라의 부사관 제도는 고려시대에서 기원을 찾을 수 있다. 『고려사절요』를 보면 부사관의 옛 명칭인 '군교軍校'라는 명칭이 처음 등장한다. 이때는 육군과 수군의 구분이 없었으나 군사조직을 갖춘 조선 시대부터 임무를 구분해 운용하기 시작했다. 무관은 장교와 부사관으로 신분을 구분하지 않고 총 19개 계급으로 운용했다. 또한 오늘날 부사관의 가장 중요한 임무인 장수와 병졸 간의 교량 역할을 종7품 이하의 무관이 주로 수행했다. 조선 말기, 갑오개혁 이후에는 칙령 제10호(1894, 고종 32)에 따라 참교, 부교, 정교 등 현대적 의미의 부사관 제도가 시작됐다. 일본의 침략에 맞서기 위해 창설된 광복군의 경우 1907년부터 1946년까지 독일군 제도를 모방하여 하사, 이등중사, 일등중사, 이등상사, 특무상사로 구성하여 활동했다.

해방 후 정부수립과 창군 과정을 거쳐 대한민국 국군이 탄생했다. 1994년까지 여러 번의 군인사법 개정을 통해 현재와 같은 하사, 중사, 상사, 원사로 명칭을 변경하고 정년을 55세로 연장했다. 2001년 하사관이란 명칭을 부사관으로 변경했고, 2002년 부사관에 대해 '임용任用'이란 용어를 '임관任官'으로 개칭해 간부로서 위상을 높여주었다.

현재 여러 나라에서 부사관 계급에 사용하는 '∧'는 불어 'chevron(쉐브런)'에서 유래된 것이다. 지붕꼭대기, 용마루를 뜻하며 성장과 도약, 최고, 으뜸이라는 의미를 포함하고 있다. 이는 서양의 중세 봉건시대 귀족이나 기사의 의복, 방패, 창 등에 신분표시 수단으로 많이 사용됐다. 1803년 영국에서 오늘날과 같은 쉐브런(∧) 두 개를 겹쳐서 코포럴(상병) 계급장(∧)으로 처음 사용한 것이 여러 나라에 전파됐으며 세계적으로 공통된 부사관 계급의 상징이 됐다. 부사관의 최고 계급인 원사는 1989년부터 우리나라에서만 사용하고 있는 계급이다. 원사 계급장에 포함되어 있는 '★'은 부사관으로서 최고의 경륜을 쌓은 완숙한 존재임을 상징하며 무궁화 받침은 대한민국 군인으로서 나라사랑, 단결, 평화를 지향한다는 의미를 담고 있다.

영국의 유명한 역사학자 토마스 칼라일이 "우리의 중요한 임무는 멀리 있는 것, 희미한 것을 보는 것이 아니라 가까이 있는 분명한 것을 실천하는 것이다"라고 말한 것처럼 부사관은 대한민국 군의 실질적인 주역으로서 부대의 원활한 운영을 위한 중추적 역할을 담당하고 있다. 또한 부사관은 전투지휘자, 전투기술자, 기능 분야 전문가, 부대 전통 계승·발전자로서 분명한 존재감을 갖고 있다. 그러므로 부사관은 직업군인으로서 확고한 책임감과 희생정신을 바탕으로 국가와 국민을 위해 헌신하겠다는 마음자세가 되어 있어야 한다.

군인에게 있어 책임이란 국가의 안전을 확보함으로써 국민의 생명과 재산을 보호하고 이를 통해 국민의 행복을 지키는 것이다. 여기서 책임은 '부여된 임무를 성실히 최선을 다해 완수한다'는 측면과 '일이 잘못됐을 경우 그에 따르는 모든 불이익을 감수하겠다'는 측면이 모두 포함되어 있다. 그러므로 군대에서 근무하는 모든 부사관에게는 계급과 직책에 따라 명확한 책임이 부여되어 있다. 만약 군대에서 어떤 일을 할 때, 결과에 대해 책임지지 않고 부하들에게만 책임을 추궁하는 사람이 있다면 부하들은 그 사람을 제대로 따르지 않을 것이다.

부사관은 풍부한 경험과 전문지식을 바탕으로 부대 운영에 실질적으로 기여할 수 있어야 한다. 이를 위해 필요한 정보를 수집하여 적절한 시기에 정확하게 보고하고 지휘관에게 도움이 되는 지휘조언을 해야 한다. 지휘관은 대부분 열정이 있고 부대 전반을 지휘할 능력을 갖추고 있지만 모든 분야에 정통하거나 전문지식이 있는 것은 아니다. 하지만 장기복무를 하는 대부분의 부사관은 담당 분야에서 최고의 전문가이며 수많은 시행착오를 거치면서 문제를 해결해온 경험이 있다. 그러므로 지휘관을 보좌하는 위치에 있는 부사관은 부대 운영 전반에 걸쳐 상황에 맞는 지휘조언을 해야 한다. 특히 부대가 위기에 빠졌을 경우에는 지휘관이 올바른 지휘결심을 할 수 있도록 조언해야 할 의무와 자격이 함께 있다는 것을 명심해야 한다.

천년 가까이 된 나무는 지나온 세월에 비해 크지는 않지만 바람이 부는 방향과 반대 방향으로 구부러져 있는 경우가 많다. 통상 그러한 나무의 뿌리는 수십 미터가 넘게 뻗어 있다. 오랜 세월 동안 살아남기 위해서는 순응하는 자세가 필요하기 때문이다. 바람과 맞서 싸우려 하지 않고 바람이 불면 부러지기도 하고 낮아지기도 해야 한다. 이처럼 천년을 버티기 위해서는 뿌리가 더욱 깊고 견고해야 하는 것이다.

그런 의미에서 우리나라의 부사관은 천년을 버틴 나무와 같은 존재다. 군 간부가 되어 국가와 국민을 위해 헌신하려는 생각이 있다면 부사관에 지원해보라고 권한다. 음식이 발효되면 잘 익었다고 말하고 사람이 잘 익으면 진국이라고 말한다. 잘 익기 위해서는 썩어서는 안 되고 진국이 되어야 하는데 필자가 군 생활을 하면서 함께 근무한 부사관 중에서 그러한 진국이 정말 많았다. 진국이 된 사람들은 인생에서 성공한 사람이라고 생각한다. 그들은 어떤 조직에서든 함께하는 사람들에게 믿음을 준다. 또한 오랜 풍상을 견디어낸 멋진 분재처럼 보는 사람을 감탄하게 하고 미소 짓게 만든다. 여러분도 멋진 군 간부가 되어 군을 위해 솔선수범하는 리더, 장교와 병사 모두에게 꼭 필요한 감칠맛 나는 진국이 되어보지 않겠는가?

군대도
궁합이 맞아야
잘 간다!

나에게 맞는 군은 어디일까?

우리나라는 1945년 광복 이후 반세기 만에 전 세계가 깜짝 놀랄 정도로 비약적인 발전을 했다. 한국전쟁으로 온 나라가 폐허로 변한 대한민국이 60여 년 만에 세계 10위권의 경제 강국으로 발전한 것이다. 또한 88 서울올림픽, 2002 월드컵을 성공적으로 개최하는 등, 경제 외적인 측면에서도 괄목할 만한 성장을 이루었다. 그러나 모든 면에서 너무나 빠른 성장은 우리의 생활양식은 물론, 사회적 규범과 가치체계에도 혼란과 변화를 주었고 각종 사회현상에 대해 세대 간, 계층 간 생각과 반응속도의 차이가 발생했다. 또한 속도와 양적 성장에 치중한 결과 질적인 성장이 부족해 생기는 도덕적 해이moral hazard 현상이 계속 발생하고 있다. 우리 군도 지금까지는 급격한 변화로 인한 양적인 성장에 힘써왔다. 하지만 이제는 양적인 성장과 병행하여 질적인 성장, 윤리적 성장을 위해 노력해야 할 때다.

이처럼 군을 포함한 사회 전반의 변화를 감안하더라도 군 입대를 앞두고 있는 젊은이와 그 가족이라면 병역의 의무를 수행하기 위해 어느 군을 선택해야 할지 무척이나 고민될 것이다. 아무리 짧게 의무복무를 한다고 해도 21개월을 보내야 하고 직업군인이 되어 장기복무를 할 경우 30년 이상을 복무할 수도 있다. 이러한 중요한 선택을 할 때, 당사자와 가족은 많은 것을 고려하지 않을 수 없다. 가장 중요한 것은 자신이 잘 생활할 수 있는 곳, 자신에게 맞는 곳을 선택해야 한다는 것이다. 다시 말해 육군·해군·공군·해병대 중에서 자기와 궁합이 맞는 곳을 선택해야 성공적인 군 생활을 할 가능성이 높아진다. 그렇다면 어느 군이 궁합이 맞는 곳일까? 그것은 알아볼 수 있는 모든 정보를 확인하고 가능하다면 전문가의 조언을 받는 것이 좋다. 그런 다음 자기 자신을 냉철하게 돌아보고 객관적으로 평가한 후 현명한 선택을 해야 한다.

대부분의 사람들은 군대에 간다고 하면 일단 걱정부터 한다. 걱정을 한다고 군대를 안 가는 것도 아닌데 왜 걱정부터 하는 것일까? 카네기연구소를 설립하고 인간경영과 자기계발 분야 최고의 컨설턴트였던 데일 카네기에 따르면 우리가 일상생활에서 겪는 많은 일 가운데 미래에 생길지도 모르는 걱정의 90%가 실제로는 발생하지 않는다고 한다. 예를 들어 비바람과 번개가 치는 날 우산을 쓰고 길을 걸으면 벼락 맞아 죽을지도 모른다고 걱정하는 사람이 있다. 하지만 실제로 벼락 맞아 죽을 확률은 거의 없다. 그보다는 병으로 죽을 확률이 훨씬 높다. 미국의 사망 원인을 분석해보니 사망자 8명 중 1명이 암으로 죽는다는 통계도 있었다. 이처럼 암으로 죽을 확률이 벼락 맞아 죽을 확률보다 훨씬 높다는 사실은 누구나 알고 있다. 그래서 사람들이 암보험에 많이 가입하는 것인지도 모른다.

많은 사람들이 하지 않아도 될 걱정을 사서 한다. 군에 입대하는 자녀에 대한 지나친 걱정도 마찬가지다. 그것이 미래에 대한 불안 때문이기도 하지만 대부분의 사람들은 미래에 생기지도 않을 걱정을 더 많이

하고 있다. 만약 우리가 하는 걱정 중에서 발생 가능성이 낮은 것만 줄이더라도 걱정의 90% 이상이 사라질 것이다.

군에서 의무복무를 마친 대부분의 사람은 군에 대해 자기가 많은 것을 알고 있다고 생각한다. 하지만 자신이 군에 대해 무엇을 알고 있는지 곰곰이 생각해보면 막상 아는 것이 별로 없다는 사실을 알게 된다. 직업군인으로 34년을 복무한 필자도 타군에 대해서는 일부분만을 알고 있으니 일반 국민들은 말할 나위도 없을 것이다.

입대할 사람이라면, 아니 대한민국 국민이라면 상식 차원에서라도 각 군의 역사와 대략적인 특성쯤은 알고 있는 것이 좋다. 그래서 이 장에서는 군에 입대해야 하는 젊은이들에게 어떠한 정보를 기준으로 어느 군을 선택해야 할지 판단할 수 있는 내용을 담았다. 또한 육군·해군·공군·해병대의 역사, 각 군의 역할과 생활환경, 특성 등을 각 군별로 구분해 각각 1개의 절로 작성했다.

진짜사나이
육군

우리는 국가방위의 중심군이다

대한민국 육군은 1946년 국방경비대가 창설된 이래, 한국전쟁과 월남
전 파병 등을 거치면서 비약적인 발전을 거듭한 결과 오늘날 세계적인
강군으로 성장했다. 육군의 모든 역량을 한데 모은 육군 목표인 '대한
민국 육군, 국가방위의 중심군으로서'는 헌법을 수호하고 국민의 생명
과 재산을 보호하며 국토를 방위한다는 군 본연의 임무를 함축적으
로 표현하고 있으며 평화주의Pacifism, 군사적 필요성Military Necessity, 국
민의 군대Army for the People, 미래 비전Vision for the Future이라는 4가지 철학
적 이념을 담고 있다. 이를 중심으로 대한민국 육군은 전쟁을 억제하
고 지상전에서 승리하며 국민에 대해 필요한 지원과 정예강군 육성에

PART 2. 군대도 궁합이 맞아야 잘 간다

❖

61

의의를 두고 책임을 다할 것이다.

역사 속의 우리 육군

★★★★

고대로부터 지상 전력인 육군은 군의 중심세력이었다. 우리나라 역사
에서 군사문화에 대한 기록은 삼국시대부터 등장하며 구체적인 군사
조직은 고려시대부터 나타난다. 가장 먼저 등장한 군사조직은 통일신
라의 9서당 10정으로 687년(신문왕 7)에 완성됐다. 고려시대에 접어들
면서 중앙군은 2군 6위로, 지방군은 주현군, 주진군으로 구성되었고
때때로 특별한 목적에 의해 편성된 여러 특수군이 존재했다. 그 예로
고려 초 정종 때 거란에 대한 방어를 위해 설치한 광군이나, 숙종 때
여진 정벌을 위해 설치한 별무반, 대몽 항쟁시기에 설치한 삼별초, 농
민과 노비로 구성한 연호군 등이 있다.

　조선시대로 넘어오면 조선군은 오위도총부로 구성된 중앙군과 진
관제에 따라 병영을 중심으로 배치된 지방군이 있었다. 또한 지금의
해군이라고 할 수 있는 수군이 각 해역별로 수영水營을 구성했다. 조선
은 태종 때부터 화약무기 개발에 주력해서 천자총통, 지자총통, 현자
총통, 황자총통 등 다양한 총통과 화차 같은 우수한 화약무기를 만들
었다. 임진왜란으로 조선군은 위기를 맞았지만 다행히 충무공 이순신
이 지휘한 수군의 활약과 전국에서 일어난 의병과 승병, 관군의 반격
으로 왜군의 침략을 막아낼 수 있었다. 임진왜란 이후 조선군은 조총,
편곤과 같은 신무기와 대보병전술인 절강병법浙江兵法을 도입했다. 하지

만 기병을 통해 빠른 기동전을 감행한 청나라 군대에 밀리자 기병에 대응할 수 있는 강력한 전술을 개발하려고 노력했다.

개항 이후, 우리 군은 갑오개혁을 계기로 근대적인 편제와 신무기로 무장한 친위대와 진위대를 설치했다. 하지만 인력과 예산 부족으로 부대 운영에 어려움을 겪으면서도 나라를 지키기 위한 군사적인 움직임은 계속됐다. 이처럼 우리나라에서 지상전을 담당해온 육군은 오래전부터 있었으며 수많은 외적의 침략을 물리치며 쌓아온 전통을 바탕으로 현재의 강한 육군으로 발전했다.

육군의 창설과 발전

★★★★

건국기(1945~1949)

해방 후 미군정 주도로 1946년 1월 15일, 우리 군의 모체인 남조선 국방경비대가 창설됐다. 1948년 대한민국 정부수립과 함께 국방경비대는 육군으로 이름이 바뀌고 국군에 편입되었으며, 부대 창설을 위해 노력한 결과 한국전쟁 전까지 8개 사단 규모로 늘어났다. 이 기간 북한은 무장공비 남파 등 끊임없는 도발을 했으나 육군은 신속하고 효과적인 대응으로 모두 물리쳤다.

전쟁 및 전후 정비기(1950~1960)

1950년 6월 25일, 북한의 기습 공격으로 시작된 한국전쟁은 3년여의 기간 동안 막대한 인적·물적 피해를 남긴 채 1953년 7월 27일, 정전 협정을 맺게 됐다. 육군은 전쟁을 수행하는 동안에도 꾸준히 발전을 거듭하여 18개 사단 규모로 확대됐다.

국방체제 정립기(1961~1971)

육군은 해방 이후 미군으로부터 받아들인 제도를 발전시켜 한국군 고유의 군사 제도를 마련해 나갔다. 또한 베트남전 파병으로 국제사회에 한국군의 위상을 드높이는 한편 국가발전에 기여했으며, 한미 안보 협력 체제를 더욱 탄탄하게 했다.

자주국방 기반 조성기(1972~1980)

경제발전에 힘입어 자주국방 정책을 추진할 수 있는 여건이 조성됨에 따라, 육군은 전력증강계획에 의해 각종 무기체계를 확보해 나갈 수 있었다. 또한 북한의 도발이 계속됨에 따라 한미동맹을 강화하는 한편 민방위대 창설, 학도호국단 설치 등 국내 전반에 대한 안보체제를 정비했다.

자주국방 강화기(1981~1990)

1980년대에 들어오면서 육군은 전력증강에 박차를 가하여 사단단위 전력과 기갑·포병 전력을 중심으로 강화했다. 또한 합동군제로 개편되면서 육군본부는 작전기능을 합참으로 넘기고 군정기능만 수행하게 됐다. 한편 1988년에는 확고한 대북 경계태세를 바탕으로 안정적인 안보체제를 확립하여 88올림픽의 성공적인 개최를 보장했다.

육군은 국가방위의 중심군으로서 '강한 전사, 강한 군대' 육성에 매진하고 있으며 국방개혁 정책에 따라 전력증강과 군 구조 개편을 동시에 추진하고 있다. 또한 국민과 함께하는 군대를 만들고 국제평화유지활동에 적극 참여하여 대한민국의 위상을 높이는 등 국민의 신뢰를 받는 '정예화된 선진 육군'으로 발전하고 있다.

일반 현황

★★★★

═══════ 부대구조 ═══════

대한민국 육군은 국군 통수권자인 대통령과 국방부 장관의 명을 받는 육군참모총장이 육군본부를 중심으로 예하부대를 지휘 및 감독한다. 육군의 부대구조는 먼저 4성장군인 대장이 지휘하는 제1·3야전군사령부, 제2작전사령부와 3성장군인 중장이 지휘하는 수도방위사령부, 특수전사령부, 항공작전사령부, 교육사령부, 군수사령부, 인사사령부, 육군사관학교가 있고 소장 이하 지휘관이 지휘하는 다수의 육군 직할부대로 편성되어 있다. 제1·3야전군사령부는 강원도와 경기도 일대의 전방 전선을 담당하고, 제2작전사령부는 그 이남의 책임지역을, 그리고 수도방위사령부는 서울지역을 담당한다. 그 외 부대는 각각 특수작전, 항공작전, 군수지원, 교육훈련, 행정지원 등의 임무를 수행한다.

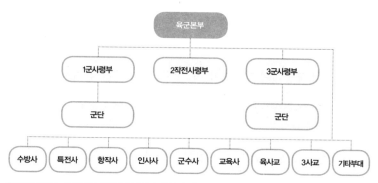
육군 조직(출처: 육군본부 인터넷 홈페이지, 육군 소개)

야전군사령부 예하에는 여러 개의 군단사령부와 포병, 공병, 통신 등의 직할 여단이 있다. 군단은 3성장군인 중장이 지휘하며 예하에 여러 보병사단과 야전공병단, 정보통신단, 특공·경비연대, 정보·화학·헌병대대 등 직할 부대가 편성되어 있다.

보병사단은 2성장군인 소장이 지휘하며 예하에 여러 보병연대와 1개의 포병연대, 전차·수색·공병·정보통신 대대 및 의무·화학 중대 등의 직할 부대로 구성된다.

참고로 육군의 예하부대는 아니지만 주한 미군과의 연합작전을 위한 한미연합사령부가 평택에 주둔하고 있다. 이 부대는 전시에 대한민국 제1·3야전군과 미8군, 기타 한·미 작전부대를 지휘 통제한다. 한미연합사령관은 미 육군대장이며 부사령관은 한국군 육군대장이다.

주요 전력현황

대한민국 육군의 주요 작전 전력인 12개 군단, 43개 사단, 15개 기동여단이 보유하고 있는 주요 무기와 장비로는 전차 약 2,400대, 장갑차 약

2,700대, 견인포/자주포 약 5,700문, 다연장로켓포 약 200문, 유도무기 발사대 약 200기, 헬기 약 600기 등이 있다. 세부 항목으로 권총, 소총, 기관단총, 기관총, 유탄발사기, 산탄총, 저격총, 대전차무기, 육상차량, 장갑차, 전차, 곡사포, 자주포, 박격포, 회전익 항공기, 무인항공기, 미사일, 건설차량, 대전차장비, 작전차량, 대화생방장비, 야간장비 등이 있다.

병력 구성

대한민국 육군의 병력은 병, 부사관, 준사관 그리고 장교로 구성되어 있다. 육군 병은 모집병과 징집병 2가지 방법으로 21개월 동안 복무한다. 부사관은 하사에서 원사까지의 계급을 총칭하는 말이다. 그들은 지휘관을 보좌하며 군의 중추적인 역할을 한다. 전공과 자격에 따라 전투, 기술, 행정병과 등 다양한 분야에서 전문화된 업무를 수행한다. 한 부대에서 오래 근무하는 경우가 많아 안정적인 생활이 가능하지만 몸으로 직접 해야 하는 일이 많다. 준사관은 전문지식과 기술이 필요한 분야에 활용하기 위해 선발하는 군사 분야의 전문가들이다. 그들은 첨단 정보·과학군의 주역으로 육군의 미래를 꿈꿀 수 있는 군 최고의 전문 인력이다. 장교는 모든 간부와 병사들의 선두에서 그들을 지휘해야 하는 막중한 책임을 지고 있다. 이에 육군은 육사, 3사, 학군, 학사 등 다양한 방법으로 연간 약 6,000명이 넘는 신임 장교를 양성하고 있다. 육군의 전체 병력은 2016년 기준으로 약 49만여 명이다.

육군의 역할

★★★★

대한민국 육군은 지상군 전력으로서 육해공군 중에서 가장 큰 비중을 차지하고 있다. 이에 국가방위의 중심군으로서 육군의 역할은 다음과 같이 정리할 수 있다.

첫째, 대한민국 영토를 지키는 중심전력이다. 국가를 방위하는 것은 곧 영토, 영해, 영공을 지키는 것이다. 그중에서도 국민의 생명과 재산의 기반인 '우리의 땅' 즉 '영토'를 지키는 것이 국가방위의 본질이며 이를 수호하는 중심전력이 바로 육군이다. 육군은 평소 철저한 군사대비태세를 확립하여 전쟁이 일어나지 않도록 억제하고 있다. 하지만 적이 침략하면 전쟁에서 승리하여 나라를 지켜낼 것이다.

둘째, 전쟁수행의 중심세력이며 군사력 운용의 기준이 된다. 우리의 군사전략은 침략전쟁을 거부하는 영토방위다. 이러한 전략을 구현하기 위한 전쟁수행의 중심세력은 지상군이다. 또한 합동군 체제인 우리 군의 특성상 군사력 운용기준은 지상군이 될 수밖에 없다. 이러한 정예강군이 되기 위해 육군은 유비무환의 정신으로 군의 정예화와 선진화를 추진하여 항상 최강의 유·무형 전투력을 유지하고자 노력하고 있다.

셋째, 북한의 대규모 지상군에 대응할 핵심전력이다. 북한군은 지상군과 특수부대 위주로 편성되어 있는데 이러한 북한군에 대응할 핵심전력이 바로 육군이다. 또한 휴전선에서 가까운 서울을 지키기 위해 평소부터 준비되어 있는 전력이며 국토의 70%가 산이고 평지의

80%가 도시인 지형적 특징에 적합한 작전전력이 바로 육군인 것이다.

넷째, 전쟁 이외의 군사 활동을 수행하는 중심전력이다. 육군은 우리나라에서 발생하는 모든 재해·재난 복구와 국가적 행사는 물론, 어려움에 빠진 국민에 대한 적극적인 지원을 실시하고 있다. 또한 우리나라의 국가이익과 국위선양을 위해 다양한 국제평화유지 및 평화재건활동을 실시하고 있다.

다섯째, 전쟁이 일어났을 때 질서유지와 안정화 작전을 수행한다. 전쟁이 일어나면 가장 먼저 남한 내 질서를 유지하고 국민을 보호한다. 또한 안정화 작전을 실시하여 점령지역 질서회복의 중심적 역할을 수행한다. 전쟁이 끝나면 새롭게 만들어진 국경선을 지키고 국가 발전을 지원하여 평화롭고 부강한 통일한국을 만드는 데 기여할 것이다.

육군의 과거와 현재, 그리고 미래

★★★★

국가발전과 함께해온 육군

대한민국의 국가발전과 함께해온 육군은 건국 당시부터 우리나라를 수호하고 안정시킬 수 있는 중심세력이었다. 1948년 대한민국 정부가 수립되었지만 사회는 좌우 이념대립으로 매우 혼란스러웠다. 이러한 상황에서 국가의 최우선 과제는 북한의 위협으로부터 우리나라를 지키고 국내 질서를 안정시키는 것이었다. 이를 위해 육군은 대대적인 무장공비 토벌작전과 군의 기강을 바로잡기 위한 숙군활동을 실시하여 한국전쟁 전후 남한에서 활동하고 있던 좌익세력 척결과 사회 안정에 크게 기여했다.

또한 육군은 우리나라의 경제발전을 앞장서서 이끌어 나갔다. 해방 이후 세계에서 가장 가난한 나라 중 하나였던 대한민국은 한국전쟁으로 얼마 되지도 않았던 경제기반마저 완전히 무너져버렸다. 이러한 상황에서 선진국의 제도·장비 등을 일찍부터 도입했던 육군은 경제발전을 이끌어가는 핵심세력이었다. 육군이 보유한 선진 전문기술과 장비는 도로건설, 공공시설 확충 등 사회간접자본 형성에 크게 기여했다. 그리고 군에서 양성된 전문기술인력은 전역 후 사회로 진출하여 산업발전의 역군이 됐다. 또한 육군은 1970년대 이후 자주국방을 위한 방위산업 육성에 노력했다. 그로 인해 대한민국의 중화학공업은 비약적인 발전을 이루었다.

한편 육군은 대한민국의 민생안정과 사회발전에도 크게 기여했다. 해방 이후 우리나라는 국민 대부분이 글을 읽을 줄 몰랐다. 이러한 높은 문맹률은 국가발전에 큰 장애가 됐다. 하지만 국민개병제인 징병제를 채택해 모든 젊은 남성이 입대하게 된 우리 군은 국가 발전을 위한 확실한 국민 교육기관이었다. 대한민국 육군은 전 장병에게 의무적으로 한글교육을 실시했다. 나아가 초·중·고등 교육과정을 개설하여 장병을 비롯한 국민들의 교육 수준을 향상시켰다. 또한 장병들은 군 생활을 통해 국가관·안보관을 갖게 되었으며 엄격한 규율 속에서 책임감과 질서의식 등 사회 구성원으로서 갖추어야 할 가치관도 갖게 됐다. 장병들의 이러한 국가관과 시민의식은 오늘날 우리나라가 선진국으로 발전하는 데 크게 기여하고 있다.

육군은 여성의 사회참여 확대에도 기여했다. 남존여비 사상이 잔

존하던 창군 당시부터 여성의 군내 진출을 허용했고, 현재까지 그 비율을 계속 확대해 나가고 있다. 이는 여성의 사회참여 확대와 양성평등사회 구현이라는 국가정책에도 기여하고 있는 것이다. 이제는 간호병과가 아닌 전투병과, 법무병과에서도 여성 장군이 나올 정도로 육군의 거의 모든 병과에서 여성의 활동이 주목받고 있다. 이외에도 육군은 대민지원 활동으로 재해·재난예방 및 복구활동, 농촌인력지원, 의료지원, 자연보호활동, 헌혈활동, 국제행사지원 등을 전개하고 있다.

육군의 생활여건

대한민국 국군 중에서 육군의 병력이 가장 많다는 것은 누구나 알고 있는 사실이다. 그러므로 육군은 우리나라 전 국토 대부분에 대한 지역방어를 포함해 핵심적인 임무를 수행하고 있다. 육군부대는 북한과 대치하고 있는 최전방 지역부터 우리나라 최남단 지역까지 전시에 가장 적합하고 효율적인 군사 배치를 고려하여 대한민국 모든 영토의 필요한 위치에 적절하게 자리 잡고 있다. 육군부대가 위치하고 있는 지역에는 기본적으로 군수지원 및 정비시설, 전비태세 유지를 위한 훈련시설, 가족이 거주할 수 있는 군 숙소 및 각종 복지시설 등이 갖춰져 있다. 특히 항시 긴장감이 맴도는 최전방 지역에서 근무하는 장병들에게는 위험근무 수당은 물론 다양한 복지혜택과 편의시설이 제공되고 있다.

육군은 타군과 비교할 수 없을 정도로 엄청나게 규모가 큰 대군이다. 그만큼 근무할 수 있는 부대도 다양하고 조금만 노력하면 자신이 선택할 수 있는 기회도 많다. 간부와 병사, 어느 계층을 선택해 지원하더라도, 다양한 병역제도와 지원가능한 수많은 병과를 고려할 때 자신의 노력 여하에 따라 선택의 기회는 많다.

만약 군 간부가 되어 장기복무를 한다면 정말 많은 기회를 가질 수 있는 곳이 육군이다. 하지만 전방근무 시에 겪게 되는 긴장감과 잦은 보직이동 등 어려움 또한 많다는 것을 감안해야 한다. 그렇지만 50만 대군인 육군에서 자신의 큰 뜻을 펼치고 싶다면 당당하게 지원하기를 바란다.

육군의 미래 모습

대한민국 육군은 미래전에 적합한 완전성을 구비하고 네트워크 중심전 구현이 가능한 첨단·정보화·과학화된 군대가 되겠다는 목표를 설정했다. 이에 전투임무에 전념할 수 있도록 모든 여건을 보장하고 법과 규정, 지휘체계 내에서 부대를 운용할 계획이다. 또한 글로벌 인재 육성프로그램을 만들어 장병복지와 병영환경이 선진화된 군대가 되고자 최선을 다하고 있다. 이처럼 '정예화된 선진 육군'이 되기 위해 네 가지 성장목표를 설정하고 다음과 같이 추진하고 있다.

첫째, 합동작전의 주력군으로 성장한다. 국가방위의 중심군으로서 육군은 평시에는 전쟁을 억제하고 전쟁이 일어나면 적의 주력인 북한 지상군을 물리치고 전쟁 승리에 기여하는 합동작전의 주력군이 된다. 이를 위해 장병들의 국가관·안보관·대적관을 확립하고 성과위주로 실전적인 교육훈련을 실시하며 학교교육과 부대훈련 시에는 합동성을 강화해야 한다.

둘째, 잠재적 위협에 대비한다. 우리는 북한만이 아닌 예상 가능한 모든 위협에 대비해야 한다. 그러기 위해서는 미래전 양상과 복합적인 안보위협에 대응할 수 있도록 첨단 정보·과학 기술군이 되어야 한다. 이를 위해 병력 구조는 첨단전력 확보와 연계하여 단계적으로 감축 및 정예화하고, 지휘구조는 임무와 기능에 맞도록 조직을 정비해야 한다. 부대구조는 중간 지휘계선을 단순하게 만들고 부대 수를 줄여야 하며 전력구조는 네트워크 중심의 감시·결심·타격체계로 발전시키고 네트워크 기반체계를 개선시켜야 한다.

셋째, 경제적인 군으로 성장한다. 실용성에 기초하여 부대를 합리적으로 운영하고 저비용·고효율을 추구하는 경제적인 군이 된다. 이를 위해 민간 전문가를 적극적으로 활용하여 군 운영의 효율성을 높이고, 현역은 전투임무에만 전념할 수 있도록 비전투 관리 분야에 대한 조직과 인력을 통합·슬림화하는 등 운영 체계를 개선해야 한다.

넷째, 전문화된 군이 된다. 전투임무에만 집중하는 전문화된 군이 되어 국민의 존중과 신뢰를 받는다. 이를 위해 육군은 인력 획득 및 인사관리 체계를 미래지향적으로 발전시키고 미래전을 주도할 전투전문가를 육성할 수 있도록 정보화·과학화된 교육훈련체계를 발전시킨다. 또한 선진 병영문화를 정착시키기 위해 병영 환경과 복지수준을 선진국 수준으로 높이고, 국민을 존중하고 국민의 신뢰를 받는 육군상을 정립해야 한다. 아울러 군 복무에 대한 자긍심을 고취하고 군복 입는 것을 자랑스러워하는 기풍을 조성해야 한다.

대한민국 육군은 병력이 50만 명에 가까운 대군이다. 따라서 인원이 적은 해군·공군에서는 각 1명의 4성장군인 참모총장이 모든 부대를 지휘하지만 육군은 참모총장 예하에 3명의 대장급 지휘관이 한반도 전체를 권역별로 나누어 지휘하고 있다. 남북한이 대치하고 있는 특수한 안보환경으로 인해 인구에 비해 많은 병력을 유지하고 있지만 육군은 대한민국의 안보를 수호하는 중요하고 꼭 필요한 전력이라는 것은 분명한 사실이다. 육군의 미래 모습에서도 언급한 바와 같이 국민으로부터 신뢰받는 전문성 있는 군인이 되고 싶다면 육군이 되길 바란다.

국제신사
해군

우리는 자랑스러운 충무공의 후예다

자랑스러운 충무공의 후예인 대한민국 해군의 '신사'라는 이미지는 오랜 전통이며 해군만의 독특한 정신을 대표적으로 상징한다. 여기에는 다른 나라 문화에 대한 포용력과 관대함이 깃들어 있으며 관용과 명예, 신사도의 기질이 내재된 해군만의 멋이다.

해군을 '국제신사'라고 부르는 것은 18세기 이후 서구 열강이 전 세계로 교류를 확대하며 동서양 전반에 자국의 문화를 전파하면서 시작됐다. 군함을 앞세워 상대국에 정박한 해군은 문화적 상대주의에 입각해 자국문화의 우수성을 강요하기보다는 그들의 문화를 먼저 이해하고 수용하면서 존중해주었다. 이처럼 상대방에 대한 깊은 이해와 관용, 포용력이 깃든 행동양식은 해군이 오래전부터 국제신사로서 인정받을 수 있었던 중요한 요소이다.

역사 속의 우리 해군

★★★★

로마의 철학자 키케로는 "바다를 지배하는 자가 세계를 지배한다"라고 말했다. 이처럼 고대로부터 해군력은 국가의 흥망성쇠를 좌우하는 중요한 요인으로 작용해왔다.

기원전 3세기경 로마는 지중해의 제해권을 확보하고 포에니 전쟁에서 카르타고에게 승리하여 세계적인 제국을 건설했다. 15세기 포르투갈과 스페인 역시 강력한 해군력이 있었기에 신대륙을 발견하고 세계 곳곳에 식민지를 건설할 수 있었다. 또한 16세기 이후의 영국이 '해가 지지 않는 나라'인 대영제국을 건설하고 유지할 수 있었던 힘의 원천도 해군력이었다.

20세기 초, 동북아 지역의 패권을 놓고 다투는 과정에서도 청나라는 황해해전, 러시아는 대마도해전에서 일본에게 패함으로써 국운이 다하여 국가멸망의 비운을 맞이했다. 하지만 일본은 해전에서의 승리를 바탕으로 열강의 반열에 올라설 수 있었다. 한편 미국은 제2차 세계대전 시 막강한 해군력으로 연합국이 승리하는 데 결정적인 역할을 수행하면서 세계 최강국가로 부상했다.

우리나라 또한 해군력을 충분히 갖추고 있었을 때는 국가가 부강해지고 전성기를 누렸지만 해군력이 약화되었을 때는 외세의 침입으로 엄청난 고통을 당하였던 역사적 경험을 가지고 있다.

신라는 6세기 중반에 한강 하류지역을 점령한 후부터 해양활동을 통해 삼국통일의 기반을 마련하였으며 676년, 당나라와의 전쟁 시 금강 하구 기벌포에서 당나라 수군에게 대승함으로써 삼국통일을 완성할 수 있었다. 통일신라시대의 장보고 대사는 828년 전라남도 완도에 청해진을 설치하여 해적을 소탕하고 해상무역을 번창시킴으로써 통일신라가 동아시아 국제무역활동의 중심축이 되게 했다. 고려 말, 조선 초기에는 수군 전력을 강화하여 왜구를 소탕하고 대마도를 정벌함으로써 국가를 안정시켰고 조선 중기(1592) 임진왜란 당시, 충무공 이순신은 해상통제권을 장악함으로써 전세를 역전시키고 풍전등화의 조선을 패망의 위기에서 구할 수 있었다.

그러나 조선 말기, 근대식 해군을 건설하려던 고종의 노력이 좌절되면서 조선은 현대식 화포로 무장한 외국 함대에 속수무책으로 당할 수밖에 없었고 마침내 일본에게 나라를 빼앗기는 비운을 맞이하게 됐다. 육당 최남선이 "누가 한국을 구원할 자이냐? 한국을 바다의 나라로 일으키는 자가 그일 것이다"라고 언급한 것처럼 해군력이 국가의 흥망성쇠에 결정적인 영향을 미쳐왔음은 역사가 증명하고 있다.

해군의 창설과 발전

★★★★

대한민국 해군은 1945년 11월 11일, 손원일 제독의 "국가와 민족을 위하여 이 몸을 삼가 바치나이다"라는 표어 아래 우리 손으로 조국의 바다를 지키겠다는 일념으로 뭉친 선각자들에 의해 '해방병단'이라는 이름으로 삼군 중 가장 먼저 창설됐다. 창군 초기 단 1척의 전투함도 없었던 우리 해군은 창군 원로들의 피나는 노력으로 무無에서 유有를 창조하면서 한국전쟁 시 눈부신 활약을 펼쳤으며 전후 정비기, 베트남 파병기, 자주국방 기반 조성기 등을 거치며 발전해왔다.

창군기~한국전쟁기 (1945~1953)

광복 직후인 1945년 8월 21일, 손원일 제독을 중심으로 해사대를 조직했고 9월 30일, 해사보국단과 통합하여 해사협회를 발족시켰다. 이후 1945년 11월 11일 11시, 서울 종로구 관훈동에 위치한 옛 표훈전表勳殿에서 뜻을 같이한 70명의 동지가 해방병단 결단식을 거행했고 이는 우리 해군의 모체가 됐다. 1946년 6월 15일에는 조선해양경비대로 개칭했으며 1948년 8월 15일, 대한민국 정부수립에 따라 동년 9월 5일, 대한민국 해군으로 정식 발족했다.

창군기 해군은 1946년 1월 17일, 해군병학교를 창설해 장교 교육을 시작했고 동년 2월 15일, 부사관 및 병 교육도 시작했다. 또한 1946년 6월 7일에는 진해 근해를 중심으로 해상경비를 개시했고 1947년 8월 30일에는 38도선 이남의 해안경비임무를 미 해군으로부터 인수하여 본격적인 경비임무를 시작했다.

1950년 6월 25일 새벽, '백두산'함은 600여 명의 특수전 병력을 태우고 침투하던 북한의 무장선박을 대한해협에서 격침시켰고 이는 개전 초 북한군의 후방교란 시도를 좌절시킨 중요한 승리로 기록됐다. 이후 우리 해군은 UN군과 함께 인천상륙작전을 성공시키고 한국전쟁

기간 동안 해상통제권을 장악했다.

전후 정비기~베트남 파병기(1954~1973)

한국전쟁 이후 해군은 1953년 9월 10일, 한국함대를 창설하고 1955년 3월, UN군으로부터 해상작전 지휘권을 인수하여 한국 해역을 독자적으로 방어하는 등 필승해군의 기틀을 다졌다. 또한, 한·미 상호방위조약 및 상호협정에 따라 새로운 함정(경비함, 상륙함, 고속수송함 등)을 미국으로부터 도입했으며 1963년 5월 16일, 미국 퇴역구축함인 충무함(DD-91)을 도입함으로써 오랜 숙원이던 대망의 구축함 시대를 열었다.

이후 우리 해군은 해상방어체계를 정립하고 대간첩작전을 강화함으로써 해상에서 많은 간첩선을 나포 또는 격침시키며 우리의 바다를 굳건히 지켜냈다. 한편, 1965년 해군은 자유월남의 평화수호를 위해 백구부대를 파병했다. 백구부대는 적의 기습위협과 낙후된 항만시설의 악조건을 극복하고 8년 1개월간 총 28만 4,992마일(지구 13.2바퀴)을 항해했으며 462회의 해상수송작전을 통해 총 56만 2,011톤(5톤 트럭 11만 2,400대 규모)의 군수물자를 수송했다.

자주국방 기반 조성기(1974~1992)

국내기술에 의해 건조된 호위함(FF)과 초계함(PCC)을 시작으로 고속정과 여러 종류의 지원함을 지속 건조하고 해상작전헬기(LYNX)를 도입해 자주국방 의지와 능력을 과시했다. 그리고 전투임무수행에 효율적인 조직개편, 전술교리 개발, 군수관리 개선 등을 통해 완벽한 해상방위체제의 기틀을 마련했다.

이 시기에 해군은 팀스피리트Team Spirit 훈련 등 각종 연합훈련을 통해 우방국 해군과의 유대를 공고히 하였으며 1990년에는 태평양 연안국들 간에 2년마다 실시하는 환태평양훈련RIMPAC에 최초로 참가했다.

현대적 해군 건설기(1992~현재)

1992년, 해군은 209급 잠수함 인수를 시작으로 현재의 개량형 214급 잠수함까지 많은 잠수함을 취역시켰고 1995년, 해상초계기P-3C를 도입하여 북한 잠수함 위협에 대비한 전력을 강화했다. 또한, 1998년 한국형구축함DDH-1을 시작으로 '신의 방패'로 불리는 이지스함DDG과 일만 4,500톤급 대형수송함LPH을 우리 독자 기술로 건조함으로써 수상·수중·항공의 입체 전력을 갖추었다. 한편, 기존에 운용 중인 호위함/초계함과 고속정을 대신할 2,000톤급 호위함FFG과 400톤급 유도탄고속함PKG을 양산하여 실전에 배치하는 등 정예화되고 균형 잡힌 전력을 건설하고 있다.

2000년 이후에는 신장된 해군력을 바탕으로 동티모르에 상록수부대(2000), 인도네시아에 제중부대(2005)를 파병하였으며 2009년부터는 해적으로부터 상선을 보호하기 위해 해군 구축함으로 구성된 청해부대를 아덴만으로 파병하여 우리 선박은 물론, 우방국 선박의 안전항해를 지원하고 있다. 특히 2011년 1월 21일, 해적에 피랍된 삼호주얼리호와 선원 21명 전원을 구출한 '아덴 만 여명 작전'은 한국 해군의 우수성을 전 세계에 알린 쾌거이자 건국 이래 최초의 해외 인명구출작전으로 기록됐다. 이외에도 자이툰부대가 다국적군으로 이라크

아르빌에 파병된 것을 비롯하여 인도, 파키스탄 등에서 평화유지군의 정전감시단으로 활약하는 등 우리 해군은 지구 곳곳에서 세계평화유지를 위한 활동을 계속해 나가고 있다.

일반현황

★★★★

인원·조직·전력 현황

해군 병력은 장교 5,500여 명, 부사관 1만 9,500여 명, 병 1만 6,000여 명 등 약 4만 1,000여 명으로 운영하고 있지만, 무기체계의 첨단화와 함정의 대형화로 인해 병력은 많이 부족한 실정이다.

해군의 부대구조는 해군본부 예하에 작전사령부, 교육사령부, 해군사관학교 등 3개의 중장급 직할부대와 한반도 동·서·남해를 담당하는 1·2·3 함대사령부와 잠수함사령부, 해군의 모든 군수지원을 담당하는 군수사령부 등 5개의 소장급 작전·지원부대로 발전되어 왔다. 또한 2020년대 중반을 목표로 기동함대사령부와 항공사령부 창설도 추진 중에 있다.

부대발전에 따른 전력건설에 있어서도 수상·수중·항공의 입체적 균형전력을 건설하여 국가 보위의 핵심 역할을 수행할 수 있도록 장기 계획을 진행 중에 있다. 해군은 지금도 전투함을 비롯하여 취역해야 할 여러 척의 군함과 해군 항공기 등을 이상 없이 인수하기 위해 노력하고 있다.

삼면이 바다인 우리나라는 국내총생산GDP의 80% 이상을 해외무역에 의존하고 있으며 수출입 물동량의 99.8%를 바닷길을 통해 운송하는 해양 국가다. 해군은 우리나라의 생명선인 바다를 수호하고 국가의 안전과 번영을 보장하는 막중한 역할을 수행하고 있다. 해군에서는 해군의 역할을 「해군 기본교리」에서 다음과 같이 기술하고 있다.

해군의 평시 역할은 첫째, 전쟁을 억제하기 위해 군함과 같은 해군 전력을 확보함으로써 북한과 주변국의 도발의지를 사전에 억제하여 안정된 안보상황을 유지한다. 둘째, 해양에서의 주권 및 권익보호를 위하여 우리 해군이 관리하는 바다인 관할해역, 우리 해군이 자유롭게 다닐 수 있는 활동해역과 다른 나라와 분쟁이 일어날 수 있는 바다인 분쟁가능해역에 전개하여 분쟁을 예방한다. 또한 위기가 발생하면 당시 상황에 맞게 대응하는 신축적인 대응으로 확전을 방지하고 분쟁을 빠른 시간 내에 해결하며, 우리나라의 배들이 다니는 바닷길인 해상교통로를 보호하고 해상테러 및 해적행위, 환경오염 방지, 바다를 통한 밀수 및 마약반입 등에 대한 감시와 차단활동을 실시한다. 셋째, 국가의 대외정책 지원 및 국위선양 활동으로써 순항훈련, 환태평양훈련RIMPAC 및 기타 연합해상훈련 등을 통한 여러 나라 해군과의 협력으로 우리나라의 이익을 보호하겠다는 해군의 의지를 보여주고, UN회원국으로서 평화유지활동에 적극 참여하여 대한민국이 국제사회에 기여하고 있음을 널리 알려 우리나라의 국가위상을 높이는 것이다.

해군의 전시 역할은 첫째, 해양통제를 달성하기 위하여 해양에서 적
위협세력을 탐색, 격파하여 적의 해양활동을 거부하고 우리의 해양
활동을 보장한다. 여기서 해양통제란 아군이 필요로 하는 특정 시
기 및 해역에서 자유롭게 해양을 사용할 수 있도록 적 해군력을 제
압 또는 통제하는 상태를 말한다. 둘째, 해군은 타격세력으로 하여
금 적의 중심을 격멸하기 위하여 항공력, 장거리 정밀유도무기 및 함
포체계, 그리고 상륙전력 등을 이용하여 군사력을 투사한다. 여기서
군사력 투사란 바다로부터 적 지역을 향해 상륙작전을 감행하거나
폭격, 포격 등 다양한 방법으로 전력을 운용하는 것을 말한다. 셋째,
해상교통로를 보호하여 국가의 전쟁수행을 위한 전략물자 수송을
보장하고 적의 해상교통로를 파괴하여 전쟁수행능력을 약화시킨다.
여기서 해상교통로란 국가의 생존과 전쟁수행을 위해 필요한 식량,
석유, 군수물자 등의 수송을 위해 필요한 해상 보급로를 말한다.

창군 이래 우리 해군은 대한민국의 바다를 수호하고 국가의 안전
과 번영을 보장하는 막중한 역할을 성실히 수행해왔다. 해군은 한국
전쟁 당시 대한해협해전, 인천상륙작전을 통해 전승의 기반을 마련
했으며 남북한 분단 후 70여 년간 북한의 끊임없는 해상도발을 철저
히 응징함으로써 우리의 바다를 굳건히 지켜왔다. 해외에서도 해군은
'아덴 만 여명 작전', 리비아와 예멘의 '우리 국민 철수 작전', 성공적인
평화유지활동 등으로 국위를 선양하고 국민의 생명과 재산을 보호하
는 수호자 역할을 수행했다. 또한 국민과 함께하는 해군으로서 서해
페리호, 세월호 침몰 등 해상 재해·재난 시 국민과 아픔을 함께했으

며 낙도 기동홍보단 활동으로 소외된 도서지역 주민들에게 꿈과 희망
을 나눠주고 수영, 카누, 모형함선 경연대회 등을 통해 국민들에게 진
취적인 해양 사상을 심어주는 역할도 수행하고 있다.

해군의 특성

★★★★

해군문화의 특수성

해군문화는 인위적인 규정과 절차 외에 오랜 세월에 걸쳐 형성된 전통
과 관습, 예절을 중시하는 특수성을 갖고 있다. 이는 바다라는 특수한
환경에서 만들어진 것으로서 타군과 다른 해군 고유의 특별한 문화
이다. 이처럼 독특한 해군문화를 형성하게 만든 주요 요인을 살펴보면
다음과 같다.

첫째, 바다와 함께한 생활 속 역사를 통해 발전해왔다. 뱃사람들은
수시로 마주해야 하는 대자연의 위대함 앞에서 안전항해를 위한 의식
과 예절을 무엇보다 우선시했다. 둘째, 함정에서 형성된 문화가 해군의
전통문화로 발전했다. 해군에도 육상업무가 있지만 함정에서 형성된
문화가 육상에까지 전파되어 해군의 전통문화로 발전한 것이다. 셋째,
다양한 하위문화가 형성되어 있다. 장교, 부사관, 수병으로 분류되는
계급 간 하위문화가 있고, 업무의 성격과 수행방식의 차이로 인해 각
병과별로 특징적인 문화가 존재한다. 넷째, 모항문화가 있다. 해군에게
해군기지naval base인 모항은 고향이라는 느낌과 함께 어머니의 품과 같
은 편안함을 준다. 그래서 해군은 출동 후 모기지에 입항을 해야 마음

편히 쉴 수 있는 것이다.

해군은 전통과 예절을 유난히 중요시하는 조직이다. 해군이 이루어 놓은 훌륭한 전통은 어려운 난관을 극복하는 자극제가 된다. 또한 해군의 일원으로서 제복에 대한 자부심과 영웅적 활약은 조직을 발전시키는 원동력이 될 뿐만 아니라 그와 같은 행위를 반복하게 만든다. 이처럼 독특한 해군의 문화와 전통 그리고 예절은 군함에서 해군만의 길차렷, 함상경례, 함교와 사관실 예절과 같은 함정문화를 발전시켰다. 또한 자신도 모르는 사이에 해군의 일원으로서 품위를 지키려고 노력하게 만든다. 자신이 해군임을 인식하고 해군만의 정체성을 본능적으로 표현하는 것이다. 또 한 가지 특이한 점이 있는데 해군의 관습이 해군의 법규와 규정을 만드는 기초가 되며 어떤 경우에는 법규나 규정보다 먼저 영향을 미칠 때도 있다는 것이다. 즉 성문화된 법과 규정이 분명한 설명을 하지 못할 경우, 관습이 보조적 역할이나 선례로서의 기능을 수행할 수 있는 것이다.

해군의 생활여건

해군부대는 대부분 도시지역에 위치해 있다. 해군은 부대라는 명칭보다는 함정의 모항인 기지base 개념으로 생각하는 것이 더 이해하기 쉽다. 우리나라의 주요 해군기지로는 창원(진해), 부산, 동해, 평택, 목포, 포항, 제주 등이 있다. 각 기지에는 기본적으로 군함이 정박할 수 있는 항만시설과 군수지원 및 정비시설, 전비태세 유지를 위한 훈련시설, 가족이 거주할 수 있는 군 숙소(관사, 독신자숙소)와 각종 복지시설을 갖추고 있다.

해군기지 중 가장 역사가 깊고 규모가 큰 곳은 창원(진해)이다. 이곳에는 중장급 부대인 교육사령부와 해군사관학교가 있으며 소장급 부대인 잠수함사령부와 군수사령부가 위치해 있다. 준장급 부대로는 해군부대 중 가장 많은 함정이 소속되어 있으며 해군 고유의 특성인 기뢰전, 상륙전, 구조전, 기동군수능력을 보유한 제5성분전단, 해군의 대표적인 특수부대인 UDT가 소속되어 있는 특수전전단, 함정의 전비태세를 담당하는 제8전투훈련단, 진해 기지와 인근지역을 담당하는 진해기지사령부가 있다. 진해는 해군의 고향과 같은 곳이다. 해군이라면 모두가 진해에 위치한 교육부대에서 기초군사훈련을 받고 군 생활을 시작하기 때문이다.

부산 용호동 오륙도 앞에는 중장급 부대로서 해군의 모든 작전을 지휘하는 작전사령부가 있다. 또한 동해, 평택, 목포에는 작전사령부 예하 소장급 부대인 1·2·3함대사령부가 위치해 우리나라의 동·서·남해 해상방위를 책임지고 있다. 포항에는 준장급 부대로서 해군의 항공작전을 담당하고 있는 제6항공전단이 위치하고 있으며 작전임무를 수행해야 할 항공기가 포항비행장에 전개되어 있다. 한편 2016년 5월, 제주 강정마을에 민·군복합항으로 건설한 제주 해군기지가 우여곡절 끝에 완공되었는데 이곳에는 꿈의 전투함인 이지스 구축함 등 주요 구축함 전력을 보유한 제7기동전단이 부대 이전을 마치고 임무를 수행하고 있다.

해군에 입대해 함정이나 잠수함에 근무할 경우 함정근무자는 육상근무자보다 식비 단가가 높아 양질의 식사가 제공된다. 또한 계급별로 함정근무수당과 출동가산금을 받게 되며 복무기간 중 사관생도 순항훈련, 환태평양훈련, 청해부대 파병 등 외국 순방의 기회가 타군에 비해 많은 편이다. 또한, 장교나 부사관으로 입대하여 장기복무자로 선발될 경우 능력에 따라 국내외 학위과정이나 군 관련 위탁교육을 받을 수 있으며 신무기체계, 장비인수 등 해외연수 기회가 제공되므로 노력 여하에 따라 자신의 진로에 대한 다양한 선택을 할 수 있다.

군함의 특수성

해군은 군함을 이용해 바다에서 전투를 하는 조직이다. 그래서 함정이 전투부대고 함 승조원이 전투원이며 전방과 후방의 구분이 없다. 함정이나 작은 섬에서 근무하는 것이 전방근무고 육상부대에서 근무하는 것이 후방근무인 것이다.

육군부대는 고정된 지역부대에서 근무하기에 전후방 구분이 가능하다. 하지만 해군의 군함은 임무를 부여받으면 대한민국을 비롯한 전 세계의 바다 어디든 자력으로 이동하여 부여된 임무를 수행한다. 그러므로 군함은 기동력이 우수한 단위부대며, 군함에서 근무하는 것이 전방근무인 것이다.

이러한 군함의 특수성으로 인해 해군에서는 매년 적지 않은 해군 전력(함정, 항공기, 잠수함)을 장기간(3~6개월) 외국에 보내고 있다. 이때 군함(잠수함 포함)은 움직이는 대한민국의 영토로서 방문국에 입항했을 때 대한민국 국내법에 의한 자주권을 갖게 되며 대사관과 동일한 치외법권을 보장받는다.

군함은 한 척, 한 척이 하나의 단위부대다. 대령이 지휘하는 함정은 연대급 부대이고 중·소령이 지휘하는 함정은 대대급 부대이며 대위가 지휘하는 고속정이 중대급 함정인 것이다.

군함의 인원을 육군과 비교하면 매우 적은 소규모 인원이다. 하지만 군함은 바다에서 다양하고 복잡한 임무를 수행해야 한다. 그래서 영관장교가 지휘하는 함정에는 모든 행정권한이 부여되어 있다. 군함이 임무수행을 위해 바다에 나가 있으면 현장 지휘관인 함장에게 작전권을 포함한 모든 권한과 책임이 집중되어 있다. 그래서 바다에서 외로운 결심을 해야 하고 그에 따른 책임도 혼자 감내해야 하는 함장의 권한은 절대적이다. 상급 지휘관이라 하더라도 함장 고유의 권한에 대해 가능한 침범하지 않고 아무런 조건 없이 존중해주는 이유는 바로 고독하면서도 과중한 함장의 권한과 책임 때문이다.

또한 군함은 군에서 전시와 평시편제가 동일하게 편성된 완편조직이다. 군함은 개인의 능력이 아닌 함 승조원 전체의 팀워크로 움직이는 기동부대로서 단기간의 교육훈련으로는 전투력을 발휘할 수 없기에 평시에도 완편조직으로 운영되는 것이다.

군함과 승조원은 공동운명체다. 승조원의 생존은 군함의 생존에 달려 있고 군함의 전투력은 승조원의 사기와 정신력에 달려 있기 때문이다. 군함과 승조원은 다 같이 살고 다 같이 죽는 공동운명체로서 생사고락을 함께하고 있는 것이다. 군함에서는 단 1명의 실수에 의해 화재나 폭발로 승조원 전체가 사망할 수도 있고 1명의 당직자에 의해 대형 사고를 예방할 수도 있는데 역사적으로 그러한 사례는 무수히 많다.

해군에 지원하려는 사람들이 가장 걱정하는 것이 뱃멀미다. 하지만 필자의 경험상 뱃멀미는 정신력으로 얼마든지 극복할 수 있다. 사람이 흔들리는 배를 타고 오래 있으면 누구나 멀미를 한다. 인간은 땅에서 살아가도록 되어 있는데 철판으로 만든 군함에서 높은 파도로 인해 함정이 흔들린다면 멀미를 하는 것이 당연한 것이다. 그렇지만 자신이 배를 조함하는 당직근무를 서고 있다면 함정이 요동치더라도 멀미를 참으면서 임무를 수행해야 한다. 이처럼 자신에게 책임과 의무가 주어진다면 뱃멀미를 느낄 여유가 없는 것이다. 뱃멀미 때문에 해군에 지원하는 걸 망설이는 사람이라면 어떤 일을 하더라도 성공하기 어렵다. 뱃멀미 같은 작은 어려움도 극복할 수 없는 사람이 21세기 다변화되고 있는 이 시대에서 어떻게 성공할 수 있겠는가.

해군은 오랜 관습과 전통을 중시하는 보수적인 조직문화를 갖고 있다. 하지만 전 세계 대부분의 사람들이 해군을 국제신사라고 부른다는 것은 해군이라는 조직이 멋있고 매력적이기 때문이다. 글로벌 마인드와 리더십을 배우고 느끼고 펼쳐보고 싶다면 해군에 도전하라. 그래서 강한 파도를 이겨내는 멋진 바다 사나이가 되어 전 세계를 누비는 글로벌 리더로 성장하길 바란다.

빨간 마후라
공군

우리는 21세기 대한민국의 아이콘이다

공군을 생각하면 가장 먼저 떠오르는 것이 비행기다. 연관해서 떠오르는 것은 파란 하늘, 조종사, 빨간 마후라 등이다. 공군에서 가장 중요하게 생각하는 것이 무엇일까? 아마 대부분의 사람들은 비행기, 그것도 고가의 전투기를 생각할 것이다. 하지만 공군에서 가장 중요하게 생각하는 것은 조종사다. 비행기는 파손되거나 수명이 다하면 새로 사 오면 되지만 대한민국 공군의 조종사는 전 세계 어디에서도 구할 수 없다. 그리고 숙련된 조종사를 양성하는 데는 너무나 오랜 시간이 걸린다.

대한민국 조종사와 공군을 상징하는 것이 빨간 마후라다. 마후라는 영어의 머플러muffler를 일본식 발음으로 읽은 것이다. 빨간 마후라가 공군 조종사의 상징이 된 것은 한국전쟁 당시 강릉의 제10전투비행단 소속으로서 공군 최고의 조종사였던 김영환 장군이 붉은색 머플러를 매고 다닌 것에서 유래됐다. 그때부터 비행교육을 마친 조종사가 첫 비행에 성공하고 돌아오면 담당교관이 붉은색 머플러를 준비했다가 직접 목에 매어주었다. 그리고 비행훈련 수료식에서 공군참모총장이 조종사들에게 붉은색 머플러를 수여하는 것이 공군의 전통이 되었다. 빨간 마후라를 목에 두른다는 것은 자랑스러운 조국의 하늘에 자신의 뜨거운 젊은 피를 바친다는 것을 의미한다. 그만큼 빨간 마후라는 대한민국 조종사들이 착용하는 영광과 명예의 상징이다.

공군의 창설과 발전

★★★★

=== 창군기(한국전쟁 이전) ===

대한민국 항공의 역사는 상해 임시정부의 활동에서 시작됐다. 1920년 노백린 장군은 미국으로 건너가 한국인 비행사양성소를 설립하여 비행기 2대와 레드우드비행학교를 졸업한 한국인 비행사 6명의 교관에 의해 3회에 걸쳐 한국인 비행사 77명을 양성했다.

해방과 더불어 이들 항공인들은 항공력의 중요성을 알리기 위해 1946년 8월, 한국항공건설협회를 설립했다. 한편, 군 출신 항공인들은 항공부대 창설을 위해 육군 및 미 군정당국과 협의하여 1948년 5월, 조선경비대 제1여단 내에 항공부대를 창설했다. 항공부대가 창설되자

항공 병력을 확보하는 한편, 미 7사단으로부터 L-4연락기 10대를 인수하였고, 1949년 제1차 소집학생 45명을 임관시키는 동시에 제1기 사관생도 97명을 입교시켜 공군 기간장교를 양성함으로써 공군 창군의 기틀을 마련했다. 현대전은 입체전이며 공군력 우세가 반드시 필요하다는 항공인들의 신념은 1949년 10월 1일 공군 창설로 결실을 맺는다.

전쟁 및 전후 정비기(1950년대)

1950년 6월 25일, 북한의 기습 남침이 시작되자 한국 공군은 L-4, L-5, T-6 등의 경비행기로 남침 저지를 위한 정찰작전을 수행했다. 1950년 7월 2일, F-51전투기가 도입된 이후에는 UN 공군과 함께 적에 대한 공격작전을 수행했다. 1951년 4월, 전세가 호전되면서 F-51전투기 일부를 여의도기지로 전진 배치하여 적 후방보급로 차단작전을 수행했다. 한편 우리 공군은 1951년 8월, UN 공군으로부터 전투단위부대로 인정받아 단독출격작전이 가능해졌다. 그때부터 한국 공군 단독으로 적보급로 차단작전과 지상군에 대한 근접항공지원작전을 수행했다. 공군은 1950년 7월 3일, F-51 전투기가 첫 출격을 시작한 이래 휴전할 때까지 총 8,495회를 출격하여 전투를 승리로 이끄는 데 크게 기여했다.

공군은 휴전 이후 1950년대 말까지 항공기 제트화, 항공수송능력 확보, 필요한 공군요원 양성, 방공관제 및 항공관제 업무수행능력 구비 등 공군력을 증강하여 장차 한국 공군이 독자적으로 항공작전을 수행할 수 있는 기초역량 확보에 노력했다. 그 결과, 1955년 10월에 제5혼성비행단, 1958년 8월에 제11전투비행단을 창설했고, F-86전투기, T-33A훈련기, C-46수송기를 도입했다. 또한 1959년 7월까지 미 공군이 운영하던 중앙방공관제소ADCC를 인수함으로써 공군 발전의 기틀을 마련했다.

국방체제 정립기(1960년대)

공군은 1960년대에 이르러 북한의 각종 도발에 대처하기 위해 F-86D 전투기, F-5A전투기, F-4D전투기 도입과 신레이더기지 건설, 방공관제기구 정비, 신기지 건설과 기존기지 확장 등 작전능력 향상에 주력하는 한편, 전술공군의 임무를 효율적으로 지휘감독하기 위해 작전사령부를 창설했다. 그리고 정비, 무장, 보급 등 적극적인 군수지원임무를 수행하기 위한 군수사령부도 창설했다.

한편 한국군 월남파병에 따른 항공지원을 위해 C-46수송기를 도입하여 한국-베트남 간 장거리 항공수송 임무수행을 통해 주월 한국 공군의 공지작전을 지원했다. 특히 1·21 청와대 무장공비 침투사건, 미 정보함 푸에블로호 납북사건, 울진·삼척지구 무장공비침투, 간첩선 해상침투사건 등 북한의 각종 도발에 대응하여 항공지원 작전을 전개하는 한편, 북한 공군의 전면적인 기습공격에 대비한 전술기지 및 비상활주로 건설 등 적극적인 대책을 강구했다.

자주국방 기반 조성기(1970년대)

1960년 초까지의 전력증강은 미국이 산정한 전력소요에 의해 조성됨으로써 북한의 위협에 실질적으로 대처할 수 없었다. 이에 공군은 자주적인 국방 전력증강계획(율곡계획)에 따라 북한 공군전력에 대한 상대적 열세를 질적으로 만회하기 위해 F-5E전투기, F-4E전폭기 등 신예 전투기와 S-2A, T-41, T37, C-123등 각종 지원기를 확보하는 한편, 성남, 예천, 청주 등에 새로운 기지를 건설하고 5개 비행단을 창설했으며 교육사령부 및 제2사관학교를 창설하는 등 영공방위 전력의 질적 향상에 주력했다.

자주국방 강화기(1980년대)

1980년대 공군은 항공기의 현대화와 질적 개선을 추진하여 국산 전투기 F-5E/F(제공호)를 생산 배치했으며, F-16전투기와 대량 공중수송 능력을 보유한 C-130수송기를 도입했다. 또한 방공 및 항공관제 자동화, 한국 전투작전정보센터 설치 등 유사시 제공권을 확보하고 지·해상작전을 적시에 지원할 수 있는 작전능력을 확보했다.

국방태세 발전기(1990년대)

공군은 국가방위의 핵심전력으로서 완벽한 영공방위 태세를 확립하기 위해 육군의 방공포병을 공군으로 전군시켰고, 제19전투비행단 창설과 공군의 주력기종인 F-16전투기 국내 양산을 시작하였으며 T-59 훈련기를 도입했다. 또한, 세계평화를 위해 걸프전에 참전하여 다국적군의 일원으로서 국위선양은 물론 전쟁 승리에도 기여했다. 한편 1990년대는 공군에 항공간호장교 제도가 생기고 1997년에는 국군 최초로 공군사관학교에 여생도가 입교하는 등 공군 여군 인력 운영에 큰 변화가 일어나는 시기였다.

항공우주군 도약기(2000년대 이후)

2000년대 이후 공군의 비전을 공중과 우주, 그리고 정보영역을 이용하여 대한민국의 국익과 안보를 보장하는 '항공우주군' 육성으로 설정했다. 따라서 이를 구현하기 위한 전략적 전장 운영 개념을 발전시키는 한편, 정보와 정밀공격능력이 융합된 항공기와 각종 무기체계 확보를 추진했다. 이에 따라 KT-1기본훈련기, KO-1저속통제기, F-15K 전투기, E-737항공통제기가 도입되었고 T/A-50고등훈련기/경공격기를 국내 개발하여 양산하는 한편 T-103 생도실습기를 도입했다.

이처럼 2000년대에 들어와 항공우주군으로 비약적인 발전을 시작한 공군은 사관후보생 및 공사 출신 여군 장교와 일반 모집한 여군 부사관이 임관하여 실무에서 본격적인 활약을 시작했다. 또한 최초의 여군 전투기 조종사가 탄생하고 남부지역 비행부대를 담당할 남부전투사령부가 창설되기도 했다. 이처럼 대한민국 공군은 어려운 여건 속에서도 항공우주군으로 발전하기 위해 최선을 다하고 있다.

일반 현황

★★★★

부대구조 및 전력현황

대한민국 공군은 현재 세계 7위의 강력한 항공 전력을 보유하고 있다. 북한 공군과 비교하면 수적인 면에서는 우리가 열세로 보이지만 질적인 측면을 고려하면 우리의 공군력이 더 우위에 있다. 물론 한반도를 둘러싸고 있는 러시아, 중국, 일본과 우리의 동맹국인 미국을 생각하면 우리나라의 공군력이 그들보다 약하지만 그래도 조종사의 능력과 훈련 수준 등은 어떤 나라와 비교해도 결코 뒤지지 않을 것이다.

우리 공군의 부대구조는 참모총장 예하에 우리의 하늘을 굳건히 지켜주는 작전사령부, 공군의 핵심인 조종사를 비롯하여 모든 공군 인력을 양성하는 교육사령부, 이러한 모든 장비와 인원에 대한 군수지원을 책임지는 군수사령부 등 3개의 기능사령부와 공군의 간성을 육성하는 공군사관학교, 기타 지원부대로 구성되어 있다.

대한민국의 영공을 완벽하게 통제하고 있는 작전사령부는 예하에 주요 작전 기능별로 임무를 수행하는 여러 개의 사령부가 있다. 먼저 우리나라 주요지역 위주로 전개되어 있는 전투비행단을 지휘하는 두 곳(북부/남부)의 전투사령부, 한반도 영공에 대한 정찰활동, 조종사에 대한 훈련비행과 특수임무비행 등을 담당하는 공중기동정찰사령부가 완벽한 항공작전을 수행하고 있다. 또한 방공무기를 운용하는 방공유도탄사령부와 영공을 감시·통제하는 방공관제사령부가 대한민국의 영공을 철통같이 지키고 있다.

『2016 국방백서』에 의하면 2016년 10월 기준 공군 병력은 총 6만 5,000여 명, 항공 전력으로는 F-15K, KF-16 등 전투기 410여 대, E-737피스아이 등 감시통제기 30여 대, C-130 등 공중기동기 50여 대, T-50A 등 훈련기 180여 대, HH-47D 등 헬기 30여 대가 임무를 수행하고 있다.

━━━━━ **공군의 임무와 역할** ━━━━━

대한민국 공군은 우리나라의 하늘을 지키기 위한 항공작전을 주 임무로 한다. 이를 위하여 모든 부대와 인원이 편성되고 그에 필요한 장비를 갖추고 있다. 또한 편성된 부대와 장비를 운용하기 위해 필요한 인원에 대해 교육 훈련을 실시하는 등 다양한 임무를 수행하고 있다.

평상시 공군의 임무는 전쟁을 억제하고 국익을 증진하는 것이다. 이를 위해 적이 도발할 가능성이 있는지 항상 감시하고 어떠한 상황에서도 대응할 수 있는 전투준비가 되어 있어야 한다. 또 특정 지역에 대한 공격이 있을 경우 즉각 대응할 수 있는 만반의 준비가 되어 있어야 한다. 국가적인 재해, 재난이 일어났을 때에는 국민의 생명과 재산을 지키기 위해 항공과 관련된 모든 지원을 최우선으로 실시한다.

전쟁이 일어났을 때에는 전쟁에서 승리하는 데 핵심적인 역할을 수행하는 것이다. 이를 위해 우리가 원하는 하늘을 우리 공군이 통제할 수 있도록 유리한 공중 영역을 확보하고 정확한 정보력으로 적을 확인할 수 있어야 한다. 또한 적이 공격할 수 있는 전력을 사전에 파악하여 제거하고 육군과 해군에서 요청한 사항에 대해서는 적시에 지원하며 항공 전력이 많이 손상되지 않도록 노력해야 한다.

공군의 특성

★★★★

공군부대의 특징

공군은 하늘에서 항공기를 이용해 적을 공격하거나 유도무기를 이용해 적의 항공기나 주요 표적을 파괴한다. 이처럼 공군은 하늘에서 전투가 이루어지기 때문에 항공기가 이착륙할 수 있는 활주로와 항공기를 정비해야 하는 격납고 등이 있는 비행기지가 가장 중요하다. 그러므로 공군부대의 모든 편성과 지원의 중심에는 비행기지를 관리하고 운용하는 비행단이 있다. 그리고 비행단의 모든 임무는 비행기의 안전한 이착륙과 정비에 초점이 맞춰져 있다.

공군의 비행단들은 많은 항공기들이 이착륙할 수 있는 적정규모의 공항을 보유하고 있고 어떤 곳은 같은 공항에서 민항기와 함께 활주로를 사용하기도 한다. 그래서 비행단이 위치한 기지는 규모가 큰 편이다. 하지만 비행단의 위치는 비행단의 임무와 성격에 따라 조성되어 있는데 통상 휴전선으로부터 적정한 거리를 두고 있다. 전투기의 기동성을 고려할 때 대한민국의 영공 어디든 짧은 시간에 도달 가능하므로 안전한 이착륙과 적의 기습공격 가능성을 고려하여 부대를 위치시키는 것이다.

적의 기습공격으로 공군기지의 활주로나 항공기가 손상되면 전쟁의 승패에 영향을 미칠 정도로 큰 타격을 입을 수 있다. 그러므로 항공기가 이착륙해야 하는 활주로와 비행기를 보관하는 격납고에 대한 안전은 철저히 보장해야 한다. 이러한 임무수행을 위해 공군은 기지 방어 임무를 수행하는 헌병이 타군에 비해 상대적으로 많다.

하지만 공군에는 비행단만 있는 것이 아니다. 공군 예하부대 중 비행단 다음으로 중요한 임무를 수행하는 부대가 방공유도탄사령부 예하 방공포대와 방공관제사령부 예하 관제대대다. 하지만 방공포대나 관제대대 예하 전탐감시소(일명 레이더사이트)는 대부분 벽오지僻奧地의 높은 산이나 도서지역 고지대에 위치하고 있다. 전군을 통틀어 가장 높은 지역에 근무하는 부대가 바로 이들이다. 방공포대나 전탐감시

소에 근무하는 공군 장병들은 복지적인 측면은 비행단에서 복무하는 장병들에 비해 열악하지만 좋은 점도 있다. 소규모 부대이므로 가족적인 분위기에서 단합이 잘되고 소속감도 강해 더 보람찬 군 생활이 가능하다. 또한 근무인원이 적어 더욱 정성이 담긴 조리를 할 수 있어 급식의 질이 높다고 한다.

공군의 조직문화

공군은 항공기와 정밀유도무기 등 최첨단 정밀장비를 운영하는 부대로서 항공기 조종사와 같이 무기체계를 운영하는 사람들과 비행기 정비사처럼 지원 임무를 수행하는 사람 간의 긴밀하고 유기적인 업무 협조가 필수적인 조직이다. 그러므로 그들은 소통을 통한 원활한 상호관계가 반드시 필요하다. 이에 따라 서열에 따른 일방적인 지시보다는 장비 운영자와 지원인력 간에 상호 의견교환과 협력을 통한 업무수행이 일반화되어 있다. 또한 개인별 또는 팀별로 전문화된 임무를 수행하고 있다. 이에 따라 세부 특기별 업무분장이 명확하게 이루어져 있어서 개인의 전문성을 발전시키고 활용함으로써, 군에서 익히고 임무를 수행한 것이 전문경력으로 인정되는 경우가 많다. 대표적인 예로 항공기 정비사, 관제사 등이 있다.

한편 공군에는 색다른 임무를 수행하는 병사들이 있다. 그 병사들은 타군에서는 상상할 수도 없는 독특한 임무를 수행하고 있다. 첫째, 항공통제특기병이다. 일명 거꾸로 쓰기의 달인, 거꾸로 명필이라고도 부른다. 이들의 임무는 영화에서 나오는 비행기 관제탑의 상황실 같은 곳에서 거대한 투명상황판에 손으로 글씨를 거꾸로 기록하는 것이

주 임무다. 이들은 관제상황실 내 자동화체계가 설치되어 있는 부대에는 없고 투명상황판을 수동으로 기록하는 부대에만 존재한다. 앞으로 몇 년이 지나 모든 관제부대가 자동화체계를 갖추면 이들의 임무도 종료되어 더 이상 거꾸로 명필을 볼 수 없게 될 것이다.

둘째, 항공기 견인차량 운전병이다. 항공기는 앞으로만 갈 수 있다. 자동차를 비롯한 모든 운송수단은 후진이 가능하지만 민항기를 포함해 모든 항공기는 후진을 하지 못한다. 그래서 후진이 필요할 때에는 항공기 견인차량으로 비행기를 밀어 줘야 한다. 이 차량을 일명 터그카tug car라고 한다. 해군에서 큰 배를 좁은 항만 내에서 운행시킬 때 사용하는 소형 함정을 터그보트tug boat라고 하는데 터그카와 같은 개념의 임무를 수행한다. 하지만 터그보트는 특수한 지원함정으로서 해군에서는 군무원이 책임을 지고 여러 명의 보조요원과 함께 운행하지만 터크카는 공군 운전병이 운행을 책임진다.

공군의 생활여건

공군은 비행기지에서 항공기를 운용하므로 활주로가 반드시 필요하다. 활주로는 군 시설뿐 아니라 사회기반 시설인 민간공항 시설로 이용되는 경우도 많다. 이러한 특성 때문에 공군기지는 대부분 도시의 내부나 주변에 위치하고 있으며, 공군기지가 주변지역 경제 활성화에 많은 도움이 되고 있다. 이에 따라 공군 장병과 가족들의 생활여건도 타군에 비하여 좋은 편이다. 특히 도심에서 생활할 수 있어서 문화·교육·교통 등 다양한 측면에서 생활에 도움이 되고 있지만 비행기지 내에서 제공되는 다양한 복지여건도 그들의 삶의 질을 높이고 있다.

또한 공군 근무 특성 중 세분화된 특기는 업무의 전문성을 높여주고, 업무분장을 명확하게 하므로, 정해진 일과에 업무를 수행할 수 있는 여건이 보장된다. 그러므로 일과 후 자기계발을 위한 시간을 보장받을 수 있어서 간부는 물론 의무복무를 하는 병사들도 군 생활을 더욱 보람차게 보낼 수 있다.

공군기지의 특징

대부분의 사람들은 공군기지에 대해 잘 알지 못한다. 기지 내 출입이 엄격히 통제되기 때문에 특별한 출입절차를 통과하지 않으면 타군 현역장교는 물론 같은 공군 장병도 쉽게 출입하지 못하는 곳이 공군 비행기지다. 하지만 우리가 공군기지에 대해 상식적으로 알아두면 좋을 만한 몇 가지 특징이 있어 소개한다.

첫째, 공군기지에는 PX가 없다. 하지만 더 규모가 큰 BX가 있다. 대부분의 사람들은 군에서 운영하는 매점을 PX라고 부른다. 이는 'post exchange'의 약어로 육군 소규모 부대가 위치하고 있는 곳을 포스트 post라고 호칭한 데서 유래한다. 하지만 공군에서 운영하는 매점은 BX라고 부른다. BX는 'base exchange'의 약어다. 공군부대는 비행단 위주로 모든 지원이 이루어지는데 매점도 비행단 규모에 맞게 비교적 크게 조성된다. 공군기지를 영어로 'air force base'라고 부르는데 기지 개념의 base라는 용어를 적용하여 공군매점을 BX라고 부르는 것이다.

둘째, 공군기지에 근무하는 공군 장병들이 애인처럼 관리해야 하는 것이 있다. 바로 특별구역 출입증이다. 육군 병사들에게 소총이 애인인 것처럼 공군기지에서는 출입증이 애인만큼이나 중요하다. 공군기지의 활주로, 격납고 등 대부분의 중요구역을 통과하려면 별도로 지급된 특별구역 출입증이 있어야 한다. 공군기지는 중요구역 곳곳에 헌병이 배치되어 있어 출입증이 없으면 아무 데도 갈 수 없고 아무것도 할 수 없다.

셋째, 공군기지 내 활주로 등 외부에 근무하는 공군 장병에게 귀마개는 필수품이다. 비행기지에서 전투기 이착륙 시 발생하는 소음은 상상하는 것 이상으로 엄청나다. 흔히 민간공항에서 듣는 비행기의 소음은 전투기의 소음에 비하면 무척 조용하다고 생각하면 된다. 그래서 비행기지 주변에 거주하는 주민들이 공군기지 이전을 계속 주장하는 것이다. 특히 소음에 직접적으로 노출되는 활주로 근무 장병들은 귀마개로도 부족해 그 위에 헤드폰까지 착용하기도 한다.

공군 조종사가 되는 방법

★★★★

얼마 전까지도 대부분의 사람들은 민간여객기 조종사가 되려면 공군사관학교를 졸업해서 공군 조종사로 의무복무기간을 복무하고 전역해야 가능하다고 생각했다. 하지만 지금은 민간대학은 물론 비행교육을 시키는 국내외 과정이 많이 생겼다. 대한항공을 비롯한 국내외 주요 항공사들은 대한민국 공군 조종사 출신을 가장 선호하고 그들을 최우선으로 채용한다. 우리나라 공군 조종사의 능력이 그만큼 출중하기 때문이다.

대한민국 공군은 우수 자원을 대상으로 많은 시간과 비용을 들여서 조종사를 양성한다. 그들은 엄격하고 까다로운 비행훈련을 모두 통과해야만 조종사가 된다. 공군 조종사가 되면, 공군사관학교 출신은 15년, 공군사관학교 출신이 아닌 사람은 13년을 의무복무하기 때문에 그들은 충분한 비행경험을 하게 된다. 그렇다 보니 공군 출신 조종사를 선호할 수밖에 없다.

공군은 가능한 한 많은 곳에서 조종자원을 선발하여 교육을 시키려 노력하고 있는데 공군 조종사가 되는 방법은 4가지가 있다.

첫째, 공군사관학교를 졸업하고 비행교육을 받는 방법이다. 공사 재학 중에 비행 입문교육을 받은 후 졸업과 동시에 기본과정과 고등과정을 받고 전문조종사가 된다.

둘째, 공군 학군사관후보생ROTC이 되어 조종 분야에 지원하고 임관 후 규정된 비행훈련을 통과하면 조종사가 될 수 있다. 공군 학군사관후보생 지원가능자는 한국항공대학교, 한서대학교, 한국교통대학교 항공학부 재학생이 유일하다. 이들 중 항공운항교육과 학생은 대학교 재학 중 일부 비행교육을 받고 임관하기 때문에 공군에서의 비행교육 기간이 가장 짧다.

셋째, 공군 학사사관후보생이 되어 장교로 임관할 경우 일정 인원을 조종계열로 선발한다. 이때 지원하여 규정된 비행훈련을 통과하면 조종사가 된다.

넷째, 공군 조종장학생에 선발되는 것이다. 이 제도는 공군에서 부족한 조종인력 양성을 위해 만들었다. 4년제 대학 1~4학년 재학 중에 조종장학생에 지원하여 선발되면 졸업과 동시에 공군사관후보생 훈련을 받고 임관한 후 비행훈련을 통과하면 조종사가 된다. 단 한국항공대학교, 한서대학교, 한국교통대학교 항공운항학과에 재학 중인 학생은 1~2학년만 지원이 가능하다.

공군 조종사가 되기 위해서는 먼저 소정의 교육과정을 거쳐 공군 장교로 임관해야 한다. 임관 후 1년 반에서 2년의 기간 동안 받아야 하는 입문-기본-고등 비행훈련을 모두 통과해야 하는데, 비행훈련 과정에서 많은 사람이 중간 탈락한다. 그만큼 조종사가 되는 길은 어렵다. 특히 여성이 조종사가 되려면 공군사관학교를 가는 것만이 유일한 길이다. 남성에 비해 더 어려운 것이 현실이다. 조종사가 되고 싶다면 이러한 모든 어려움을 이겨낼 각오를 하고 신중하게 지원하기 바란다.

〈빨간 마후라〉라는 영화가 있다. 1964년 개봉된 신상옥 감독의 작품으로 당시 최고의 배우인 신영균, 최은희, 최무룡 등이 출연했다. 이 영화는 공군의 전폭적인 지원으로 제작된 1960년대 최고의 스펙터클 영화로 국민들로부터 큰 사랑을 받았다. 필자도 어릴 때 TV를 통해 이 영화를 여러 번 보았다. 6월 25일이나 10월 1일(국군의 날)이면 어김없이 방영했기 때문이다. 영화 주제가 '빨간 마후라'는 그 시절 국민가요였다. 그래서 50대 이상 대부분의 사람들이 이 노래를 흥얼거릴 정도로 친숙한 노래가 됐다.

> 빨간 마후라는 하늘의 사나이, 하늘의 사나이는 빨간 마후라.
> 빨간 마후라를 목에 두르고, 구름 따라 흐른다. 나도 흐른다.
> 아가씨야 내 마음 잊지 말아라. 번개처럼 지나가는 청춘이란다.
> - 영화 〈빨간 마후라〉 주제곡

21세기, 급속한 과학기술의 발전으로 인해 공군의 전략적 중요성은 갈수록 높아지고 있다. 또한 남북한이 대치하고 있는 한반도의 여건상 공군력은 유사시 전쟁의 승패를 가름하는 결정적 수단이 됐다. 그만큼 다가올 미래의 국가안보에 있어 공군의 중요성과 가치는 갈수록 높아질 것이다. 이처럼 국가안보의 핵심이 된 공군은 대한민국 정부수립 후 가장 늦게 창설됐지만 국민들에게 친숙한 이미지로 다가서면서 비약적인 발전을 했다.

삼군 중 가장 개방적인 군대이며 세련된 군으로 평가받는 공군, 지금까지 공군이 지나온 길을 생각할 때 21세기 공군은 대한민국 안보의 주역이 될 것이라 확신한다. 또한 대한민국을 지키는 가장 높은 힘으로써 더 높은 세상, 더 큰 미래를 위해 공군의 도전은 계속될 것이다. 21세기 대한민국의 아이콘이 되고 싶은 젊은이라면 공군에 입대하여 하늘보다 더 높은 충성심과 우주보다 더 큰 꿈을 키워보지 않겠는가?

귀신 잡는
해병대

우리는 대한민국 승리의 상징이다

해병대는 참 특이한 조직이다. 법적 측면에서는 해군의 예하부대면서 독립된 예산권과 부분적 인사권을 가진 사령부를 운영하고 있고, 작전 측면에서는 해군과 별도의 지휘체계를 갖고 있다. 작은 규모지만 워낙 독특한 해병대만의 조직문화와 강한 존재감으로 인해 국민들에게 육해공군과 동등한 네 번째 군이라는 느낌을 주고 있다. 해병대의 인원은 약 2만 9,000명이고 사령부 예하에 2개 사단, 2개 여단과 교육훈련단, 연평부대가 있다.

해군 장교로서 해병대를 가까이서 지켜봤던 필자의 시각에도 해병대는 이해하기 어려운 점이 많다. 고생할 것이 빤히 보이는데도 기를 쓰고 해병대를 지원하는 많은 이들을 보면서 무엇이 저들을 해병대로 향하게 만드는지 무척 궁금했다. 하긴 필자도 사관생도 시절, 해군 훈육관에 비해 강인한 모습의 해병대 훈육관과 졸업하면서 해병대 장교로 임관하는 멋진 선배들을 보면서 한때 해병대 지원을 심각하게 고민했다. 필자가 이 정도이니 치열한 경쟁 속에 살고 있는 이 시대 젊은이들이 해병대의 강인함과 끈끈한 조직문화에 매력을 느끼고 너도나도 해병대에 지원하는 것은 어쩌면 당연한 결과다.

이처럼 해병대에 대한 젊은이들의 무조건적인 선망은 어느 날 갑자기 생긴 것이 아니다. 우리사회에 그러한 인식이 자리 잡기까지 해병대를 거쳐 간 수많은 선배 해병들의 피와 땀이 이 땅 곳곳에 스며들어 있는 것이다. 자랑스러운 선배 해병들은 한국전쟁과 월남전의 수많은 전투에서 항상 승리하는 무적해병의 신화를 만들었다. 그 결과 대한민국의 모든 국민들에게 귀신 잡는 해병, 무적해병, 신화를 남긴 해병과 같이 불가능을 모르는 불굴의 전사로 자리매김한 것이다.

해병대 창설과 도약의 역사

★★★★

대한민국 해병대는 1948년 10월, 여수·순천 반란사건을 진압하면서 수륙양면작전을 위한 상륙작전부대와 육상전투부대의 필요성이 제기됨에 따라 1949년 4월 15일, 초대사령관 신현준 중령을 비롯한 380명의 적은 병력으로 진해 덕산비행장에서 창설됐다. 해병대 창설과 존재의 법적 근거는 대통령령 제88호이며, 이 법이 공포된 날짜는 창설일보다 20일 늦은 1949년 5월 5일이다.

대통령령 88호의 내용을 살펴보면 다음과 같다.

제1조 해군에 해병대를 둔다.

제2조 해병대는 해군작전에 의한 육상전투에 임하는 동시에 주둔지역의 경비임무를 수행한다.

위의 내용을 보면 해병대는 창설 당시 독립된 조직이 아니라 해군의 예속부대며 육상전투와 해군 주둔지 경비가 주 임무라고 명시되어 있다. 해병대의 임무를 명시한 제2조는 한국전쟁이 한창이던 1952년 8월 16일 대통령령 672호에 의해 다음과 같이 개정됐다.

제2조 해병대는 해군작전에 의한 상륙작전을 담당하며 필요에 의해 육상전투에 종사할 수 있다.

이는 해병대가 상륙작전을 주 임무로 하는 전투부대임을 명문화하고 공식 선포한 것으로 역사적으로 중요한 의미를 갖는다. 여기에 명시된 '해군작전에 의한 상륙작전'이라는 의미는 상륙작전을 수행함에 있어서 해군과 해병대가 서로에게 꼭 필요한 전력임을 말해주는 것이다.

해병대는 창설한 지 얼마 되지 않아 진주(1949. 8~12)와 제주도 공비토벌작전(1950. 2~1951. 4)에 참가해 혁혁한 전공을 세웠다. 한국전쟁이 발발하자 장항·군산·이리지구 전투(1950. 7)를 시작으로 진동리지구 전투(1950. 7~8), 통영상륙작전(1950. 8~9), 인천상륙작전 및 수도서울

탈환작전(1950. 9~10), 도솔산 전투(1951. 6), 장단지구 전투(1952. 3~1953. 7) 등 수많은 전투에서 불굴의 투지로 승리하며 '귀신 잡는 해병', '무적해병'이라는 찬란한 전통을 수립했다.

1965년 9월 20일, 해병대는 월남전에 파병할 제2여단 청룡부대를 창설했다. 청룡부대는 전투부대로는 최초로 해외원정군으로 월남에 파병됐는데 예하에 근접항공지원을 할 수 있는 항공대가 있어서 수많은 임무를 성공적으로 수행했다. 1972년 2월 29일, 최종 개선할 때까지 청룡부대는 여단급 작전 55회, 대대급 작전 106회, 소부대 작전 14만 4,173회를 실시했다. 해병대의 모든 장병들은 작전을 수행하는 데 있어 적을 두려워하지 않는 불굴의 정신과 어떠한 어려움도 이겨내고 승리를 쟁취하는 근성을 보여주었다. 그로 인해 대한민국 해병대는 미국을 비롯한 많은 나라에 우리 해병대의 도전정신과 우수성을 알림으로써 국위선양에 크게 기여했다.

한국전쟁과 베트남 파병에서 용맹을 인정받으며 해병대의 규모는 해군보다 더 커져 병력 3만여 명의 대군이 됐다. 또한 1957년 이후 해군과 별도로 예산을 편성하고 집행했기 때문에 타군에 비해 해병대의 예산은 더욱 많아 보였다. 당시 해군 병력은 1만 5,000여 명이었고 공군은 해군보다 더 적었다. 이에 타군에서는 기회가 있을 때마다 해병대 예산을 문제 삼기 시작했고 국방부와 국회의원들도 이에 동조하는 분위기가 형성됐다. 이러한 시대의 흐름에 따라 창설 24년 6개월 만인 1973년 10월 10일, 국방부 훈령 제157호에 따라 군의 경제적 운용 등의 이유로 해병대사령부가 해체되는 시련을 맞게 된다.

사령부가 해체된 이후 해병대는 육해공군과 대등한 별도의 군이 아니고 해군에 예속된 예하부대로서의 길을 걸어왔다. 하지만 그러한 어려움 속에서도 해병대 발전을 위한 부대 증·개편작업은 계속 추진했다. 1974년 3월 11일 연평부대를 신편했고 1977년 1월 1일에는 제6여단과 제2훈련단을 창설했으며 1981년 4월 16일에는 제2여단 '청룡부대'를 모체로 수도권 서측방어를 담당하는 제2해병사단을 김포지역에 창설했다. 또한, 해군에 통폐합된 이후 해병대사령부 재창설을 위해 현역과 예비역이 합심하여 노력한 결과, 해체된 지 14년이 지난 1987년 11월 1일, 해병대사령부를 재창설하여 새로운 도약의 발판을 마련했다. 해병대사령부의 재창설은 상륙작전을 전담 운용하는 부대가 필요하고 해병대의 역할이 중요하다는 국민적 여론과 군내 인식이 확산되면서 이루어진 것이다.

1990년 8월 31일에는 해병대 설치 근거를 국군조직법(법률 제4249호)에 명시함에 따라 각 군 본부와 같은 직제부대로서의 법적 지위를 확고히 보장받았다. 1994년 4월 6일에는 해병대사령부를 서울에서 경기도 발안 지역으로 이전함으로써 제2의 덕산시대를 열어 나가게 됐다. 1992년 12월 1일에는 연합해병사령부CMFC를, 2008년 2월 20일에는 연합해병구성군사령부CMCC를 창설하여 연합해병작전 기능과 능력을 향상시킴으로서 지원사령부에서 작전사령부로서의 위상을 갖추었다.

한편 지난 2010년 11월 23일 북한은 연평도에 대해 무경고하에 기습적인 포격도발을 자행했지만 우리 연평부대는 즉각적인 대응사격을 실시했다. 이와 같은 연평도 포격전을 계기로 서북도서 방어의 중요성이 부각됨에 따라 2011년 6월 15일, 서북도서방위사령부를 창설하고 주요 전력을 증강하여 전·평시 합동작전을 주도하는 명실상부한 작전사령부로서 국가방위의 핵심적인 역할을 수행하고 있다.

1987년 11월 1일, 해병대사령부를 재창설 한 후 지속적인 발전을 위해 노력해온 해병대는 2011년 10월 15일부로 해병대 지휘관리 개선 법률이 시행되면서 명실 공히 해군 내 해병대의 독자적 역할과 기능을 수행할 수 있는 여건을 마련했다. 이는 대한민국 해병대가 1973년 사령부 해체 이전 수준에 버금가는 제3의 창설기를 맞이한 것이라 할 수 있다. 이처럼 새로운 도약을 시작한 우리 해병대는 2015년 12월 1일, 제주도에 제9여단을 창설하고 통합방위작전을 수행하는 등 남방해역 도서군 안정화에도 기여하고 있다.

해병대만의 특징

★★★★

빛나는 전통과 '해병대 DNA'

해병대는 복장, 고유용어 등 그들만의 독특한 조직문화와 전통을 만들어왔다. 그리고 해병대만의 자신감으로 그러한 특유의 문화를 정착시켰다. 팔각모와 해병대만의 군화, 빨간 명찰이라는 대표적인 트렌드를 만들었고 이를 통해 끈끈한 전우애와 '싸우면 이긴다'는 해병대만의 전사 기질을 키웠다. 또 '무에서 유를 창조한다'는 도전정신을 바탕으로 열악한 환경 속에서도 정의와 자유를 위해 투지를 불태워왔다.

해병대는 한국전쟁, 월남전 등에서 수많은 전투를 통해 명성을 국내외에 널리 알린 바 있다. 해병대 정신은 현재까지도 모든 장병에게 이어져오고 있으며 해병대 DNA로서 그들의 뜨거운 가슴속에서 끊임

없이 발현되도록 작용하고 있다. 해병대 DNA는 해병대 내에만 존재하며 변치 않고 전해 내려오는 해병대만의 무형자산이다. 이러한 DNA는 빨간 명찰을 수여받는 순간부터 작전수행 간, 교육훈련 시, 병영생활 및 전역 후에도 계속 유지되고 있다.

해병대의 핵심가치 '충성·명예·도전'

해병대의 핵심가치는 '충성·명예·도전'이다. 즉 '국가에 충성하고 해병대의 명예를 최고의 가치로 여기며 불굴의 투지로 도전하는 정신과 삶'을 의미한다. 핵심가치는 모든 해병들이 공유하는 가치관이자 신념으로 조직의 장기적인 성과 달성에 가장 큰 역할을 하고 있다.

해병은 국가에 충성하는 해병대의 명예를 지키기 위해 끊임없이 도전해야 하며 해병대의 명예를 욕되게 하는 그 어떠한 행위도 용납하지 않는다. 왜냐하면 해병대는 '충성·명예·도전'이라는 핵심가치 아래 국가와 국민을 위해 봉사하고 헌신하는 군이기 때문이다.

존중과 배려의 '해병대 기수문화'

해병대는 현역뿐만 아니라 예비역도 해병대 관련 인사를 만나면 기수부터 물어볼 정도로 기수 정신이 강하다. 해병대를 전역한 저명인사도 언론매체에서 자신을 홍보할 때 제일 먼저 해병대 기수를 소개할 정도다. 기수문화는 해병대를 하나로 뭉치게 하는 근원이다. 단 한 기수 차이일지라도 나이와 상관없이 선배를 존경하는 후임의 자세는 군조직에 반드시 필요한 정신이다. 군 경력을 바탕으로 후임을 지도하고 배려하는 선임의 자세는 해병대 발전의 근간이 된 정신이다. 해병대는 올바른 기수문화를 정착시켰고 존경과 배려를 바탕으로 한 기수 정신을 해병대 정신으로 승화시켰다.

해병대 기수 정신을 한마디로 요약하면 '선임에 대한 존경과 후임에 대한 배려'다. 후임을 배려하는 선임과 선임을 존경하고 그들의 가르침에 망설임 없이 따르는 후임, 이러한 조직문화는 대한민국 해병대가 전 세계 어떤 전장에서도 적에게 굴하지 않고 승리를 거둘 수 있는 원동력이 됐다.

한국의 최강 패밀리 '해병대전우회'

대한민국에서 가장 강력한 사조직이며 도저히 이해할 수 없는 조직 세 군데가 있다고 한다. 해병대전우회, 호남향우회, 고대동문회가 그 조직이다. 이 가운데 어느 한 조직에라도 속해 있으면 굶어죽지 않게 서로 끌어 주고 밀어준다고 할 정도로 끈끈하다. 이 중에서도 단연 최고의 조직이 해병대전우회다.

해군에 근무하면서 해병대전우회와 관련하여 전설처럼 전해들은 일화를 하나 소개할까 한다. 사관생도 순항훈련을 위해 남태평양을 항해하던 중 군수적재와 휴식을 위해 작은 섬나라에 입항했다. 워낙 규모가 작고 우리나라와 별로 교류가 없어 한국 교민이 10명도 되지 않는 섬이었다. 그렇게 작은 섬에 입항하는데 환영 현수막이 보였다. '환영! 해사 제00기 순항훈련함대'라는 환영 문구 아래 '해병대전우회 일동'이라고 적혀 있었다. 입항하던 사람들은 속으로 '이곳에 교민도 없는데 어떻게 해병대전우회가 있지?' 하고 의문을 가졌다고 한다. 입항 환영 행사를 마치고 사관실에서 사령관을 비롯한 장교들이 교민들과 환담을 나누는 중에 한 장교가 질문을 했다.

"이곳에도 해병대전우회가 있나요? 교민도 몇 분 안 계시던데요?"

"아! 이 섬에도 해병대전우회가 있습니다. 제가 회장이고 옆에 계신 이분이 총무입니다."

"해병대 출신이 몇 분이나 계신데요?"

"저희 2명이 전부입니다만……."

순간적으로 사관실에 있던 모든 사람이 멍해지면서 주변이 조용해졌다. 잠시 후, 사령관이 큰 소리로 웃으며 "역시 대한민국 해병대입니다. 해병대전우회 발전을 위해 다 같이 박수를 칩시다"라고 말해 다 함께 박장대소했다는 얘기가 있다.

이 얘기에서도 알 수 있듯이 해병대는 독특한 조직문화와 그들만의 끈끈한 전우애를 갖고 있다. 해병대를 이해하고 싶다면 차가운 머리로 생각하지 말고 뜨거운 가슴으로 받아들이기 바란다.

해병대의 임무와 근무여건

해병대는 상륙작전을 주 임무로 하는 국가전략기동부대. 그러므로 해병대는 임무를 부여받으면 한반도는 물론 전 세계 어디라도 즉각 출동해 대한민국의 국익을 위해 작전을 수행해야 하는 부대다. 하지만 해병대는 남북한이 대치하고 있는 한반도의 특수한 안보환경으로 인해 상륙작전이라는 기본임무 외에도 전방 서북도서 방어, 수도권 서측지역과 포항, 제주도에 대한 지역방어 임무를 수행하고 있다.

해병부대는 수원 인근에 위치한 발안에 해병대 사령부를 두고 백령도와 연평도에 해병6여단과 연평부대를 배치하여 서해5도에 대한 방어임무를, 김포반도에 사단본부를 두고 있는 해병2사단이 김포와 강화도 지역 경계임무를 수행하고 있다. 이 지역은 많은 섬들과 복잡한 해안, 강안이 분포되어 있어 육군이나 해군보다는 해상과 육상을 함께 아우를 수 있는 해병대가 지역방어와 경계임무에 가장 적합한 전력이다. 최근에 제주 해군 민·군복합항이 완공되어 해군의 최신예 전투함인 이지스 구축함을 비롯해 많은 해군함정이 전개하고 있다. 이처럼 제주도의 전략적 가치가 높아짐에 따라 국방부는 제주도에 해병 제9여단을 창설하고 완벽한 도서방어 임무를 부여했다.

한편 해병대의 도시 포항은 전통적으로 모든 해병들의 고향과 같은 곳이다. 해병은 이곳에 있는 교육훈련단에서 훈련을 받고 빨간 명찰을 수여받으며 상륙작전을 위한 모든 교육훈련 또한 이곳 포항에서 받기 때문이다.

대한민국 해병대는 존재 자체만으로도 북한군에게 큰 위협이 된다. 예전부터 전해오는 얘기에 의하면 우리 해병대의 상륙작전에 대비하기 위해 북한군 8개 사단이 움직이지 못하고 후방에 묶여 있다고 한다. 또한 김포에 배치된 해병2사단에 대응하기 위해 북한군은 3개 이상의 사단을 배치하여 운영하고 있다는 말이 있을 정도로 우리 해병대는 대한민국의 안보에 있어 매우 중요한 역할을 수행하고 있다. 해병대의 근무여건은 타군에 비해 상당히 열악하다. 최근 병영문화 개선사업으로 많이 향상되었지만 인원에 비해 워낙 넓은 지역을 방어하고 있고 주어진 임무도 많아 고달픈 생활을 한다. 하지만 해병대 장병들은 그들만의 해병정신으로 모든 것을 이겨내며 근무하고 있다.

해병대에서 일반 소총병으로 복무하면 상륙기습훈련, 유격훈련, 공수훈련 등 타군에서는 쉽게 접하지 못하는 다양한 훈련을 통해 자신의 한계를 극복하고 한층 자신감 있는 자아를 창출할 수 있다. 또한 코브라골드훈련, 콴퀘스트훈련, 연합상륙훈련 등 국내외에서 실시되는 연합훈련을 통해 견문을 넓힐 수도 있다. 무엇보다도 이러한 과정 속에서 맺어진 끈끈한 전우애를 바탕으로 전역 후에도 해병대전우회를 통해 각계각층에서 일하고 있는 많은 선후배 예비역의 든든한 지원을 받을 수도 있다.

해병대의 치명적인 매력

★★★★

1949년 4월 15일, 380명의 병력으로 진해 덕산비행장에서 창설된 대한민국 해병대는 창군 초기부터 오늘날에 이르기까지 수많은 전쟁과 국난 속에서도 흔들림 없이 임무를 완벽하게 수행하며 우리의 영토를 수호했다. 한국전쟁과 베트남전쟁 그리고 '13분 만의 대응사격'을 통해 적의 추가도발 의지를 꺾었던 연평도 포격전을 포함한 수많은 전과는 귀신 잡는 해병, 무적해병, 신화를 남긴 해병 등 어느 군도 가지지 못한 빛나는 칭호를 통해 엿볼 수 있다.

이러한 명예와 전통의 기치 아래 수많은 젊은이들이 해병대에 자원입대하고 있다. 해병대의 자부심과 위상은 '한 번 해병은 영원한 해병', '누구나 해병이 될 수 있었다면 나는 결코 해병대를 선택하지 않았을 것이다'라는 구호만 보더라도 알 수 있다. 실제로 해병대 출신 예비역들이 국내외 정·재계 및 학술계, 연예계 등 각계각층에서 왕성하게 활동하고 있으며 개인의 명성과 더불어 해병대의 가치를 드높이고 있다. 이러한 자부심에 기인한 선·후임 간의 끈끈한 전우애는 전역 후에도 해병대전우회의 다양한 활동을 비롯해 사회생활 곳곳에서 발휘되고 있다. 이러한 점들이 많은 젊은이가 해병대를 앞다투어 지원하도록 만드는 원동력이 되고 있다. 전역 후 해병대전우회의 일원이 될 수 있다는 것도 해병대의 큰 장점 중 하나다.

해병은 태어나는 것이 아니라 만들어지는 것이라고 한다. 타군에 비해 육체적으로 힘들고 위험하지만 이를 극복하고 해병대의 일원이 되면 많은 것을 얻을 수 있다. 대한민국에서 해병대 출신은 책임감이 강하고 공격적이며 도전정신이 있다고 인정받고 있다. 서울대 출신이 똑똑하다고 인정받는 것처럼 해병대 출신치고 정신적·육체적으로 나약한 사람은 없다는 인식이 정착됐다. 이러한 사회적 분위기에서 성장한 많은 청년들이 해병대에 지원하는 것은 당연한 결과다. 자신의 한계에 도전하고 스스로를 시험해보고 싶다면 해병대에 지원하기 바란다.

전환·대체복무,
알아야
갈 수 있다

군대에 가지 않고도
병역의무를 마칠 수 있다?

입영 신체검사에서 현역 판정을 받은 사람은 대부분 군에 입대하여 규정된 의무복무를 한다. 하지만 현역복무 자원 중 군 인력충원에 지장이 없는 범위 내에서 일부 남는 인원과 보충역 판정을 받은 자원은 전환·대체복무로 신성한 국방의 의무를 마치도록 되어 있다.

사람은 본능적으로 편안한 길을 찾는다. 운전하기도 좋고 안전하다는 생각에 무의식적으로 그 길을 가게 된다. 하지만 너무 편안한 길만 가다 보면 매너리즘에 빠져 졸음운전 등으로 낭패를 당할 수도 있다. 그래서 다소 불편한 길이 오히려 큰 사고를 막아주는 것인지도 모른다. 희망의 언덕을 오르는 길일수록 더 가파르고 곳곳에 굴곡이 많은 것도 그런 이유 때문일 것이다.

전환·대체복무가 편안한 길이 될 수도, 불편한 길이 될 수도 있다. 그것은 사람의 마음가짐에 달려 있다. 편안한 길이 될 것이라는 막연한 기대를 가지고 선택한 사람에게는 오히려 힘든 길이 될 수 있다. 하지만 어렵고 불편한 길이라 해도 자신의 미래를 개척하고자 준비한 사람에게는 편안하고 신나는 길이 될 수도 있는 것이다.

'전환복무제도'란 현역병으로 입영하여 기초군사훈련을 마친 사람

중에서 추천 또는 지원에 의하여 현역복무와 형태를 달리하는 제도다. 전환복무의 종류로는 의무경찰, 해양의무경찰, 의무소방원이 있으며 그들은 군인 신분이 아닌 경찰과 소방관으로 군 복무를 대신한다.

'대체복무제도'는 징병제를 실시하는 국가에서 현역병을 충원하고 남는 병역자원을 효율적으로 활용하기 위해 적절한 자격을 갖춘 사람에게 현역 복무에 상응하는 사회봉사활동이나 공공 행정업무, 과학기술 발전을 위한 연구 활동과 중소기업기능 보완을 위한 복무 등을 이행하게 하고 그것으로 병역의무를 마친 것으로 인정해주는 제도다.

전환·대체복무 제도는 1970년대 초에 시작됐다. 현재 의무경찰, 해양의무경찰, 의무소방원, 산업기능·전문연구요원, 승선근무예비역, 예술·체육요원, 사회복무요원, 공중보건·징병전담의사, 공익법무관, 공중방역수의사가 전환·대체복무를 하고 있다. 이들은 자신의 전공·특기와 연관된 사회 각 분야에서 일정기간, 전투 병력이 아닌 다른 방식으로 군 복무를 대신하게 된다. 이들은 현역과 동일하게 4주간의 기초 군사훈련을 받으며 전환·대체복무 후 6년간 예비군 요원으로서 소정의 훈련을 받는다. 그러므로 병역의 의무를 성실히 수행하는 것이지만 사회의 일각에서는 병역의무의 형평성을 제기하며 특혜가 아니냐는 논란이 계속되어왔다.

이에 국방부는 『2014 국방백서』에서 병역의무 이행의 형평성과 효율성을 고려하여 현재 시행중인 전환복무와 대체복무 제도를 2015년까지는 현 수준을 유지하고 2016년 이후에는 향후 안보환경과 저출산, 고령화에 따른 병역자원 수급 전망 등을 검토하여 제도 개선에 나서겠다고 말했다.

이러한 와중에 2016년 전반기, 병역특례제도가 사회적 이슈로 급부상함에 따라 국방부는 인구감소에 따른 병역자원의 안정적 확보를 위해 전문연구요원을 비롯해 한해 약 2만 8,000여 명에 이르는 병역특례 대상을 단계적으로 줄여 2023년 완전히 폐지하겠다는 방침을 세웠다. 이에 과학기술계와 산업계는 국가발전에 기여해온 전환·대체복무 제도를 계속 유지해야 한다고 강력하게 주장하고 있다. 이러한 사회적 갈등을 해소하고자 언론에서는 2016년 5월, 전환·대체복무 제도 전반에 대한 개선방안을 마련하기 위해 공영방송에서 토론을 실시했다.

이 장에서 필자는 전환·대체복무 하나하나에 대한 장단점과 지원 시 잘 확인하고 고려해야 할 사항을 소개하는 데 주력했다. 전환·대체복무에 관심이 있지만 잘 알지 못하는 사람들과 어쩔 수 없이 그 길을 가야 하는 젊은이들에게 최대한 많은 정보를 주고 싶기 때문이다.

누구에게나 선택의 기회는 주어진다. 하지만 현명한 선택을 하는 사람은 많지 않다. 우리가 올바른 판단으로 현명한 선택하기 위해 노력하는 것은 그 선택이 자신의 인생을 통째로 바꿔버릴 수 있기 때문이다. 전환·대체복무를 준비하는 사람들은 단순히 병역의 의무를 때우는 것이 아니라 자신의 미래와 연관된 선택으로 생각하고 신중하게 지원하기 바란다.

의무경찰

진정한 민중의 지팡이가 되고 싶다

본인의 희망에 의해 경찰에 지원한 현역 입영대상자 중에서 경찰청장이 선발하고 국방부장관에게 추천하여 전환복무자로 선정된 사람을 의무경찰이라고 한다. 의무경찰은 '의무전투경찰순경'의 줄임말로 2012년 1월, 폐지된 작전전경 임무와 의무경찰 임무를 모두 수행하고 있다. 주요근무처로는 국회 및 정부청사 경비대, 공항기동대, 일반기동대, 전경대, 방범순찰대, 관광경찰대, 검문소가 있다.

주요임무

첫째, 대간첩작전 임무를 수행한다. 주로 112타격대와 전경대가 임무를 수행한다. 주요 작전으로 내륙지역 간첩 침투 시 방호선 설정과 수색·섬멸 작전을 실시하며, 대테러 활동으로 국가 중요시설, 관공서, 다중이용시설에 대한 각종 테러대비 훈련과 수색 활동을 하고 있다. 둘째, 방범순찰이다. 주로 방범순찰대에서 임무를 수행한다. 관할 지역 내 주야간 취약 지역 순찰 및 거점 근무를 통해 범죄로부터 국민을 보호한다. 셋째, 집회·시위 관리다. 각종 집회·시위 현장에서 시위대와 일반시민들의 안전과 질서유지 임무를 수행한다. 불법·폭력 시위는 엄정하게 대응하고 합법적인 집회·시위에 대해서는 집회 종료 시까지 보장하고 있다. 넷째, 교통질서 유지다. 혼잡 시간대에 교차로에 배치되어 교통질서유지 업무를 수행한다. 주로 교통수신호로 정체지역 해소와 소통유지 업무를 하며 때에 따라 교차로 꼬리물기 단속, 음주단속 등을 통해 교통사고 예방업무도 수행한다.

지원방법

만 18세 이상 30세 이하면 누구나 지원할 수 있는데 이미 현역병 입영일자가 결정되었거나 이를 연기한 사람은 지원할 수 없다. 단, 대학교 재학생으로 입영연기가 확정된 사람은 지원이 가능하다. 지원방법은 2가지다. 경찰청 의무경찰 홈페이지에서 지원할 수 있고, 가까운 지방경찰청 또는 경찰서 민원봉사실을 방문해 지원할 수 있다. 하지만 가급적 인터넷 접수를 하는 것이 좋다. 복무기간은 육군과 같은 21개월이며 복무가 만료되면 국방부 전환복무 해제와 동시에 만기전역으로 병장 계급의 예비역에 편입된다.

지원시점에서 5~6개월 후에 입영하는 일반의경, 3~6개월 후에 입영하는 특기의경, 경북지방경찰청 주관으로 매월 8명만을 선발하는 독도경비대원이 있다. 특기의경은 반드시 응시하고 싶은 지방청에서 관련 분야 모집 여부를 확인한 후에 지원하는 것이 좋다. 선발계획이 없는 분야에 임의로 지원하면 비대상자로 처리되기 때문이다. 단, 독도경비대원을 희망하는 사람은 반드시 경북지방경찰청에 지원해야 한다.

특기의경 선발

총 15개 분야에서 이루어진다. ① 외국어 ② 대형운전 ③ 예능 ④ 체육 ⑤ 악대 ⑥ 의무 ⑦ 조리 ⑧ 영상홍보 ⑨ 경찰견핸들러 ⑩ 기마대원 ⑪ 전산 ⑫ 영양사 ⑬ 화생방 ⑭ 무도 ⑮ 의장대가 해당 분야다. 특기의경은 일반 모집대원의 응시자격을 모두 갖추고 다음 중 하나 이상의 자격요건에 해당되어야 선발될 수 있다.

- 관련 분야 회사 6개월 이상 경력자, 경연대회 출전 경험자
- 관련 분야 자격증 보유자(관련 분야별 자격증 붙임)
- 관련 분야 고교학과 졸업자, 관련 대학학과 2학년 이상(전문대학은 1학년 이상) 재학자
- 관련 분야 학원 6개월 이상 수강자

특기의경 선발과 관련된 담당 지방청, 지원자격과 같은 세부사항은 경찰청 의무경찰 홈페이지 특기의경 모집절차에서 확인할 수 있다.

경찰청은 2015년 12월부터 의무경찰 선발방식을 시험에서 추첨으로 변경했다. 최근 몇 년 동안 의무경찰 지원자가 크게 늘었기 때문이다. 2013년 8.5대 1이던 경쟁률이 2014년 15.7대 1까지 올랐고 의경 지원자를 위한 문제집까지 등장했다. 의경시험이 너무 과열됐다고 판단한 경찰청은 지원자에 대한 부담을 줄이기 위해 선발방식을 추첨제로 변경한 것이다. 변경된 추첨방식에 따라 2015년 12월 실시한 1차 추첨은 경쟁률이 26.4대 1까지 올라갔다. 이는 2015년 6월, 전투경찰대설치법 시행령 개정으로 병무청 신체검사를 통과한 사람은 대부분 선발이 가능토록 징병검사 기준보다 높았던 키와 몸무게, 나안시력 기준을 폐지하여 지원자격을 완화한 것과 최근 들어 육군 현역입영경쟁률 자체가 많이 높아진 것이 원인이다.

여러 가지가 있다. 그중 가장 큰 장점은 2009년부터 의경 복무자를 대상으로 경찰관 특별채용을 한다는 것이다. 이는 일반경찰관 채용인원의 일정비율을 의무경찰 복무자에게 할당하는 것인데 비율은 경찰청 인력수급 여건에 따라 다소 차이가 있다. 경찰관이 되고 싶은 젊은이라면 특별채용이 아니더라도 의무경찰로 근무한 것이 매우 유리하게 작용할 것이다. 둘째, 도시 지역에서 현장감 있는 근무로 사회와 단절되지 않고 연계된다는 것이다. 셋째, 육군훈련소에서 4주간 기초군사훈련을 받고 성적에 따라 희망 시·도를 우선 선택할 수 있으며 지방경찰청 신임 교육대에서 2주 교육(서울지방경찰청은 3주) 후 군번, 나이

순으로 근무지를 배정받는데 성적과 운이 좋으면 집 가까운 곳에서 근무할 수 있다는 점도 매력적이다. 넷째, 정기휴가(28일), 2개월마다 정기외박(3박 4일), 주2회 휴무(주1회 정기외출)로 복무단축 효과가 있으며 복무 중 학점 이수, 자격증 취득과 같은 충분한 자기계발 기회도 보장하고 있다.

고려사항

의무경찰은 군인이 아니지만 군대보다 결코 편하지 않다. 경찰도 군처럼 엄격한 지휘체계와 계급이 있는 조직이고 시위 및 테러 진압, 방범 순찰, 교통질서 유지와 같은 치안업무를 통해 국민의 안전을 보장하는 막중한 임무를 수행하고 있다. 그저 군대보다 '근무여건이 조금 낫지 않을까?'라는 막연한 기대를 갖고 의무경찰에 지원한다면 군대보다 더 힘든 생활을 할 수도 있다.

2015년 12월 이후에 실시한 의무경찰의 추첨 경쟁률이 20대 1이 넘을 정도로 경쟁이 치열하다. 이는 편안한 길만을 찾으려는 사람들이 많이 몰리면서 생긴 일시적인 현상일 수도 있고 사회적인 추세일 수도 있다. "성냥불을 켤 때 살살 갖다 대면 불이 켜지지 않고, 힘을 주어 팍 그어야만 불이 붙듯이, 수행의 과정도 그러하다"는 법륜 스님의 말처럼 확실한 계획을 세우고 꼼꼼하게 준비한다면 어떠한 어려움도 이겨내고 자신이 원하는 것을 얻을 수 있을 것이다. 의무경찰의 장점과 자신의 특기, 적성 등을 고려해 신중하고 현명한 선택을 하기 바란다.

해양의무경찰

대한민국의 해상 안전은 우리가 책임진다

해양의무경찰은 본인의 희망에 따라 지원하는 군 전환복무의 한 종류다. 복무기간 동안 해양경찰관을 도와 다양한 대민업무와 해상작전, 해상안전관리 업무를 수행한다. 연간 소수인원을 선발하고 많이 알려지지 않아 일반 의무경찰에 비해 경쟁률이 높지 않은 편이다.

주요임무

해상치안 유지가 주요임무다. 주로 경비함정을 타고 해양경찰관과 함께 불법어선 검문검색, 불법 중국어선 나포, 항구에 출입하는 선박에 대한 검문, 여객선과 선착장에 대한 안전관리 등을 실시한다. 주요근무처로는 해양경찰서, 경비함정, 안전센터, 출장소 등이다.

지원자격

만 18세 이상 28세 이하의 대한민국 남자는 누구나 지원할 수 있다. 그러나 이미 현역병 입영 일자가 결정되었거나 이를 연기한 사람은 지원할 수 없다. 단, 대학교 재학생으로 입영연기가 확정된 사람은 지원이 가능하다. 지원방법은 인터넷을 이용해 해양경찰서 해양의무경찰 홈페이지에서 언제든지 자유롭게 지원할 수 있다. 특기의경에 대한 모집분야와 인원은 매월 게시되는 모집공고를 확인해야 한다. 복무기간은 해군과 같은 23개월이며 복무기간 동안 해상과 육상 순환근무를 원칙으로 한다. 복무가 만료되면 국방부 전환복무 해제와 동시에 만기전역으로 병장 계급의 예비역에 편입된다.

선발절차

1년에 통상 8개 기수를 모집하며, 매 기수 당 130~190여 명을 선발한다. 선발시험은 5개 지역(중부, 동해, 서해, 남해, 제주) 해양경찰청에서 실시한다. 서류전형, 신체검사, 종합적성검사, 체력검사, 면접시험 등을 통과해야 한다. 일반의경은 지원 비율에 따라 지역별로 합격인원이 결정된다. 최종합격자 선정기준은 적성검사 30%, 면접시험 60%, 가산점 10%이다. 가산점은 해양 관련 각종 자격증, 해양스포츠 입상경력, 봉사관련 실적 및 수상경력, 국가유공자 등에게 부여된다. 해경은 병무청에 위탁해 모집하던 의경을 2012년 11월부터 자체 선발하고 있으며 2016년 이후 모집인원은 매년 약 1,200여 명 수준이다.

특기의경

2개 분야에서 선발한다. 중국어 특기의경은 HSK 신5급(구 6~8급) 이상 또는 3년 이상 중국어권 국가에 거주한 경력이 있어야 한다. 관현악단 특기의경은 악기 전공자나 음악 관련 특기자 중에서 선발한다.

일반의경과 달리 별도의 서류전형과 실기시험을 실시하며 중부해양경찰청에서만 선발한다. 그리고 모집분야별 업무부서에서 유사업무를 담당한다.

입영 및 교육

최종 합격자는 입영 1개월 전, 병무청에서 개별 입영 통지를 받고 진해에 있는 해군교육사 제1군사교육단 신병교육대대에서 5주간의 기초군사훈련을 받는다. 훈련을 마치면 전남 여수에 있는 해양경비안전교육원에서 2주간의 신임의경 교육을 받고 성적에 따라 사전에 조사한 희망지역에 배치된다.

해양의무경찰의 장점

해양의경 복무자를 대상으로 순경 전체 모집인원의 약 15%를 특별채용한다. 일반해양경찰관 신규 채용인원 중 상당히 많은 인원을 할당하는 것이다. 해양경찰관 취업을 희망하는 사람이라면 특별채용이 아니더라도 해양의무경찰 복무가 매우 유리하게 작용할 것이다. 또한 복무기간 중 자기계발을 위해 해기사 면허, 수상레저기구 조종면허(요트, 일반), 수상인명구조자격증, 응급처치자격증을 취득할 수 있도록 적극적인 지원을 받을 수 있다.

═══════ **고려사항** ═══════

해양의경의 근무환경은 해군과 유사하다. 많은 해양의경이 함정근무를 해야 하는데 흔들리는 함정에서 높은 파도와 뱃멀미를 이겨내려면 강한 정신력이 있어야 한다. 또한, 근무지역에 따라 중국 어선과의 총성 없는 전쟁을 해야 할지도 모른다. '해양의무경찰이 군대보다 편하지 않을까?'라는 안일한 희망을 가지고 지원한다면 군대보다 더 힘든 생활을 할 수도 있다.

바다에서 청춘을 보낸 필자로서는 바다에 대한 애정이 남다를 수밖에 없다. 바다는 무한한 가능성을 갖게 해주지만 인간을 한없이 초라한 존재로 만들기도 한다. 바다는 그 어떤 가식과 오만도 허용되지 않는 미지의 신비로운 세계이기 때문이다. 바다를 삶의 터전으로 삼고 사는 사람들은 바다 앞에서 욕심을 던져버리는 방법을 배우게 된다. 얼마나 많이 가져야 하는가가 아니라 얼마나 적게 지니고 살아갈 수 있는가를 배우게 되는 것이다.

바다는 비우면 채워주고 우리를 더욱 단단하게 단련시켜주는 스승이자 억척스런 어머니의 품과 같다. 이와 같은 바다에서 근무해야 하는 해양의무경찰의 특별한 근무환경과 자신의 특기, 적성, 장래희망을 고려해서 신중하게 고민하고 선택하기 바란다.

의무소방원

PART III 03

긴급출동 119로 시민을 지킨다

의무소방원 제도는 서울에서 발생한 한 화재사건에서부터 시작됐다. 2001년 3월 4일, 서울 홍제동의 지은 지 30여 년이 지난 2층 주택에서 화재가 발생했다. 긴급 출동한 소방관들이 5분여 만에 불길을 잡았으나 화재 현장에서 뒤처리를 하고 있을 때 갑작스러운 폭발과 함께 벽돌로 지은 건물이 폭삭 무너져버렸다. 이 사고로 정리 작업 중이던 소방관 9명 중 6명이 사망하고 3명이 중상을 당하는 참사가 발생했다.

이 사건을 계기로 부족한 소방인력이 사회문제로 부각됐다. 이에 정부는 소방인력을 보강하고 화재 및 재난현장 대응능력을 강화하기 위한 조치로 2001년 8월 14일, '의무소방대설치법'을 제정하고 2002년

3월부터 시행했다.

이렇게 탄생한 의무소방원은 본인의 희망에 따라 소방관에 지원하는 전환복무제도다. 이들은 화재 및 각종 재난 시 현장대응능력을 강화하기 위해 시·도 소방서와 출동이 많은 119안전센터 및 구조대에 우선 배치되어 일선 소방공무원을 보좌하는 임무를 수행한다.

모집현황

모집시기는 전·후반기 각 1회, 공고를 통해 2개 기수를 동시에 모집한다. 기수별 모집인원은 150여 명으로 2016년 모집인원은 600여 명이었다. 최근 5년간 선발인원은 연간 300~600명이었으며 평균경쟁률은 7대 1 수준이다. 인터넷으로 원서접수사이트(http://119gosi.kr) 접속 후 행정기관 '중앙소방학교'를 클릭하고 회원가입 후 기수를 선택해 응시하면 된다. 원서접수 후 구비서류는 등기우편으로 중앙소방학교 담당자에게 제출하면 된다.

지원자격

만 18세 이상이면서 현역 및 보충역 판정을 받은 대한민국 남자는 누구나 지원할 수 있다. 하지만 이미 현역병 입영일자가 결정됐거나 이를 연기한 사람은 지원할 수 없다. 단, 대학교 재학생으로 입영연기가 확정된 사람은 지원이 가능하다. 지원가능여부는 원서접수사이트 또는 병무청 홈페이지의 '의무소방원 응시 가능여부 조회' 배너로 접속하여 확인해야 한다.

모든 시험은 3차에 걸쳐 천안 지역에서 실시한다. 1차 시험은 신체·체력검사로 4~5일간 지정장소에서 실시한다. 검사날짜는 인터넷을 이용, 검사기간 내에서 개인이 지정 신청한다. 혈압에 문제가 없고 현역 판정을 받은 젊은이라면 신체검사는 대부분 합격할 것이다. 하지만 체력검사 합격기준(제자리멀리뛰기 205cm 이상, 윗몸일으키기 분당 26회 이상, 50m달리기 8.5초 이내, 1,200m 달리기 6분 19초 이내)을 통과하기 위해서는 개인별 체력수준에 맞는 사전준비가 필요하다.

2차 시험은 필기시험으로 지정된 일자(토요일)에 통상 천안에 위치한 백석대학교에서 실시한다. 시험과목은 세 과목(국어·국사·일반상식)이며 각 과목별 사지선다형 20문항이 출제된다. 시험문제는 고등학교 졸업생 수준이며 일반상식 과목 중 소방상식 문제가 50% 출제된다. 필기시험 합격자는 고득점자 순으로 선발 예정인원의 120%를 선발하며 동점자 발생 시 선발 예정인원을 초과하더라도 합격처리한다.

3차 시험은 적성검사와 면접이다. 먼저 적성검사는 모집공고에 명시된 기간(5일)에 인터넷으로 중앙소방학교 홈페이지에 접속한 후, 안내에 따라 개인별로 실시한다. 이때 희망 면접일자를 신청하고 면접기간 3일 중 개인이 신청한 일자에 면접을 실시한다. 면접 시 직무수행에 필요한 능력 및 적합성과 국가관, 소양, 품행을 확인한다. 합격자는 면접시험 고득점 순으로 결정한다. 최종합격자는 공고한 일자에 중앙소방학교 홈페이지에 게재하고 합격통지서는 이메일을 이용하여 개별 발송한다.

입영 및 복무 절차

최종합격자는 모집공고에 명시된 입영일자를 확인하고 지정된 일자에 논산 육군훈련소에 입영하여 4주간의 기초군사훈련을 받는다. 훈련을 마치면 천안에 있는 중앙소방학교에서 4주간의 소방교육을 받고 성적순(선발시험+소방교육)으로 희망 시·도에 배치된다. 복무기간은 23개월이며 행정부서가 아닌 현장근무를 원칙으로 한다. 복무가 만료되면 국방부 전환복무 해제와 동시에 만기전역으로 병장 계급의 예비역에 편입된다.

의무소방원의 장점

의무소방원으로 복무하고 나면 매년 실시되는 소방공무원(지방 소방사) 경력경쟁 특별채용시험에 응시할 수 있는 자격을 갖는다. 또한 근무지가 도시 지역으로 사회와 단절되지 않고 연계가 가능하며 자신의 노력 여하에 따라 집 가까이에서 근무할 수 있다. 일선 소방관서에서 근무하면서 다양한 응급구조, 안전 분야 자격증을 취득한다면 자신도 모르는 사이에 응급조치능력을 갖게 되어 복무 만료 후 일상생활에도 큰 도움이 된다.

고려사항

의무소방원은 1년에 2회, 소수인원을 선발하며 경쟁률도 평균 7대 1정도로 상당히 높다. 그리고 의무소방원에 지원하는 젊은이 중 다수가 전국 대학의 소방 관련학과 재학생이거나 자격증을 소지한 사람들이다. 또한 모든 시험이 지정된 일자에 천안에서 실시되므로 3차에 걸친 선발시험을 모두 응시하려면 상당한 시간과 비용을 투자해야 한다. 그러므로 확실한 목표를 설정하지 않고 적당히 준비하고 지원한다면 좋은 결과를 얻기가 쉽지 않을 것이다.

의무소방원은 일선 소방서의 현장부서에 우선 배치되어 많은 시련과 난관을 극복해야 하는 쉽지 않은 임무를 수행해야 한다. 단순히 군대를 피하고 싶어 지원한다면 근무여건에 따라 군대보다 훨씬 더 위험하고 힘든 생활을 할 수도 있다. 항상 위험에 노출될 수밖에 없는 소방, 안전 분야의 특수성과 국민의 생명을 다룬다는 소명의식을 생각하고 자신의 특기와 적성, 장래 희망을 고려해서 확신을 갖고 지원하기 바란다.

산업지원인력제도

기업체에서 돈을 벌면서 병역의무를 마칠 수 있다

'산업지원인력제도'는 국가가 산업의 발전과 경쟁력을 높이기 위해 군 인력충원에 지장이 없는 범위 내에서 남는 병역자원 일부를 연구·산업기능·승선 인력으로 연구기관과 산업체에 지원해주는 제도다. 현역병 입영대상자나 사회복무요원 소집대상인 보충역자원이 병무청에서 선정한 지정업체나 연구소에 취업하거나 이공계 박사과정에 편입하여 학위를 받고 일정기간 근무하면 군 복무를 마친 것으로 인정해준다.

이 제도는 군에 입대할 인원이 풍부하던 시기에 군에 필요한 인원을 우선 충원하고, 남는 인력이 국가산업 육성과 발전이라는 국가시책에 부응하면서 병역의무를 대신하도록 1973년부터 시행됐다. 처음

에는 한국과학기술원KAIST, 방위산업체 및 국가에서 지정한 기간산업
체를 중심으로 운영했고 2008년부터 해운·수산업체로 확대했다.

종류에는 과학기술연구 분야에서 근무하는 전문연구요원, 산업체
의 제조·생산 분야에서 일하는 산업기능요원, 해운·수산업체 선박의
운항 관련 업무에 종사하는 승선근무예비역이 있다.

가. 전문연구요원

★★★★

현역병 충원에 지장이 없는 범위 내에서 국가 과학기술과 학문의 발
전을 위하여 병무청장이 선정한 지정업체 연구소에 취업하거나 특정
학교(한국과학기술원, 서울대, 광주·울산과기대, 연·고대) 이공계 박사과
정에 편입하여 학위를 받고 3년간 복무할 경우 병역을 마친 것으로 인
정해주는 병역대체복무제도로서 1973년 3월부터 시작되었다.

연구기관 지정

자연계 석사 이상의 학위를 가진 전담연구요원을 5인 이상 확보한 연
구기관(중소기업은 2인 이상)이 선정 대상이다. 보통 대학부설 연구소
나 방위산업체 연구기관이 지정되는데, 2015년 기준 1,774개 기관이
지정되었다. 중소기업의 연구 인력난 해소와 기업경쟁력 강화를 위하
여 2008년 6월부터 기업체 배정인원(연 1,500여 명) 범위 내에서 대기업
과 중소기업 배정비율을 4:6에서 2:8로 조정하여 중소기업 위주로 배
정하고 있다. 또한 2013년부터 기업부설 연구기관의 경우, 중견기업을

제외한 대기업의 인원배정을 중단했다. 대학부설 연구기관에는 연간 1,000여 명을 배정하고 있다.

전문연구요원 업무 분야

전문연구요원은 편입 당시 지정업체 연구 분야 또는 병무청장이 인정한 분야의 일을 할 수 있다. 병무청장이 인정한 분야는 첫째, 대학부설 연구기관으로서 연구소 특성상 부득이하게 지정연구소에서 연구 활동을 할 수가 없어 해당학과 실험실에서 연구 활동을 하는 경우(지도교수 사무실에서의 연구 활동 제외), 둘째, 대학부설 연구기관 또는 우수 연구기관의 장이 두뇌한국21계획에 의한 사업단이나 다른 기업과 공동연구 및 기술개발 계약을 체결해 연구 활동을 하는 경우, 셋째, 방위산업 연구기관으로서 연구업무 특성상 자신들의 연구소에서 연구 활동을 할 수가 없어 실험장, 사업장 등에서 연구해야 하는 경우가 해당된다.

편입자격 및 복무기간

전문연구요원에 편입할 수 있는 사람은 현역병 입영대상자로서 자연계 석사 이상 학위소지자와 지정업체로 선정된 자연계 대학원에서 박사학위 과정을 수료한 사람이다. 단, 사회복무요원 소집대상 보충역은 자연계 학사학위자도 중소기업부설연구소에 한해 편입이 가능하다. '업체와 고용계약 체결 → 지정업체에서 병무청으로 편입원서 제출 → 지방병무청 편입심사 → 합격 시 해당 업체에서 복무'하는 절차를 거친다.

신청대상(현역 및 사회복무요원 소집대상자)

학력	연구기관/자격
석사 이상 학위취득자 (석·박사 통합과정 수료자 포함)	• 특정 연구기관, 정부출연 연구기관, 대학부설연구소/기업부설 연구소
박사과정을 수료한 사람 (석·박사 통합과정 수료자 포함)	• 자연계대학원 선발시험 합격자(단, 과학기술원 및 보충역 대상 자는 선발시험 제외) • 의사, 치과의사, 한의사 자격이 있는 사람으로서 군 전공의 수 련기관에서 소정의 과정을 수료하고 자연계대학원에서 박사 학위과정을 수료한 자

※ 사회복무요원소집대상(보충역)자로서 자연계 학사학위를 취득하고 병무청 지정업체인 중소(벤처)기 업부설연구기관에 복무하고 있는 사람도 편입 가능

출처: 2016년 병무청 자료

복무기간은 편입된 날로부터 36개월(박사과정 수학기간 제외)이다. 연 간 배정인원은 2,500여 명이다. 2015년 7월 기준 1,774개 업체에서 6,400 여 명이 복무했고 그중 보충역자원은 500여 명이다.

소집교육

의무복무기간 중 논산 육군훈련소나 향토사단에서 4주간 기초군사훈 련을 받는다. 소집시기는 지정 연구기관의 연구 활동에 지장을 초래하 지 않는 범위 내에서 편입한 후 6개월 이내다. 단, 대상자가 자연계 대 학원을 다니고 있거나 질병, 심신장애, 회사 주요업무 수행 등의 사유 가 있는 경우에는 소집교육을 연기할 수 있다. 소집교육 기간은 의무 복무에 포함된다.

유의사항

전문연구요원은 편입 당시 지정업체(연구소) 연구 분야에서 근무해야

한다. 지정업체에서 근무하는 동안 다른 업무를 함께하거나 근로시간 중 연구업무에 지장을 초래하는 개인영리 활동을 할 수 없다. 편입 당시 지정업체에서 정해진 업무를 하지 않는 경우에는 편입취소, 연장 복무와 같은 행정처분을 받게 된다. 그러므로 업체에서 법을 위반하거나 부당한 업무지시를 할 경우, 관할 지방병무청에 반드시 신고해야 한다. 특히 8일 이상 무단결근하거나 편입 당시 지정업체의 해당 분야에서 복무하지 않아 편입이 취소될 경우에는 형사처분(3년 이하의 징역)을 받게 되니 주의해야 한다.

나. 산업기능요원

★★★★

현역병 충원에 지장이 없는 범위 내에서 국가산업의 육성·발전과 경쟁력을 강화하기 위해 병무청장이 선정한 중소기업 지정업체에서 제조·생산 인력으로 근무하도록 만든 병역대체복무제도다. 1973년 3월부터 시작됐는데 병역자원의 급격한 감소추세에 따라 2005년과 2013년, 두 차례에 걸쳐 폐지할 계획이었다. 하지만 감축하던 병 복무기간을 다시 조정(18개월→21개월)함에 따라 병역자원의 효율적 활용과 중소기업의 인력난 해소를 위하여 2015년, 현역자원 4,500여 명을 배정하는 등 당분간 제도를 지속하기로 했다.

지정업체 선정

공장(사업장)을 가진 법인으로서 상시근로자 10인 이상의 중소기업이 선정 대상이다. 단, 산학연계 3자 협약 벤처기업일 경우 5인 이상인 기업도 가능하다. 2013년부터 산업기능요원을 중소기업 집중지원시스템으로 적용했는데 현장기능인력을 안정적으로 제공하기 위하여 마이스터고와 특성화고 졸업자 배정인원을 꾸준히 확대했다. 또한 보충역 판정을 받은 인원 중 산업기능요원 희망자에 대한 배정인원도 꾸준히 늘려가고 있다. 이러한 정책으로 인해 2014~2015년 기간산업체에 할당된 현역 입영자원의 경우 모든 인원을 마이스터고와 특성화고 졸업생으로 배정했다. 보충역 배정인원도 2013년 3,000명에서 매년 500명씩 확대시켜 2017년 5,500명까지 확대하고 있다.

산업기능요원 업무 분야

현역병 입영대상자는 편입 당시 지정업체의 기술자격 직무 분야 또는 병무청장이 인정한 별도 분야의 업무를 해야 한다. 보충역 대상자는 편입 당시 지정업체의 제조·생산 분야 또는 원재료·제품·생산품의 운송 분야, 건설공사의 현장 분야 업무를 해야 한다.

병무청장이 인정한 별도의 분야는 첫째, 편입 당시 기술자격이 아닌 다른 기술자격으로 제조·생산 분야에 근무하는 경우, 둘째, 현역 입영대상자로서 산업기능요원으로 복무 중 재 신체검사 결과, 4급 판정을 받은 사람이 편입 당시 분야가 아닌 다른 생산·제조분야 등에 근무하는 경우, 셋째, 지정업체가 화재나 재해로 공장을 사용할 수가 없어 다른 지역으로 공장을 임차하고 생산설비를 옮겨 임시로 조업하는 경우가 해당된다.

편입자격 및 복무기간

현역병 입영대상자는 학력별 국가기술자격 취득 후 지정업체에서 근무하는 사람에게 편입자격이 주어진다. 학력별 기술자격은 학사과정 수료자는 기사, 학사학위 과정 50% 이상 수료자(전문학사 포함)는 기사·산업기사, 대학 2학년 중퇴 이하자(고졸, 고퇴자 포함)는 기능사 자격증이 있어야 한다. 단, 정보처리 분야는 관련 학과 전공, 기술훈련 수료, 해당 분야 근무경력이 필요하다. 보충역 대상자는 기술자격 제한이 없으므로 지정업체에서 근무하면서 신청하면 된다.

산업기능요원 신청대상(복무기간)

구분	신청대상	학력	해당 기술자격 등급
현역입영대상자 (34개월)	학력에 맞는 국가기술 자격/면허를 가진 사람(대학원학력자 신청불가) – 2011년부터 특성화고/마이스터고 졸업생 위주 배정	대학교 4년 졸업 전문대 졸업, 대학 3~4학년 중 퇴/휴학자	기사 이상 산업기사 이상
		고졸 이하자, 대학 1~2학년 중 퇴/휴학자	기능사 이상 (기능사보 포함)
사회복무요원 소집대상자 (26개월)	학력 불문, 기술자격 없어도 배정 가능		

출차: 2016년 병무청 자료

'업체와 고용계약 체결 → 지정업체에서 병무청으로 편입원서 제출 → 지방병무청 편입심사 → 합격 시 해당업체 복무'하는 절차를 거친다. 복무기간은 편입된 날로부터 현역자원은 34개월, 보충역자원은 26개월이다. 2015년 7월 기준으로 5,892개 업체에서 1만 6,000여 명이 근무했고 그중 보충역자원은 5,500여 명이다.

소집교육

의무복무기간 중 논산 육군훈련소나 향토사단에서 4주간 기초군사훈련을 받는다. 소집 시기는 편입한 후 6개월 이내다. 소집일자는 지정업체의 장 또는 소집대상자의 희망시기를 반영하여 결정한다. 단, 해당 요원이 전직대기 중인 경우나 국외근무, 30일 이상 병가 중인 경우는 소집교육을 연기할 수 있다. 소집교육기간은 의무복무에 포함된다.

유의사항

현역자원은 편입 당시 지정업체에서 기술자격의 직무 분야 또는 병무청장이 인정한 분야에서 근무해야 한다. 보충역자원은 지정업체에서 제조·생산 분야 또는 원재료·제품·생산품 운송 분야에서 근무해야 한다. 지정업체에서 근무하는 동안 다른 업무를 함께 하거나 근로시간 중 제조·생산 활동에 지장을 초래하는 개인영리활동을 할 수 없다. 편입 당시 지정업체의 해당 분야에서 복무하지 않는 경우에는 편입취소, 연장복무 등의 처벌을 받게 되므로 업체에서 법을 위반하거나 부당한 업무지시를 하면 관할 지방병무청에 반드시 신고해야 한다. 특히 8일 이상 무단결근하거나 편입 당시 지정업체의 해당 분야에 복무하지 않아 편입이 취소된 경우에는 형사처분(3년 이하의 징역)을 받게 되니 주의해야 한다.

다. 승선근무예비역

★★★★

평시에는 인가된 해운·수산업체 선박에 승선해 일하다가 국가 비상시에 국민경제에 긴요한 물자와 군수물자 수송 업무 또는 업무 지원을 하는 대체복무제도다. 2008년부터 시행됐으며, 지원자격은 항해사, 기관사 면허 소지자에 한한다.

승선근무 가능 업체

해운업체 중 총톤수 500톤 이상 선박을 보유한 해상화물운송사업체와 수산업체 중 총톤수 100톤 이상 선박을 보유한 원양 또는 근해어업체에서 승선근무가 가능하다. 승선근무예비역은 반드시 편입 당시 인가된 회사의 선박에서 승선근무를 해야 한다. 만약 다른 업체 선박에서 승선근무를 하거나 선박직원이 아닌 육상부서 직무를 수행하는 경우에는 승선근무기간으로 인정하지 않는다. 또한 승선근무기간에 다른 업무를 겸직하거나 개인영리 활동을 할 수 없다.

편입자격 및 복무기간

편입자격은 현역병 입영대상자로서 한국해양대, 목포해양대, 부산해사고, 인천해사고를 비롯하여 관계부처 장관이 지정한 18개 학교에서 정규교육을 마친 사람이다. 복무기간은 편입된 날로부터 5년 이내에 3년간 선박직원으로 승선근무하면 된다. 2015년 기준 배정인원은 연간 1,000여 명이며 복무인원은 146개 업체 3,000여 명이다.

의무복무기간 중 진해에 있는 해군교육사 제1군사교육단 신병교육대대에서 4주간 기초군사훈련을 받으며 소집시기는 최초승선 전에 소집교육계획 일정에 따라 받아야 한다. 부득이 승선근무 중에 편입된 사람은 하선하는 시기에 소집교육 일정에 따라 훈련을 받아야 한다. 소집교육 기간은 승선근무기간에 포함된다.

≡≡≡≡≡ 유의사항 ≡≡≡≡≡

규정에 따른 휴가일수, 업무상 부상, 질병 또는 장애로 휴직한 기간과 소집교육 기간은 승선근무기간에 포함된다. 하지만 승선근무를 하지 않은 기간은 복무기간에 포함되지 않는다. 그러므로 5년 이내에 3년간의 승선근무기간을 채우지 못해 편입이 취소되지 않도록 주의해야 하며 항상 승선근무기간을 체크하는 습관을 가져야 한다.

라. 강조사항

★★★★

연간 약 8,500여 명의 현역 입영대상자가 산업지원인력제도를 이용해 대체복무를 하고 있다. 앞서 설명한 것처럼 전문연구요원, 산업기능요원, 승선근무예비역요원은 병역의무자인 동시에 근로자의 신분이다. 그러므로 병역의무자로서 지켜야 할 규정과 근로자로서 준수해야 할 사항을 혼동하지 않도록 당사자와 가족이 함께 관심을 가져야 한다.

전문연구·산업기능요원, 승선근무예비역 편입을 위한 '병역지정업체' 정보제공

전국 병역지정업체 조회 및 배정인원 확인

- 병무청 홈페이지 ⇨ 공개/개방포탈 ⇨ 정부3.0 정보공개 ⇨ 사전정보공표 ⇨ 국실별 주요정보 ⇨ 사회복무국
- 근무할 업체는 주소지와 상관없이 전국 병역지정업체 모두 가능함
- 병무청 홈페이지(병역이행안내−복무제도−전문연구·산업기능요원, 승선근무예비역)로 가면 더 자세한 내용 확인 가능

산업지원병역일터(http://work.mma.go.kr)*에서 구직신청 가능

- 메뉴 구성: 이력서 관리(등록) → 이력서 열람기업 확인 → 면접제의 확인 → 입사요청 확인
- 이용방법: 회원가입 후 공인인증서 활용

* 정확한 취업정보 제공으로 구인·구직에 도움을 주고, 취업 알선을 조건으로 금품을 요구하는 유료 취업알선사이트의 폐해를 근절하고자 구축한 시스템
출처: 2016년 병무청 자료

인생의 성공법칙에 불변의 진리가 하나 있다. '작은 일을 잘하는 사람이 큰일도 잘한다'는 것이다. '나는 큰일을 할 사람이야' 하면서 작은 일을 하찮게 여기는 사람에게는 큰일이 주어지지도 않을 뿐더러, 큰일을 맡겨도 잘 해낼 수 없어 오히려 그것이 자신을 망치는 결정적 요인이 된다고 한다.

산업지원인력제도를 활용할 사람들은 의무복무기간 동안 자신에게 주어진 일이 작은 일이라 해도, 맡은 업무에 최선을 다해 근무하는 것이 국가산업발전에 기여한다는 자부심으로 근무해야 한다. 또 산업기능요원 복무가 병역의무 이행이라는 점을 악용한 부당노동행위가 사회문제가 되었던 만큼, 자신의 권리와 책임을 분명히 인식하고 대처해야 한다. 좋은 제도가 지속되기 위한 가장 중요한 조건은 제도를 이용하는 개개인이 자신의 의무와 책임을 정확하게 인지한 상태에서 성실하게 근무하는 것이다.

사회복무요원
(전 공익근무요원)

대한민국 공공서비스 분야의 일익을 담당한다

'사회복무요원'이란 징병검사에서 보충역 판정을 받은 사람이 국가기관, 지방자치단체, 공공단체, 사회복지시설 등에서 공익목적 달성을 위해 사회봉사서비스와 행정업무를 수행하는 사람을 말한다.

사회복무요원 소집제도

병역의무의 형평성을 확보하고 국가 인적자원의 효율적 활용을 위해 만들어진 제도다. 현역병 복무가 곤란한 보충역자원을 사회복지시설, 국가기관, 지방자치단체, 공공단체 등 공익목적으로 필요한 분야에서 사회복무요원으로 근무하게 하고 병역의 의무를 수행한 것으로 인정해주는 대체복무로 방위소집제도를 대체해 1995년에 도입됐다.

처음엔 인원 대부분을 행정관서 요원으로 배정했으며 사회복지시설 배정은 1999년부터 시작됐다. 사회복무요원 명칭은 2011년 후반부터 공익근무요원과 혼용됐다. 일부 기관에서 사회서비스 분야 복무자를 '사회복무요원'으로, 행정서비스 분야 복무자를 '공익근무요원'으로 불렀기 때문이다. 2013년 12월 5일, 병역법이 개정되어 '공익근무요원' 이러한 명칭은 폐지되고 '사회복무요원' 명칭만 사용하게 됐다.

복무대상

징병신체검사에서 신체등위 4급으로 보충역 판정을 받은 사람, 1~3급 판정을 받았으나 고등학교 중퇴 이하자로 보충역에 편입된 사람, 전·공상의 사유로 보충역에 편입된 사람, 공중보건·징병전담·국제협력 의사 등의 편입이 취소되어 보충역에 편입된 사람, 6월~1년 6월 미만의 형을 선고받아 보충역에 편입된 사람 등이 해당된다.

소집·복무 절차

사회복무요원은 다양한 기관에서 복무하게 되는데, 전체 대상기관의 보직 중 55%는 선착순으로 본인이 직접 선택할 수 있다. 나머지 45%는 병무청에서 직권으로 결정한다.

선택시기는 사회복무요원 소집 전년도 12월 중이다. 선택절차는 '병무청 홈페이지 → 병무민원포털 → 사회복무 → 사회복무요원 소집일자 및 복무기관 본인선택'에 신청하면 추첨해 선발한다. 본인선택을 하지 않은 사람은 병무청에서 소집순서에 따라 소집일자와 복무기관을 정해 통지한다. 등기우편, 이메일로 소집 30일 전에 발송한다.

사회복무요원으로 소집되면 논산 육군훈련소, 향토사단, 제주방어사령부, 해군교육사령부 등에서 4주간 기초군사훈련을 받는다. 이후 병무청에서 주관하는 1주간의 소양교육과 관계기관에서 주관하는 1~2주간의 직무교육을 마치고 나면 배정된 복무기관에서 24개월간 출퇴근하며 복무한다. 이때 훈련 및 교육기간은 전체 복무기간에 합산된다. 사회복무요원이 받아야 할 교육 내용을 정리하면 다음과 같다.

사회복무요원이 받아야 할 교육현황

사회복무요원의 기초군사훈련
- 소집기간: 4주간 입영하여 군사교육을 받음
- 주차별 교육내용(○○사단 기준): 훈련병들의 상태와 체력에 맞게 훈련강도 조절

구분	교육내용	비고
1주차	제식훈련, 경계, 정신교육	입영 신체검사
2주차	사격 정신교육	
3주차	주간행군, 화생방, 각개전투, 수류탄, 정신교육	
4주차	야간행군, 각개전투, 정신교육	4주차 금요일 퇴소(16시)

사회복무요원 복무 중 교육의 종류
- 교육장소/기간: 사회복무연수센터(충북 보은) / 교육환경에 따라 변경 가능

구분	소양교육		직무교육	보수교육
	기본과정	리더과정		
주관	병무청		중앙행정기관	병무청
교육내용	정신자세, 책임의식, 봉사정신 함양	자긍심 고취, 성실복무 동기부여	직무수행에 필요한 전문지식 습득 및 복무적응능력 배양	복무부실 예방과 성실복무 유도
교육시기	소집 후 3개월 이내	사회복무요원 대표자, 1년 이상 성실 복무자	소집 후 3개월 이내	복무부실자 대상
교육기간	4박5일(합숙)	1박2일(합숙)	1~2주	2박3일(합숙)

출처: 2016년 병무청 자료

사회복무요원은 국가기관, 지방자치단체, 공공단체, 사회복지시설에서 공익목적의 업무를 수행하기 때문에 현역 군인과 같은 계급체계를 두지 않는다. 하지만 기초군사훈련 기간 동안은 군 인사법의 적용을 받기 때문에 훈련을 마치면 입영부대장이 이등병의 계급을 부여한다.

사회복무요원의 주 소속부서는 근무지의 상부기관이다. 시청에서 근무하면 시청 소속이고 경찰청에서 근무하면 경찰청 소속이다. 크게 보면 병무청이나 국방부 소속이 아닌 행정자치부 소속인 것이다. 그래서 사회복무요원을 준공무원이라고 부르기도 한다. 실제로 사회복무요원으로 근무한 사람이 소집해제 후 공무원으로 취직하면 근무기간을 인정해 2호봉을 추가한 급여를 지급한다.

복무 분야별 임무

(1) 사회복지 분야 사회복지시설 운영 지원 사항으로는 입소 노인과 장애인에 대한 목욕·식사와 같은 수발업무 지원, 복지시설 프로그램 운영, 시설 및 물품관리, 복지 사무 지원이 있다. 사회복지 담당자 업무 지원으로는 지방자치단체 저소득층 인원에 대한 물품전달 업무가 있다.

(2) 보건·의료 분야 국민건강 보호·증진 업무를 위해 방역·소독·식품위생 등 주민 건강사업 활동 지원과 약품관리, 119응급구조, 환자이동 등 의료지원 활동을 보좌한다.

(3) 교육·문화 분야 학습·활동 지원 사항으로 초·중·고등학교 또는 교육청에 소속되어 일반·장애 학생에 대한 교과·특기적성 지도, 학습활동, 등·하교 지도, 승하차 및 취식 지원 등을 실시하며 유형문화재

인 궁·능에 대한 보호·감시 임무를 수행한다.

(4) 환경·안전 분야 환경보호·감시 지원사항으로 산림방재 및 녹지정화, 하천·해양·대기·토양에 대한 오염방지, 취·정수장에 대한 보호·감시 업무를 수행한다. 또한 재난·안전 관리를 위해 자연재해(지진·태풍·홍수·해일·가뭄)나 인재(화재, 주택 붕괴 등 안전사고)의 예방·관찰·지도, 재래시장에서 사회질서 유지 업무를 지원한다.

═══════════════ **참고사항** ═══════════════

2014년도 사회복무요원 전체 소집인원은 2만 6,629명이다. 복무기관별 배치인원은 지방자치단체 1만 917명(44.3%), 사회복지시설 7,015명(28.5%), 공공단체 3,973명(16.1%), 국가기관 2,742명(11.1%) 순이다. 사회복무요원은 정부정책에 따라 행정지원업무보다는 사회복지, 보건·의료 등 사회서비스 분야에 우선 배치되며 배정인원도 2017년 42%까지 계속 증가하고 있다. 정부는 사회서비스 분야에 사회복무요원을 우선 배정하되 당해 연도 가용자원을 모두 활용한다는 방침에 따라 공공단체 등 공익 분야에도 적절하게 배정하고 있다. 또한 소집과 동시에 기초군사훈련을 받지 않고 복무기관에서 먼저 복무를 시작하고 원하는 시기에 훈련을 받을 수 있는 선先복무대상자를 확대하고 있으니 제도의 취지에 맞게 적절히 활용하면 된다.

═══════════════ **유의사항** ═══════════════

보충역 판정을 받은 사람도 병역의 의무를 성실히 수행하는 사람들이다. 현역복무를 하는 사람에 비해 근무여건이 다소 자유롭지만 맡게 되는 임무는 매우 중요하다. 대부분 업무가 어려운 사람을 돕거나 주요 국가기관이나 공공단체에서 공무원을 보좌하는 것이기 때문이다. 한편 자신의 선택에 따라 산업기능요원이나 전문연구요원으로 근무할 수도 있다. 소집되기 전에 자신이 선택할 길에 대해 미리 준비하고 노력한다면 자신의 전공과 여건에 맞는 근무지에서 보람된 근무를 할 수 있다.

　사회복무요원은 우리 사회의 소금과 같은 존재다. 눈에 보이지 않지만 모든 바닷물에 소금이 들어 있듯 우리 마음의 바다에도 소금이 많이 들어 있다. 내 안에 있는 소금으로 사람들의 이야기에 맛을 내고 사람들의 사랑에 맛을 내며 사람들의 이름에 맛을 내도록 하자. 소금으로 절여야 음식이 오래 보관되듯이 내 안에 있는 소금으로 사랑과 봉사가 오래도록 지속되게 하자.

　또한 설탕같이 맛을 잃게 하는 사람이 되지 말고 소금처럼 맛을 내는 사람이 되자. 설탕같이 달지만 해가 되는 사람보다 소금처럼 짜지만 봉사하는 사람이 되자. 설탕은 없어도 살 수 있지만 소금이 없으면 살 수 없다. 사회복무요원은 우리 사회의 소금이라는 자부심을 갖고 근무하기 바란다.

PART III 06

예술 · 체육요원

나의 재능을 유소년과 소외계층에게 전한다

신념을 갖고 있는 사람 한 명의 힘은
관심만 가지고 있는 사람 아흔아홉 명의 힘과 같다.
– 존 스튜어트 밀

사람은 누구나 가슴에 향기를 품고 태어난다고 한다. 잘난 사람은 잘
난 대로 못난 사람은 못난 대로 자신만의 향기를 내뿜는다. 꽃향기
나 향수 냄새는 바람결에 따라 떠다니지만 사람의 향기는 마음에 머
물러 다른 사람의 마음을 움직이게 하고, 가까이 다가갈수록 더 진한
향을 풍긴다. 향기가 오래도록 멀리 가듯이 사람에게도 백리향, 천리
향이 있다고 한다.

사람이 내는 가장 좋은 향기는 몸에 뿌린 향수에서 나오지 않고
그가 하는 말에서 풍겨 나온다고 한다. 마음이 담긴 따뜻한 말, 사랑
이 가득 담긴 언어는 향기가 멀리 갈 뿐만 아니라 지속 시간도 오래가

는 법이다. 만날 때마다 새롭고 한결같은 사람, 그럴 수 있도록 늘 자신을 가꾸는 사람, 그런 사람이 오랜 여운의 향기를 지닌 사람이다.

그런 의미에서 예술인과 체육인은 일반인보다 훨씬 짙은 향기를 갖고 있는 사람들이다. 저명한 예술인 1명의 연주가 수많은 관객에게 감동을 주고 국가를 대표하는 체육인 1명이 전 국민을 웃고 울게 하니 말이다.

예술·체육요원이란 대통령령으로 정하는 예술·체육 분야 특기를 가진 사람 중에서 문화체육관광부 장관이 추천한 사람이면서 문화 창달과 국위선양을 위한 예술·체육 분야 업무에 종사하는 사람을 말한다. 쉽게 말하면 국가에서 인정할 만한 국제예술경연대회와 올림픽, 아시안게임 등에서 일정 수준 이상의 성적을 획득하여 국위를 선양하고 국민에게 기쁨을 주는 사람을 말한다.

예술·체육요원 소집제도

기존 병역판정 기준과 상관없이, 의무복무를 위해 군대에 가야 하는 운동선수나 예술가 중에서 법으로 정한 종목에서 뚜렷한 성과를 보인 사람이 34개월 동안 자신의 경력을 활용하여 사회에 기여함으로써 병역의무를 수행한 것으로 인정하는 제도다.

대부분 사람들은 이를 군 면제로 알고 있는데 결코 면제가 아니다. 4주의 기초군사훈련을 받고 복무기간 중 유소년 및 소외계층에 대한 봉사활동을 의무적으로 실시하며 소집해제 후 규정된 기간 동안 예비군훈련도 받아야 하기 때문이다. 2013년 6월, 병역법 개정 이전에는 공익근무요원의 한 종류로 포함됐으나 개정 이후에는 별도의 제도로서 관리·운영되고 있다.

이 제도는 1번의 입상으로 사실상 군 복무가 면제되는 것으로 보기 때문에 병역특혜 논란이 지속적으로 제기되어왔다. 이에 예술·체육 요원 편입 인정대회를 축소·정비하고 제도의 공익성을 강화하기 위해 복무기간 중 유소년과 소외계층에게 자신의 특기를 활용한 봉사활동을 의무화하는 병역법 개정안을 추진해 2015년 7월부터 시행하고 있다. 복무대상은 징병신체검사에서 현역 또는 보충역 판정을 받은 사람 중에서 문화체육관광부 장관이 추천하는 예술·체육 분야 특기를 가진 사람이다.

편입기준

예술요원 대상자는 국제예술경연대회 2위 이상 입상자, 국악 등 국제대회가 없는 국내예술경연대회 1위 입상자, 중요무형문화재 전수교육 5년 이상 이수자가 해당된다. 체육요원 대상자는 올림픽 3위 이상, 아시아경기대회 1위 입상자가 해당된다. 단체경기 종목은 실제로 출전한 선수만 해당된다.

편입·복무 절차

편입 희망자는 추천원서에 입상 확인서 등 관련서류를 준비하여 문화체육관광부장관에게 제출한다. 장관은 14일 이내에 추천자 명단을 병무청장에게 통보하며 병무청장은 해당자를 병적지 관할 지방병무청장에게 통보한다. 지방병무청장은 해당 인원을 예술·체육요원으로 병역처분하고 편입된 날로부터 1년 이내에 육군훈련소에서 실시하는 4주간의 기초군사훈련에 참가시킨다. 편입된 인원은 문체부장관 지휘·감독하에 해당 분야에서 34개월(현역 및 보충역자원 동일)간 복무한다. 주무기관은 문화체육관광부이나 문화재청에서 대상자 추천 및 복무 관리를 담당한다.

예술요원 복무 분야

(1) 공통복무 분야 중학교 이상의 학교에서 예술 분야 교직원으로 근무(단, 대학 강사는 주 4강좌 이상)할 수 있다. 개별(창작) 활동하는 사람은 각 협회가 인정하는 개인발표나 전시회를 연 1회 이상, 다른 사람과 함께하는 공동발표나 전시회를 연 2회 이상 개최해야 한다.

(2) 음악 분야 KBS·시립 교향악단, 국립·시립 합창단 및 오페라단, 국립·시립·KBS 국악 관현악단, 국악 창극단에서 근무할 수 있다.

(3) 무용·연극·기타 분야 무용은 국립발레단, 국립·시립 무용단, 연극은 국립·시립 극단, 중요무형문화재는 예술요원 편입 당시의 예술 분야에서 근무할 수 있다.

체육요원 복무 분야

(1) 선발 당시 체육종목의 선수로 등록해 활동하거나 중학교 이상의 학교에서 체육지도 분야에 종사할 수 있다. 또한 대학에서 관련 학과를 전공하거나 해당 종목에서 선수로도 활동할 수 있다.

(2) 국·공립 기관 또는 기업체의 실업팀에서 해당 종목의 선수·코치·감독으로 활동하거나 문화체육관광부 장관이 인정하는 체육단체와

대한체육회 중앙경기단체 및 시·도 체육회에 등록된 체육시설에서 체육지도자로 복무할 수 있다.

(3) 올림픽과 아시아경기대회에서 프로선수 참가가 허용된 종목에 입상 후 체육요원에 선발되어 프로팀에서 근무하는 경우도 해당되며, 한국기원 소속 바둑기사로도 활동이 가능하다.

═══ **유의사항** ═══

예술·체육요원 제도는 국위선양과 지속적인 특기계발 기회를 부여하기 위해 해당 특기 분야에서 계속 복무하도록 하는 대체복무제도다. 국민의 관심을 감안해볼 때 예술·체육요원은 공인으로서 각별한 도덕성이 요구되며 해당 분야에서 성실하게 복무해야 한다.

금품수수 등 부정한 방법으로 편입하거나 운동경기 승부조작사건 같은 부정행위를 하는 요원이 발생할 경우 2013년 12월 개정된 병역법의 적용을 받아 편입대상에서 제외되는 처벌을 받을 수 있으므로 조심해야 한다. 만약 법을 위반하는 사람이 발생할 경우 국민여론에 의해 제도가 존폐의 위기에 내몰릴 수 있다. 그러므로 예술·체육계의 발전에 동참하는 마음으로 유소년과 소외계층을 위해 진심 어린 봉사활동을 하기 바란다.

전문직
대체복무요원

사각지대에서 진정한 봉사를 실천한다

다른 사람들을 위해 무슨 일을 해야 할지 고민하는 것은 좋은 일이다.
– 우드로 윌슨

사람의 참된 아름다움은 생명력에 있고 마음 씀씀이에 있으며 생각
의 깊이와 실천력에 있다고 한다. 그래서 맑고 고요한 마음을 가진 사
람의 눈은 맑고 아름다우며 깊은 생각과 자신의 분야에 대한 연구를
게을리 하지 않는 사람에게는 밝고 지혜로운 빛이 느껴지는 것이다.
이런 사람들은 자신보다 주변을 먼저 생각하고 도움의 손길을 건네거
나, 옳은 일이라면 물불을 가리지 않고 묵묵히 해낸다. 전문직 대체복
무요원도 그들 중 한 사람이다. 물론 병역의 의무를 수행하기 위해 시
작하지만 그중 많은 이들이 봉사의 소중한 가치를 깨닫고 법과 의료
분야의 사각지대에서 순수한 마음으로 진정한 봉사를 실천하고 있다.

'전문직 대체복무제도'는 의사·치과의사·한의사·수의사·변호사 자격이 있는 사람 중에서 의무·법무장교로 근무할 사람을 선발하고 나서 남는 사람을 보건의료시설, 징병신체검사, 법률 취약지역, 방역시설 등에서 사회복무요원으로 3년을 복무시키고 병역의무를 마친 것으로 인정해주는 제도다. 많은 전문직 인재들이 이 제도를 활용해 공중보건의사, 징병전담의사, 공익법무관, 공중방역수의사가 되어 해당 분야에서 복무하고 있다.

(1) 공중보건의사 농어촌처럼 보건의료 환경이 취약한 지역의 주민에게 효율적인 보건의료서비스를 제공하여 국민보건 향상에 기여할 수 있도록 1979년 도입되었으며 2014년 기준 복무인원은 3,794명이다.

(2) 징병전담의사 징병신체검사 업무를 친절·정확·공정하게 수행함으로써 정예병사 선발에 기여할 수 있도록 1999년에 도입되었으며 2014년 기준 복무인원은 122명이다.

(3) 공익법무관 법률구조 혜택을 받기 어려운 지역주민에게 내실 있는 법률 혜택을 제공하고 국가나 지방자치단체의 소송관련 사무처리를 효율적으로 지원하기 위해 1995년에 도입됐다. 복무인원은 2014년 기준 530명이다.

(4) 공중방역수의사 2003년 발생한 조류독감과 구제역, 브루셀라병 등으로 축산농가가 극심한 피해를 입은 것을 계기로 국가와 지방자치단체의 가축방역업무를 효율적으로 지원하고 축산업의 발전과 공중위생 향상을 위해 2007년에 도입됐다. 복무인원은 2014년 기준 401명이다.

편입대상

(1) 공중보건의사 의사·치과의사 또는 한의사 자격을 가진 보충역 대상자와 현역병 입영대상자 중 의무 분야 현역장교 병적에 편입을 지원했으나 편입되지 않은 사람이다.

(2) 징병전담의사 의사·치과의사 자격을 가진 보충역 대상자와 현역병 입영대상자 중 의무 분야 현역장교 편입을 지원했으나 편입되지 못한 사람이다.

(3) 공익법무관 판사·검사 또는 변호사 자격이 있는 보충역 대상자와 현역병 입영대상자 중 법무 분야 현역장교 편입을 지원했으나 편입되지 못한 사람이다.

(4) 공중방역수의사 수의사 자격이 있는 보충역 대상자와 현역병 입영대상자 가운데 수의 분야 현역장교 편입을 지원했으나 편입되지 못한 사람이다.

지원절차

(1) 공중보건의사, 공중방역수의사 편입을 원하는 사람은 편입지원서를 편입되는 연도 2월 10일까지 병무청장에게 제출해야 한다(인터넷 직접 지원가능).

(2) 징병전담의사는 의무사관후보생 중에서 국방부 장관이 선발한다.

(3) 공익법무관 편입을 원하는 사람은 편입지원서를 편입되는 연도의 변호사 시험 합격자 발표일로부터 15일 이내에 병무청장에게 제출해야 한다.

소집교육 및 처우

(1) 소집교육 복무시작 전 육군훈련소에서 4주간 기초군사훈련을 받는다. 훈련기간은 복무기간에 포함되지 않는다. 훈련소 수료 후 소속 정부기관(보건복지부, 법무부, 농림축산식품부)별 직무교육에 참가한다. 이때부터 3년간의 복무가 시작된다.

(2) 배치기준 통상적으로 각 기관별로 실시하는 연수원 직무교육과 국가고시 성적을 고려해 성적순으로 희망 지역 및 해당 기관에 우선적으로 배치한다. 세부 배치기준은 기관별로 다르므로 개별적으로 확인해야 한다.

(3) 처우 복무기간 동안 각 기관의 계약직 공무원 신분으로 공무원 신분증이 발급되고 포털아이디도 주어진다. 급여는 중위 1호봉에서 대위 3호봉까지 자신의 경력과 자격기준에 따라 지급된다. 병역법상 보충역의 특수한 유형 중 하나다. 따라서 신분은 군인이 아닌 민간인이며 소집해제되면 보충역 이등병으로 예비군에 편입된다.

유의사항

전문직 대체복무요원은 병역의무자인 동시에 계약직 임기제공무원 신분이기 때문에 성실하게 복무해야 한다. 한때 일부 요원이 근무지를 이탈하거나 지정 분야가 아닌 곳에서 근무하는 등 복무 부실사례가 자주 발생해 복무관리규정이 강화됐다. 복무기간 중 8일 이상 근무지를 이탈하거나 해당 분야에 종사하지 않았다는 사유로 편입이 취소되면 원신분으로 복귀하고 현역병 입영 또는 사회복무요원으로 소집된다.

대부분의 전문직 대체복무요원은 법과 의료 분야의 사각지대에서 진정한 봉사를 실천하고 있다. 그들의 봉사가 더욱 빛날 수 있도록 모든 요원이 성실하고 모범적으로 근무하여 국민에게 사랑받길 바란다.

군인의 길,
순간의 선택이
30년을 좌우한다

쉽지 않은 군인의 길,
그러나 보람 있고 자랑스러운 길

군인의 길을 가장 함축적으로 잘 설명해 주는 말이 있다. 안중근 의사가 옥중에서 쓴 '위국헌신 군인본분爲國獻身 軍人本分'이란 말이다. 이 말에서 '헌신'은 전통적인 군인의 가치로 가장 먼저 제시되는 단어다. 헌신의 의미는 임무를 수행함에 있어 개인의 안위보다는 국가라는 대의를 위해 희생하고 봉사하는 것이다. 또한 조직과 국가에 대한 충성의 정도를 나타내는 군인의 기본적인 가치로 '충성, 희생, 책임, 단결' 등을 포함하는 개념이다.

군인에게 헌신이란 '국가에 대한 충성', '국민의 생명과 재산보호'라는 임무를 완수하기 위해서 자신의 안위는 돌보지 않음을 말한다. 이는 개인에게 가장 소중한 생명까지도 나라를 위해 아낌없이 바쳐야 함을 의미한다. 제2차 세계대전 중 인도와 미얀마에서 전사한 연합군이 안장된 인도 아삼Assam의 코히마 전쟁묘지Kohima War Cemetery에 다음과 같은 문구가 적혀 있다. "사람들에게 말해 주어라. 우리는 그들의 내일을 위하여 우리의 오늘을 버렸노라고When You Go Home, Tell Them Of Us And Say, For Their Tomorrow, We Gave Our Today." 이처럼 군인은 조국을 지키고 국민의 생명과 재산을 보호하기 위해 자신의 목숨을 희생한다. 대한민국 역시 군인들의 희생이 있었기에 자유와 평화를 지켜낼 수 있었으며 발전하는 대한민국의 기틀을 마련할 수 있었다.

군인으로서 '국가와 국민을 위해 생명을 바친다'는 것은 국가를 위한 위대한 봉사 중 하나다. 국가는 영토(영해, 영공 포함)와 국민, 주권으로 이루어진다. 이러한 국가의 3요소를 유지하기 위한 국가의 활동은 국가를 유지해 나가는 핵심이다. 그러므로 국가의 영토와 국민, 주권을 내외부 불순세력으로부터 지켜내기 위해 군대가 유지되고 군인들이 존재하는 것이다. 국가의 명맥을 유지하고 전쟁을 억제하기 위해 군대는 반드시 필요하다. 또한 군인은 국가가 침략을 받았을 때 적과의 전투에서 목숨을 잃을 수도 있다. 우리나라는 지정학적 요인으로 인해 과거부터 외침이 끊이지 않았으며 군인과 백성들의 고귀한 희생으로 역사를 이어오고 있다.

이 장에서는 군인이 되는 길 중에서 신분에 따라 대표할 수 있는 5가지 길을 소개하고자 한다. 첫 번째 길은 대한민국 국군의 간성을 육성하는 사관학교를 선택해 전문 직업군인의 길을 준비하는 사관생도가 되는 길이다. 두 번째 길은 정규 사관학교가 아닌 다른 방법을 통해 군을 이끌어가는 장교가 되는 길이다. 세 번째 길은 군 간부로서 군대 내 모든 조직에서 장교와 병사의 가교 역할과 부대 운영의 허리 역할을 하는 부사관이 되는 길이다. 네 번째 길은 가장 짧게 군 생활을 하며 대한민국 남자 대부분이 의무복무하는 병사의 길이다. 다섯 번째 길은 꼭 군에 가지 않아도 되는 여성이 직업군인에 대한 매력 때문에 군에 자원하여 복무하는 여군의 길이다.

군인이 되는 5가지 길은 준비하는 방법도, 양성하는 교육과정도 확연히 다르다. 그래서 어떤 길을 준비하고 선택하느냐에 따라 30년이 넘는 군 생활을 할 수도 있고 21개월만 복무하고 전역할 수도 있다. 하지만 어떤 길이 더 좋은 길인지는 아무도 모른다. 개인별로 주어진 환경과 자신의 여건 등을 고려하여 자신에게 맞는 길을 선택하는 것이 가장 좋은 길이기 때문이다.

대한민국에서는 어느 군을 선택하더라도 장교나 부사관 등 군 간부가 될 경우 여러 가지 복지 혜택이 주어진다. 장교로 임관하면 공무원 7급 수준인 연봉 약 3,000만 원, 하사로 임관하면 공무원 9급 수준인 연봉 약 2,000만 원을 받는다. 미혼자에겐 독신간부숙소를, 기혼자에겐 부양가족 수를 고려한 관사나 아파트가 제공되며 부임지 이동 시 이사비용을 지원한다. 군 복지시설인 호텔, 콘도, 체력단련장(골프장), 면세매장 이용이 가능하고 개인 할당 범위 내에서 면세주류도 구매할 수 있다. 또한 군 자녀 장학사업 및 대학 특별전형을 신청할 수 있으며 고등학생 이하 자녀 학비를 지원받는다. 부모와 떨어져서 학교를 다니는 군 자녀는 국군복지단에서 지역별로 운영하는 기숙사를 이용할 수 있다. 연간 21일의 휴가가 보장되고 주 5일 근무하며 20년 이상 장기복무를 하고 전역하면 전역과 동시에 군인연금을 받을 수 있다. 10년 이상 군 복무 후 전역하는 사람에 대해선 보훈처, 고용노동부, 민간기업 등과 협조해 군과 관련되거나 군에서 배운 업무를 활용할 수 있는 다양한 직종에 취업 알선을 해준다. 이처럼 군 간부가 되어 장기복무를 하게 되면 이와 같은 다양한 복지혜택을 받을 수 있다.

사관생도가
되는 길

나는 명예로운 사관생도가 되고 싶다

새로운 일을 시작한다는 것은 가슴 설레는 일이지만 고통스러운 길이 될 수도 있다. 많은 사람들은 새로운 일을 통해 수확할 열매는 기대하면서도 그 과정에서 흘려야 할 땀과 인내는 치르려 하지 않는다. 고통 없는 좋은 결과만을 기대한다. 그러나 자신만의 비전과 철학을 가진 사람은 일의 시작뿐만 아니라 모든 과정에서 희망과 절망, 고통을 오가며 빛과 어둠의 터널을 지나 성장의 길, 도전의 길을 개척해 나간다.

각 군 사관학교에 입학하는 젊은이들은 요즘 기준으로 엘리트 그룹에 속하는 사람이다. 단순히 학업성적만 우수한 것이 아니라 기본적인 체력과 리더십, 국가관과 인성 등이 어느 정도 검증된 자원이기 때문이다. 그들은 자유로운 대학 생활 대신 통제되고 절제된, 그리고 고통을 이겨내야 하는 사관생도의 길을 택한 사람들이다. 그들이 4년 간의 생도 생활을 견디고 이겨내는 가장 큰 바탕에 명예심이 있다고 생각한다. 실제로 각 군 정규 사관학교 생도 생활 예규에는 명예제도가 있고 어떤 규정보다 우선하여 적용하고 있다.

실제로 사관생도는 명예를 먹고 사는 것과 같다. 그들에게 명예는 어떤 것보다도 소중한 가치이며 장교의 길로 가는 명분이다. 명예에 대한 사전적인 의미로 국어사전에서는 '세상에서 훌륭하다고 인정되는 이름이나 자랑, 또는 그런 존엄이나 품위'라고 명시하고 있으며 백과사전에서는 '자기의 도덕적·인격적 존엄에 대한 자각 및 타인의 그것에 대한 승인·존경·칭찬'이라고 설명하고 있다. 쉽게 말해서 명예롭게 사는 사람은 옳고 그름을 판단하는 지식을 갖고 있고 옳은 것을 지켜내는 용기를 가지고 있다는 의미이다.

군대에서 명예를 존중하는 것은 유럽 귀족주의 전통을 배경으로 한 기사도 정신에 뿌리를 두고 있다. 기사도의 명예는 정당한 결투를 포함한 주군에 대한 충성, 함께하는 동료들에 대한 전우애, 약자에 대한 배려 등이 주요 내용이다.

이처럼 명예를 가장 소중한 가치로 여기고 생활한 정규 사관학교 출신 장교가 다른 출신 장교들과 아무런 차이가 없고 오히려 더 인정받지 못한다면 사관학교는 존재할 가치가 없을 것이다. 각 군의 정규 사관학교에서 생도 1명을 4년간 교육시키는 데 평균 2억 원 이상의 예산이 든다. 장교를 양성하는 과정은 많지만 정규 사관학교에 많은 예산을 배정하고 국가가 그들에게 지극정성의 노력을 기울이는 것은 그들이 대한민국 국군의 간성이 될 가능성과 자질이 상대적으로 높다고 판단하기 때문이다.

다이아몬드가 가공대상이 되는 것은 너무나 아름다운 빛을 발하는 보석이기 때문이다. 단순한 돌멩이라면 아무도 거들떠보려 하지 않을 것이다. 사관생도는 군에서 가장 현란한 빛을 발할 수 있는 다이아몬드 원석과 같은 존재다. 어떻게 가공하느냐에 따라 최고의 대접을 받는 블루다이아몬드가 되기도 하고 그저 그런 보조다이아몬드가 되기도 한다.

필자도 사관학교를 졸업했지만, 어떤 젊은이라도 4년간의 생도 생활을 하고 나면 자신도 모르는 사이에 명예심과 자신감이 충만한 초임장교가 되어 있는 것을 알게 된다. 처음에는 모두 비슷한 빛을 내는 것처럼 보인다. 하지만 4년간의 생도 생활이 끝나고 임관하여 일정기간이 지나면 그 색깔과 강도가 달라지기 시작한다. 그리고 경험과 연륜이 쌓이기 시작하면서 아름다운 오색 빛이 나타나는 것이다. 실제로 정규 사관학교 출신 장교들이 빛을 발하기 시작하는 영관장교 시기부터 그들은 우리 군의 주요 보직에서 국가안보의 주역이 되어 완벽한 임무를 수행한다. 그래서 장군 진급자 중 정규 사관학교 출신 장교의 비율이 육군 72.1%, 해군 97.8%, 공군 98.2%, 해병대 88.9%(국회 보도자료 2015년 9월)일 정도로 각 군 정규 사관학교 출신 장교들의 장군 진급률이 높은 것이다.

사관학교의 역사

★★★★

우리나라의 4년제 정규 사관학교로는 육·해·공군 사관학교와 국군 간호사관학교가 있다. 그중에서 가장 먼저 생긴 사관학교는 해군사관학교로 1946년 1월, 경남 창원(진해구)에서 개교했다. 이어서 육군사관학교가 같은 해 5월 개교(서울 태릉)했고 공군사관학교는 3년이 지난 1949년 1월, 1기생이 입학(경기도 김포)했다. 국군간호사관학교는 한국전쟁이 한창이던 1951년 1월, 경기도 부평에 있던 육군군의학교에서 개교했다.

초창기 사관학교는 각 군의 창군과정에 필요한 긴급인력 소요와 한국전쟁 발발로 인해 정규 4년제 과정으로 교육을 시키지 못했다. 그래서 각 군의 사정을 감안하여 육사는 11기생(1951년 입학), 해사도 11기생(1953년 입학)부터 정규 4년제 과정으로 교육을 시작했다. 늦게 개교한 공사는 처음(1기생, 1949년 입학)부터 정규 4년제 과정으로 출발했다. 국군간호사관학교는 개교 당시 3년제 간호전문대학으로 출발했다가 23기(1979년 입학)부터 4년제 간호대학 과정이 되어 정규 사관학교가 됐다.

이후 사관학교는 양성평등의 원칙에 따라 여성(간호사관학교는 남성)의 입학이 허용되면서 큰 변화가 일어났다. 시대적 변화에 따라 여권이 신장되고 여성의 사회진출이 보편화되면서 군에도 여성의 진출이 확대되기 시작한 것이다. 1997년 공군사관학교가 처음으로 여자생도를 받아들였고 이어서 1998년 육군사관학교, 1999년 해군사관학교에 여자생도가 입학했다. 국군간호사관학교 역시 양성평등의 원칙에 따라 2013년 남자생도가 처음으로 입학하여 2016년 첫 졸업생을 배출했다.

사관학교의 위치는 육사가 서울 태릉, 해사가 경남 창원(진해구)에 자리 잡고 있어 개교 이후 변화가 없다. 하지만 공사는 경기도 김포에서 개교한 이후 서울 대방동을 거쳐 1985년 현재의 위치인 충북 청주로 이전했다. 국군간호사관학교는 경기도 부평에서 개교한 이래 서울, 부산, 마산, 대구를 거쳐 대전시 유성구에 위치한 자운대에 안착했다. 한편 국군간호사관학교는 1997년 외환위기로 인한 국방예산 감축으로 한때 학교가 폐교될 위기에 처한 적도 있었다. 그래서 2000년과 2001년, 2개 기수의 신입생을 모집하지 못했다. 이처럼 각 군의 정규 사관학교는 대한민국의 호국 간성을 양성하는 최고의 장교양성 교육 기관으로서 지금도 최선을 다해 사관생도를 교육시키고 있다.

사관생도 모집요강

★★★★

사관생도가 되는 특별한 비법은 없다. 사관학교를 졸업한 필자도 특별한 노하우나 기발한 방법을 알고 있지는 않다. 다만 사관학교 선배로서 해줄 수 있는 조언은 다른 사람의 강요나 권유가 아닌 순수한 자신의 의지로 준비하고 지원해야 한다는 것이다. 사관학교는 일반대학교와 확연히 다르다. 사관생도는 사실상 군인에 준하는 신분으로 그에 따른 모든 법과 규정을 준수해야 한다. 그렇다 보니 제약도 많고 어려움도 많다. 하지만 정규 사관학교의 사관생도 1인당 평균 양성비용이 2억 원이 넘을 정도로 많은 예산이 투자되는 만큼 그들이 누리는 각종 혜택 또한 많다.

모집일정과 선발인원

각 군 사관학교의 모집요강을 간단히 살펴보면, 먼저 사관학교는 특수목적대학으로서 일반대학 수시모집 6회 지원의 제한대상이 아니다. 그러니 일반대학 수시모집 횟수에 상관없이 추가로 응시할 수 있어 경쟁률이 매우 높다. 최근 모든 사관학교의 평균경쟁률이 30대 1을 훌쩍 넘기고 있다. 특히 여자생도는 모집정원의 10% 이내에서 선발하기 때문에 경쟁률이 남자생도의 2배 이상이다.

그렇다고 여러 사관학교에 동시에 응시할 수도 없다. 각 군 사관학교와 국군간호사관학교의 입학전형일정은 각 학교 사정에 따라 다소 차이가 있지만, 사관학교 중복응시를 방지하기 위해 지원서 제출부터 1차 시험 합격자 발표까지는 일정이 동일하기 때문이다.

지원서 접수는 매년 6월 말에서 7월 초순이다. 1차 시험은 7월 말에서 8월 초순에 실시되고 합격자 발표는 8월 중순경에 이루어진다. 자세한 전형일정은 각 사관학교 홈페이지에서 정확히 확인해야 한다. 2016년 1차 시험은 7월 30일에 실시했다. 이때 각 군 사관학교 간 맺어진 협약에 의해 동일한 시험과목에 대해 시험문제를 공동 출제했다. 참고로 2016년은 해군사관학교가 1차 시험 주관학교로 각 군 사관학교 출제위원들을 일괄 소집하여 1차 시험문제를 출제했다.

학교별 사관생도 선발인원은 각 학교 기수의 인가정원에 따라 선발한다. 학교별 인가정원은 장교 장기인력수급에 대한 정책변화에 따라 매년 조금씩 차이가 있을 수 있다. 사관학교 모집인원은 2017년 신입생의 경우 육사가 310명, 해사가 170명, 공사가 205명, 국간사가 85명이었다. 학교별로 여생도(국간사는 남생도)는 10% 이내에서 선발하도록 규정하고 있다. 모집 계열별 비율은 학교별로 다소 차이가 있지만 전체적으로 이과계열이 문과계열보다 조금 더 비중이 높다.

지원자격과 모집전형

정규 사관학교는 정상적인 고등학교 생활을 했거나 그에 준한 학력을 갖춘 사람이라면 누구나 지원이 가능하다. 하지만 한 가지 유의할 사항으로 대한민국 단일 국적 소지자만 지원이 가능하다는 것이다. 요즘은 해외에서 출생한 복수 국적자가 의외로 많다. 복수 국적자가 사관학교에 입학하려면 입학 전 지정된 날까지 외국국적을 포기해야만 한다. 구체적인 지원자격은 각 학교 홈페이지에 나와 있다.

모집전형은 크게 일반전형과 특별전형으로 나뉜다. 일반전형은 우선/수시선발과 정시선발로 구분된다. 특별전형은 어학우수자 전형, 재외국민유자녀 전형, 독립유공자 손·자녀 및 국가유공자 자녀 전형이 있다. 모집전형에 대한 세부 내용은 학교별로 차이가 많아 반드시 확인하고 지원해야 한다.

최근 들어 모든 사관학교가 정시선발보다는 우선선발, 수시선발, 학교장 추천 선발과 같이 사관학교에 입학하려는 의지가 확고한 우수 자원을 우선적으로 선발하는 추세다. 이는 학교장 추천을 받은 신입생도나 수능성적과 상관없이 수시전형으로 입학한 사관생도의 학업성적과 생도 생활 성취도가 정시전형으로 입학한 생도보다 우수하다는 판단에 따른 것이다.

육사는 전체 모집인원의 50%를 우선선발(수시전형과 동일)하며 그 중 5분의 1을 학교장 추천을 받은 지원자 중에서 선발한다. 해사는 전체의 30%를 우수고교 학교장 추천을 받은 재학생 또는 졸업생 중에서 선발하고 40%는 수시전형으로 선발하며 정시전형으로는 나머지 30%만 선발한다. 공사는 2017년 신입생부터 100% 수시전형으로만 선발한다. 그래서 10월 중순(2016년은 10월 21일)경 최종 선발 합격자를 일괄 발표했다. 하지만 국군간호사관학교는 다른 사관학교와 달리 정시전형 비율을 높게 유지하고 있는데 2017년은 수시전형으로 30%, 정시전형으로 70%를 선발했다.

혹시 최상위권 성적을 유지하는 학생 가운데, 사관학교에 입학할 뜻은 없는데 자신의 실력을 테스트하는 차원에서 시험을 보려고 하는 사람이 있다면 그러지 말기를 진심으로 부탁한다. 성적이 우수한 사람이 이기적인 생각으로 시도하는 그런 행동이 사관학교 입학을 간절히 희망하는 사람에게는 커다란 마음의 상처가 될 수 있기 때문이다.

사관생도 만들기

★★★★

남녀 구분 없이 모든 사람은 군인이 되기 위해 입대하면 민간인에서 군인이 되기 위한 기초군사훈련을 받는다. 사관생도가 되는 과정도 이와 비슷하다. 육사, 공사, 국간사는 4주간, 해사는 5주간 사관생도가 되기 위한 특별훈련(이하 가입교훈련이라 한다)을 실시하고 있다.

기초군사훈련은 중간에 자기 마음대로 그만둘 수 없지만 사관학교 입학 전 받는 가입교훈련은 본인의 의지대로 중간에 퇴교할 수 있다. 필자가 가입교훈련을 받은 1980년대 초반에는 꽤 많은 사람이 중간에 퇴교를 했다. 아마 요즘에도 가입교훈련 기간 중 제대로 적응하지 못해 퇴교하는 사람이 있을 것이다.

가입교훈련은 정식 입교식을 통해 사관생도가 되기 전 실시하는 특별한 훈련이다. 이 훈련은 일반학생(민간인)에서 사관생도(군인)로의 신분전환 및 생도 생활 적응능력 배양을 목표로 실시하고 있다. 그래서 훈련조교도 선배 사관생도 중에서 엄선된 모범적인 선배들이 직접 맡아서 훈련을 시키고 있다. 이 기간 중에는 특히, 사관생도로서 올바른 가치관 함양, 군 기본자세(외적자세, 군대예절) 확립, 기초체력 배양, 해당 군과 사관학교에 대한 자긍심 고취를 중점으로 교육하고 훈련시킨다. 훈련 시기는 각 학교별 입학식 일정에 따라 차이가 있으나 통상 1월 중순부터 2월 말까지 4~5주간 실시하고 있다.

모든 사관학교는 주차별로 선정되어 있는 주제와 목표를 가지고 체계적으로 훈련을 진행한다. 학교별 특성과 전통에 따라 훈련수준과 내용이 다소 차이가 있지만 여기에선 공통적으로 실시하는 내용 위주로 작성했다.

1주차에는 사관생도 신분전환에 대한 충격을 최소화하고 복종심을 배양하여 군인정신과 가치관을 확립한다. 2~3주차에는 강인한 체력과 정신력을 집중적으로 배양시켜 인내심을 강화한다. 이 시기가 신체적·정신적으로 가장 힘든 시기로서 더욱 강화된 군사훈련과 함께

식욕·수면욕 극복을 통해 극기심을 함양한다. 4~5주차에는 생도 생활 적응능력 함양을 목표로 각 학교별 전통의식 행사 등을 통해 정식 사관생도가 되기 위한 준비를 한다. 또한 자율성 및 자긍심을 배양하고 사관생도로서의 명예심 고취를 위한 생도 생활예규 교육, 생도 생활 소개와 함께 입학식 준비를 한다. 4~5주간의 가입교훈련을 마치면 입학식을 통해 정식 사관생도가 되며, 생도대에 편입되어 1학년 생도 생활을 시작한다.

사관생도의 내무 생활

★★★★

사관생도 자치규정

대한민국의 정규 사관학교는 각 학교별로 사관생도 자치규정을 만들어 운영하고 있다. 사관생도들은 자치규정을 근거로 자치근무제를 구성하고 그들만의 지휘방식으로 지휘역량을 키워 나가고 있다. 4학년 생도가 되면 연대장(공군은 전대장)·대대장·중대장 생도 등과 같은 지휘관과 연대(전대)·대대참모와 같은 참모업무 수행을 통해 실질적인 리더십을 체험하고 있다. 이는 실무에 배치되기 전에 이미 군 지휘체계를 경험하고 이해한 것이나 마찬가지다. 그래서 임관 초기, 정규 사관학교 출신 장교가 타 출신 장교에 비해 실무적응이 빠르고, 우수한 지휘통솔능력을 보이는 것이다.

　육·해·공군 사관학교의 생도 자치 지휘조직은 1개 생도연대(공군은 전대)와 연대(전대)본부, 그 예하에 2개의 생도대대와 대대본부, 8개의 생도중대, 24개의 생도소대로 편성되어 있다. 각 학교 제대별 인원 구성은 다소 차이가 있으나 근무자 임명과 운영방식은 대체로 비슷하다. 국군간호사관학교는 한 학년이 80명 내외로, 연대를 구성하기에는 인원이 너무 적어 1개 대대, 4개 중대로 구성해 운영하고 있다.

사관생도가 명예로운 이유

사관생도는 명예를 최고의 가치로 여긴다. 그래서 모든 사관학교가 생도 자치제도의 일환으로 명예위원회를 설치해 운영하고 있다. 이처럼 사관생도는 명예를 지키기 위해 스스로 특별한 규정을 만들어놓고 지키고 있는 것들이 있다.

첫째, 명예시험 제도다. 사관생도는 명예심 고취를 위해 무감독으로 시험을 보는 명예시험 제도를 시행하고 있다. 이 제도는 개인의 양심에 따라 각종 학과시험을 보는 것으로 시험장에는 감독자가 위치하지 않는다. 그리고 모든 사관생도가 규정된 시간에 맞게 시험을 종료한 것이 확인되면 교반장 생도가 교반 전체 인원의 답안지를 걷고 마지막으로 답안지를 제출한 사관생도와 동행해 담당교수에게 제출한다.

둘째, 삼금三禁 제도다. 대한민국의 모든 정규 사관학교는 교육목적상, 재학 중 삼금 제도를 실시하고 있으며 그 기본은 금연禁煙, 금주禁酒, 금혼禁婚이다. 단, 시대의 흐름에 따라 완전한 금지에서 상황에 따른 허용으로 다소 규정이 완화되고 있는 추세다. 삼금 제도는 사관학교만이 시행하고 있는 전통적 규범이다. 이 제도가 개인의 기본권을 제한한다는 논란이 있으나 명예를 존중하는 사관생도들이 자치규정으로 설정해놓고 계속 유지하고 있다. 하지만 몇 년 전, 금주규정을 완화해 교내에서 부분적인 음주를 허용했는데 그로 인해 사관생도 간 성군기 사고가 발생해 문제가 된 적이 있다. 그후 각 사관학교는 금주에 대한 규정을 다시 강화했다.

사관생도의 학교 생활

우리나라의 정규 사관학교는 1997년 공사를 시작으로 1998년 육사, 1999년 해사에 여자생도가 입학하기 시작했으며 국군간호사관학교는 2013년부터 남자생도가 입학했다. 이성생도의 사관학교 입학은 많은 변화를 가져왔다. 먼저 이성생도를 위한 제반 시설을 정비해 화장실, 세탁실, 목욕탕, 미용실 등을 따로 운영하고 있다. 하지만 성적인 차이에 따른 시설이나 규정 등에서 일부 차이가 있을 뿐, 기본적으로 모든 생도 생활은 남녀 구분 없이 이루어진다.

사관학교의 입시 경쟁률은 여성이 남성보다 월등히 높다. 그래서인지 생도 생활에서도 여자생도가 평균적으로 우수한 성적을 획득하는 경우가 많아 육·해·공군 사관학교에서 여성 수석졸업자가 여러 번 나왔다.

여자생도의 생활은 결코 쉽지 않다. 남자생도와 똑같은 수준으로 훈련을 받으므로 체력적인 열세를 잘 극복해야 한다. 또한 일반여대생과 달리 헤어스타일, 화장, 장신구 착용 등에서 제한을 받는다. 그러므로 여자생도는 별도의 외모관리를 하면서 자신의 미적 욕구를 적절히 조절해야 한다. 생도 간의 이성교제나 일반인과의 이성교제에서도 여자생도는 사관생도의 명예와 품위유지를 위해 조금 더 세심하게 신경을 써야 한다. 사관생도의 제복 자체가 눈에 띄지만 여자생도는 유난히 눈에 띄기 때문에 언행을 더욱 조심해야 한다.

　육·해·공군 사관학교의 여자생도로, 국군간호사관학교의 남자생도로 생활한다는 것은 생각보다 쉽지 않을 것이다. 철저한 사전준비와 자기관리로 성공적인 생도 생활을 하길 바란다.

사관생도의 혜택과 학교별 특성

★★★★

사관생도의 혜택

대한민국 정규 사관학교의 사관생도에게는 재학 중 등록금을 비롯해 의복비, 기숙사비, 교재·부교재 구입비 등 의식주와 교육에 소요되는 모든 비용을 국비로 지원하고 있다. 별도로 품위유지비도 주는데 매월 학년별로 25~40만 원이 지급된다. 또한 사관생도 전원에게 노트북, 스마트패드 등 교육에 필요한 모든 기자재를 개인별로 나눠주고 있다.

　이처럼 사관생도 1명을 교육시키는 데 약 2억~2억 4,000만 원의 막대한 예산이 들어간다. 또한 사관생도는 장교 임관 후 규정된 교육을 받고 나면 본인의 능력에 따라 국내외 석·박사 과정이나 군사전문가 과정, 해외연수 프로그램에 위탁교육을 갈 수 있다. 개인이 열심히 노력한다면 자신의 진로에 맞는 다양한 과정을 선택해서 위탁교육을 받을 수 있다.

육군사관학교

육사는 군사외교 활동을 강화하고 미래 안보환경과 전장상황을 주도

할 수 있는 군사전문가를 양성하기 위해 미국, 독일, 프랑스, 터키, 일본, 스페인 등 6개국의 외국 사관학교에 대한민국 사관생도를 파견해 위탁교육을 실시하고 있다. 또한 2002년 터키 사관생도를 시작으로 프랑스, 일본, 태국, 몽골, 베트남, 페루, 필리핀 등 8개국의 외국 사관생도들이 육사에서 수탁교육을 받고 있다. 1982년부터는 매년 세계 각국의 사관학교와 사관생도 상호교환방문을 실시하고 있는데 현재 미국, 호주, 이탈리아, 스페인, 독일, 터키, 일본, 인도네시아, 태국 등 9개국의 사관학교와 교류 중이다.

또한 국토분단의 안보현실을 인식하고 조국통일의 의지를 고양하기 위해 각 학년별로 국토순례를 실시하고 있다. 1학년은 임진왜란 전적지, 2학년은 항몽 전적지, 3학년은 한국전쟁 전적지를 순례하고 있다. 휴가기간 중에는 2~4학년 생도들이 5~14일간 해외 전사적지 탐방을 할 수 있도록 학교 차원에서 지원하고 있다. 2학년은 중국, 3학년은 일본, 4학년은 미국이나 유럽의 주요 전적지 답사를 하고 전술적 식견과 안목을 배양하고 있다.

한편 대한민국은 합참을 중심으로 합동군제를 채택하고 있다. 그러므로 연합·합동작전을 위한 합동성 중심교육 기반조성을 위해 육·해·공군 사관생도에 대한 통합교육을 육사에서 실시하고 있다. 이때 연합·합동작전에 대한 개념을 이해시키고 합동성 마인드를 함양하기 위해 타군과의 다양한 교류행사로 공감대를 형성하고 있다.

해군사관학교

해사는 천혜의 해군기지가 있는 진해만에 위치하고 있어 바다에서만 접할 수 있는 조정, 요트, 카누, 윈드서핑, 스킨스쿠버 등의 해양체육 활동을 저명한 강사에게 배울 수 있다. 이를 통해 요트조정면허, 인명 구조, 스킨스쿠버와 같은 해양 전문자격증을 취득할 수 있다. 매년 전투수영훈련을 받아 5km 수영능력도 갖추게 된다.

사관생도들은 학년별로 체계적인 군사실습을 받고 있다. 1학년은 해병혼의 본거지인 포항에서 한 달간 공수, 유격, 각개전투, 사격, IBS 훈련 등을 실시하는 해병실습을 받는다. 2학년은 바다에 대한 적응력을 배양하기 위해 스킨스쿠버 훈련 및 자격증 획득, 구축함을 비롯한 다양한 함정에서 함정생활을 체험하는 해양체험 및 함 운용실습을 한 달간 받는다. 3학년은 군함을 타고 우리나라 동·서·남해를 항해하면서 이론으로만 배운 항해지식을 실제로 응용하는 연안실습에 참가한다. 30~40여 일의 실습기간 동안 부산, 평택, 동해, 목포, 인천, 포항, 백령도, 제주도, 울릉도, 독도와 같은 우리나라의 주요 해군기지와 섬을 방문한다.

4학년은 3~4개월간 군함을 타고 세계일주 항해를 하면서 4년간 배운 해양 관련 교육을 실제 군함에서 실습하는 순항훈련에 참가한다. 이때 사관생도들은 우리나라를 대표하는 군사외교사절로서의 임무도 함께 수행한다. 이처럼 해군 사관생도는 자신도 모르는 사이, 글로벌 리더가 되기 위한 국제 감각을 익히게 된다.

순항훈련 외에도 폭넓은 식견과 국제적 감각을 함양하여 21세기 주역으로 성장할 수 있도록 국제교류활동도 활발히 실시하고 있다. 현재 미국, 프랑스, 독일, 일본 등 4개국에 우리 사관생도를 위탁교육 시키고 있으며 2017년부터는 터키가 추가된다. 또한 베트남, 카자흐스탄,

필리핀, 일본, 투르크메니스탄 등 5개국의 외국 사관생도가 해군사관학교에서 수탁교육 중에 있다. 사관생도 상호 교환방문은 미국, 영국, 호주, 일본, 터키 등 5개국과 실시 중이다.

휴가기간 중 사관생도들이 중국, 일본에 대한 문화탐방을 신청하면 사관학교가 규정된 범위 내에서 일정 부분을 지원하고 있다. 이렇게 교육을 받은 사관생도들은 졸업과 동시에 해군과 해병대 장교로 임관해 세계를 주름잡는 해군과 해병대의 주역으로 성장한다. 해군은 물론 해병대의 간성이 되고 싶다면 해군사관학교를 선택해야 한다.

공군사관학교

공군사관학교는 2016년을 기준으로 미국, 일본, 터키, 독일 등 4개국에 사관생도를 파견하여 위탁교육 중이며 태국, 터키, 알제리, 베트남, 필리핀, 몽골, 일본 등 7개국의 외국 사관생도를 수탁교육하고 있다.

사관생도들의 글로벌 감각을 키우기 위해 미국, 호주, 일본 사관학교와는 매년 정기적으로, 프랑스, 터키, 태국 사관학교와는 비정기적으로 사관생도 교환방문을 실시하고 있다. 한편, 견문을 넓히기 위해 고구려, 백두산, 안중근 의사 관련 유적지를 탐방하는 한민족 역사탐방과 해외 봉사활동, 휴가기간을 이용한 해외여행 등에 대한 경비를 가능한 범위 안에서 지원하고 있다.

해외항법관숙훈련은 공군이 운용하는 항공기를 이용한 장거리 항법비행훈련이다. 생도들은 이 훈련을 통해 공중근무환경을 체험하면서 연합작전의 이해를 높인다. 또 주요 전·사적지 견학을 통해 국가관 및 역사의식을 높이고 있으며 2004년부터 현재까지 총 8개국을 방문했다. 또 공군의 특성을 이해할 수 있도록 하계군사훈련을 실시하고 있다. 1학년은 패러글라이딩, 수중·지상생환훈련, 2학년은 유격, 해양생환훈련, 기지방어훈련, 3학년은 공중생환훈련, 4학년은 관숙비행과 비행환경적응훈련을 실시한다.

비행적성함양교육은 공군사관학교의 대표적인 특성화 교육이다. 공중근무자로서 필요한 비행적성을 계발하기 위한 교육이다. 1학년은 공중환경 이해를 위해 패러글라이딩을 실시하며 2~4학년은 비행착각 및 고공(저압)체험훈련, 중력 가속도적응훈련 및 비상탈출훈련 등을 통해 비행 감각을 익힌다. 공중상황 체험 및 판단능력 향상을 위해 7회의 관숙비행도 실시한다.

국군간호사관학교

국군간호사관학교는 정규 사관학교인데 육·해·공군 사관학교와는 성격이 다른 군 간호대학 과정이다. 따라서 군사학과 더불어 전문 간호인으로서의 지식, 기술, 태도를 습득하기 위한 교과목 위주로 전공과목을 구성해 교육시키고 있다. 또한 간호장교로서 리더십을 배양하는 동시에 변화하는 환경에 창조적으로 대응할 수 있고 국제적 안목을 지닌 인재로 양성하기 위해 다양한 교양과목을 편성해 교육시키고, 보건교사 2급 자격취득을 위한 교과목도 교육시키고 있다. 간호사관생도의 글로벌 감각을 키우기 위해 해외 우수대학(미 국방의무대, 스토니 브룩, 노스캐롤라이나 대학) 연수기회를 부여하고 있으며 전 학년 국토순례 및 해외탐방을 지원하고 있다.

간호장교는 간호인이기 이전에 군인이다. 그러므로 기본적으로 요구되는 군사지식과 기본전투기술을 배우고 익혀야 한다. 동시에 군 간호 대상자를 이해하고 공감하여 장차 간호장교로서 임무수행에 필요한 필수적인 야전 및 군 특수 환경에서의 실무능력을 배양하기 위해 군사학을 교육한다. 특히 하계군사훈련 기간에는 전투기술 숙달훈련, 병 기본 및 체험훈련, 분대전투기술, 유격훈련 등을 실시한다.

간호사관학교는 위기관리 실무능력 개발을 위한 재난·외상 전문 교육기관이다. 그러므로 재난간호 교육과정, 외상간호 핵심과정, 의사/간호사/1급 응급구조사를 대상으로 한 어려운 기도관리 과정, 해외긴급구호 보건의료인력 심화교육과정, 에볼라 대응 파견 의료인력 교육과 같은 군 특성화 프로그램을 내실 있게 진행함으로써 간호 전문기관으로서의 위상을 드높이고 있다.

순수한 마음으로 사관생도에 도전하라

★★★★

알베르트 아인슈타인은 "성공한 사람이 아니라 가치 있는 사람이 되려고 힘써야 한다"라고 말했다. 대부분은 성공하기 위해 노력을 한다. 가치 있는 사람이 되기보다는 우선 성공한 사람이 되어 다른 사람들로부터 인정받고 싶어 하는 것이다. 하지만 인정받는 사람들은 대부분 가치 있는 사람들이다. 가치 있는 사람이 되면 자연스럽게 사람들로부터 인정받게 되는데 우리는 그런 사람을 성공한 사람이라고 부르는 것이다.

자신의 진정한 가치를 높이는 사람은 통상 순수한 마음을 가지고 있다. 그런데 간혹 순수한 열정보다 개인 목표 달성을 위해 이기적인 생각으로 사관학교를 지원하는 사람들이 간혹 있다. 예를 들면, 명예로운 군인의 길을 가기 위해 사관학교를 지원하는 것이 아니라 사관학교를 졸업하면서 연계되는 특별한 위탁교육 과정을 통해 의대나 법대 또는 특정 학과에 진학하려는 경우다.

국방부는 각 군 사관학교를 졸업하고 임관하는 장교들에게 다양한 병과와 특기를 선택할 수 있도록 많은 위탁교육 기회를 제공하고 있다. 군의관과 법무장교를 양성하기 위해 의대와 법대에, 교수요원 양성을 위해 해당 학과에 전공별 위탁교육을 보내고 있다. 군에서 필요로 하는 다양한 분야에 근무시킬 장교들을 그 분야의 전문가로 양성하기 위해서다. 하지만 사관학교 지원자들이 분명히 알아야 할 것이 있다. 사관학교는 직업군인, 그중에서도 군 조직의 핵심인 전투병과 위주의 장교를 양성하는 곳이지 의사, 판검사, 교수와 같이 특정 전문요원을 양성하기 위한 교육기관이 아니라는 사실이다. 필요에 따라 특정 분야의 전문가도 양성하지만 사관학교의 존립근거는 대한민국 국방을 수호하기 위한 전투장교를 양성하는 것이다.

전문직종(의사, 법조인 등)에서 일하고 싶다면 사관학교가 아닌 일반대학의 관련 학과에 진학해야 한다. 물론 가정형편이 어려워 사관학교에서 국가의 지원을 받아 전문자격을 얻으려는 마음을 먹을 수도 있다. 하지만 사관학교에 올 정도의 실력이라면 자신이 원하는 전문학과에 진학할 수 있다. 눈높이를 낮춘다면 장학금을 지원받으면서 대학생활도 할 수 있다. 군의관이나 법무관도 군인이라는 것을, 사관학교 졸업자는 장기복무자로서 10년의 의무복무와 위탁교육 기간만큼 더 근무해야 한다는 사실을 알아야 한다.

사관학교 출신 예비역 장교로서 이 책을 읽는 독자에게 부탁한다. 국가와 국민을 위해 희생할 수 있다는 각오로 직업군인의 길, 그것도 명예로운 장교의 길을 가고자 하는 젊은이들이 사관학교에 지원하기 바란다. 순수한 마음이 아닌 이기적인 목표를 갖고 사관학교에 입학한다면 4년간의 생도 생활이 정말 괴롭고 힘들 것이다. 아마 정상적으로 졸업하는 것도 쉽지 않을 것이다. 설사 졸업을 한다 해도 경쟁이 치열한 위탁교육 과정을 밟는 길이 순탄하지 않을 것이다.

『장자』「달생」편에 "활을 쏠 때 질그릇을 내기로 걸면 과녁을 잘 맞힐 수 있지만, 허리띠의 은고리를 내기로 걸면 마음이 흔들리고, 황금을 걸고 내기를 하면 눈앞이 가물가물해진다"라는 말이 나온다. 즉, 남의 것에 눈길이 가면 마음이 흔들리고 마음이 흔들리니 손이 떨릴 수밖에 없으며 손이 떨리니 활을 제대로 쏠 수 없다는 의미다. 그러므로 사관학교에 지원하는 사람은 4년간의 생도 생활을 통해 군이 요구하는 전투장교가 되어 국가와 민족을 위해 내 한 목숨 바칠 수 있다는 순수한 마음으로 지원하기 바란다.

스스로 선택하고 첫 단추를 잘 채워라

★★★★

인생은 스스로 만들어 나가야 한다고 생각한다. 그런 의미에서 필자는 스스로 인생을 개척해 나간 부류에 속한다. 가출해서 사관학교에 입학한 매우 독특한 경우이기 때문이다. 첫 단추를 잘 채워야 과정과 결과도 잘 채워지는 법이다. 만약 1982년 1월, 해군사관학교를 선택하지 않았다면 어떻게 되었을까? 아마도 일반대학에 진학했을 것이고 단기장교나 병사로 병역의무를 마쳤을 것이다. 하지만 필자는 34년 전, 가족을 포함해 나를 아는 모든 사람의 반대를 무릅쓰고 사관학교에 입학했다. 지금 생각하면 그때 첫 단추를 잘 채웠던 것 같다. 그렇게 첫 단추를 채우기까지 평범치 않았던 해군사관학교 입학에 얽힌 에피소드를 소개해보고자 한다.

필자는 어려서부터 하고 싶은 것이 정말 많았다. 작곡을 전공해 오케스트라 지휘자가 되고 싶었고 방송인이나 연예인이 되고 싶었다. 하지만 너무나 교육열이 높은 어머니에게 자식들의 진로는 이미 결정되어 있었다. 2명의 누나는 무조건 유명 여대에 가야 했고 형은 문과를 선택해서 상대를 가야 했다. 그리고 막내인 나는 내 의지와 적성과는 무관하게 의대진학을 준비해야 했다.

형과 누나들은 모두 어머니의 뜻대로 진학했지만 나는 의대에 가고 싶지 않았다. 그래서 가족 몰래 해군사관학교를 지원했다. 집에서 가장 먼 곳에 있는 사관학교, 배를 타고 세계를 누빌 수 있는 곳, 그곳이 해군사관학교였고 내가 선택할 수 있는 최선이었다. 하지만 사관학교 합격증이 집에 도착한 이후 온 집안 식구의 반대에 부딪혔다. 심지어는 학교 선생님조차 내가 사관학교가 맞지 않다고 말리셨다. 그래서 그냥 집을 나섰다. 그리고 1982년 1월, 해군사관학교에 들어갔다. 지금부터 아무에게도 의지하지 않고 스스로 인생을 개척한다는 각오와 함께……

그렇게 시작한 해군 생활은 2016년 5월까지 34년간 계속됐다. 지금

껏 단 한 번도 해군장교가 된 것을 후회해본 적이 없다. 내가 원했던 곳이고 내가 좋아하는 일이었으며 무수한 반대를 이겨내고 선택한 길이었기에 군 생활 내내 즐거운 마음으로 생활할 수 있었다.

사관학교 졸업 이후, 장교로 해군 생활을 하는 동안 군함을 타고 3번의 세계일주를 다녀왔다. 사관생도 순항훈련을 위해 소령·중령·대령 계급마다 1번씩, 전 세계 5대양 6대주를 누비고 다녔다. 지금까지 35개국 50개 도시를 공식 방문했다. 개인적인 출장과 해외시찰, 가족여행 등을 포함하면 48개국 70여개 도시를 가본 것이다.

여행은 인생과 같다고 한다. 그래서 사람들은 이미 생긴 길을 가기도 하지만 어떤 사람들은 새로 길을 내며 가기도 한다. 어느 길이든 '이게 내 길'이라며 기쁜 마음으로 걸어가는 사람에게 하늘은 축복과 행운으로 보답한다고 한다. 그런 의미에서 필자는 해군사관학교를 선택하고 너무나 큰 축복과 행운을 받았다. 그래서 앞으로 각 군 정규 사관학교에 입학하는 후배들에게 내가 받은 축복과 행운을 나눠주고 싶다.

대한민국의 젊은이들이여! 국가와 민족을 위해 자신을 내던질 각오가 되어 있다면 사관생도에 도전하기 바란다. 평범한 길은 아니지만 명예로운 사관생도의 길을 선택한 자랑스러운 후배들에게 우리의 조국 대한민국은 희망과 보람으로 화답할 것이다.

장교가
되는 길

나는 당당한 지휘관이 될 것이다

PART IV 02

군인은 늘상 수의를 입고 산다.
이름 모를 전선에서 조국을 위해 죽어갈 때
그 자리가 무덤이 되고 군복은 수의가 된다.
군복은 그만한 각오로 입어야 한다.
그만한 각오로 군복을 입었으면 매순간 명예로워라.
안 그럴 이유가 없다.
크든 작든 장교가 하는 모든 결정엔
전우들의 명예와 영광과 사명감이 포함된다.
– 드라마 〈태양의 후예〉 중에서

이 말은 2016년을 뜨겁게 달궜던 드라마 〈태양의 후예〉에서 특수작전 임무수행 중 전사한 특전사 출신 선배 장교가 주인공 유시진 대위에게 해준 말이다. 유 대위가 특전사 알파팀에 처음 부임했을 때 이 말을 해준 선배는 다음 작전에서 주인공과 함께 임무를 수행하는 도중 전사한다.

드라마를 시청한 많은 장교들은 이 대사를 들었을 때 가슴이 뭉클해지는 경험을 했을 것이다. 장교로 군 생활을 하면서 그와 같은 각오로 임무를 수행했고 부대를 지휘하면서 명령을 내릴 때 항상 당당했다는 공감이 있기에 가슴 뭉클한 감동을 느낄 수 있다고 생각한다. 이

PART 4. 군인의 길, 순간의 선택이 30년을 좌우한다

❖

191

처럼 장교가 되는 길은 꽃길이 아니다. 그런데 투철한 사명감과 자신의 생명도 내던질 수 있다는 각오도 없이 겉으로 보이는 화려한 제복과 의식주를 비롯해 많은 것을 제공받는 복지혜택만을 생각하고 장교가 되고자 한다면 다른 길을 생각해보라고 말하고 싶다.

인생을 살면서 내가 어떤 길을 선택할 것인지 진지하게 생각해볼 때가 있을 것이다. 교회나 성당에 다니는 사람은 십자가 앞에서, 절에 다니는 사람은 부처님 앞에서 기도하며 간구한다. 하지만 모든 결심은 본인이 해야 한다. 어느 누구도 자신의 인생을 대신할 수 없기에 결국 중요한 선택은 본인의 몫인 것이다.

군대가 참 많이 변했다. 그리고 지금도 계속 변하고 있다. 엄격한 군기와 계급구조 속에서 안보상황에 얽매이는 장교 생활을 한다는 것이 결코 쉬운 것은 아니다. 그러나 군인에게는 명예가 있다. 그것도 장교에게는 가장 높은 가치인 명예와 함께 그에 걸맞은 권한과 책임이 있는 것이다.

『탈무드』에 "돈을 잃으면 반을 잃은 것이요, 명예를 잃으면 전부를 잃은 것이다"라는 구절이 있다. 그만큼 명예라는 가치가 금전적인 이익을 포함한 어떠한 가치보다 훨씬 우선한다는 것이다. 『탈무드』는 유대인의 문화적·정신적 유산을 집대성한 책으로 장사를 통해 많은 부를 축적한 유대인들에게 돈보다 명예라는 가치가 중요하다는 것을 강조하고 있다.

명예의 가치에는 정의와 긍지, 청렴이라는 요소가 포함되어 있다. 명예는 남이 평가해주기보다는 스스로 자신을 되돌아보고 자부심, 자긍심을 통해 정의를 실현함으로써 발현되는 가치다. 유대인들이 명예의 가치를 얼마나 중요시하는지는 장교가 되고자 하는 이들에게 의미하는 바가 크다고 생각한다.

사람들은 우스갯소리로 군인정신은 제정신이 아니라고 말한다. 그만큼 군대라는 조직이 명령과 복종에 의해 움직이는 특별한 조직이라는 뜻이다. 자신의 의지와는 상관없이 주어진 명령을 무조건 수행해야 한다면, 자신이 생각하기에 불합리하다고 생각되지만 무조건 따를 수밖에 없다면 그런 명령을 내린 상관이 '제정신일까?' 하는 의문을 가질 수도 있을 것이다.

하지만 국가와 군 조직을 기만하고 국민에게 큰 피해를 주는 사항이 아니라면 그 명령을 따라야 한다. 그것이 군인의 명령 체계이고 명령을 따르는 것이 군인의 기본 정신이기에 우스갯소리로 제정신이 아니라는 말을 할 수도 있는 것이다. 그렇지만 요즘은 군대도 많이 변해서 불합리한 명령을 내리지도 않을 뿐더러 무조건 따르라고 가르치지도 않는다. 그만큼 명령을 내리는 상관들, 특히 장교들의 생각이 합리적으로 변했고 시대의 흐름에 맞게 계속 변화하고 있는 것이다.

'남을 지배하려면 다른 사람에게 복종할 수 있어야 한다'라는 말이 있다. 이 말은 운명을 이겨내려면 자신과의 싸움에서 승리해야 한다는 말로서 군인정신이 바탕에 깔려 있는 것이다. 자신의 섬세한 감정을 스스로 조절할 수 있어야 다른 사람의 감정을 헤아릴 수 있는 것처럼 복종은 장교에게 꼭 필요한 덕목이다.

대한민국 군을 실질적으로 이끌어가는 장교는 육해공군과 해병대 전체에 폭넓게 분포되어 자신의 임무를 성실히 수행해 나가고 있다.

그러면 국군의 장교가 되려면 어떻게 준비해야 하는 것일까? 지금부터 장교가 되는 길을 찾아보기로 하자.

장교가 되는 길에는 여러 갈래의 길이 있다. 어떤 길은 힘이 들긴 하지만 빠르게 가는 지름길일 수 있고 다른 길은 조금 편하게 가는 것 같지만 오랜 시간을 두고 멀리 돌아가야 하는 길이 될 수도 있다. 또 다른 길은 많이 힘들지 않으면서 비교적 무난하게 갈 수 있는 길이기도 하다.

첫 번째 길은 오랜 시간을 두고 준비하면서 상당한 수준의 학업성취도가 있어야만 갈 수 있는 정규 사관학교에 입학해서 4년간의 힘든 생도 생활을 이겨내고 장교로 임관하는 길이다. 두 번째 길은 특별한 경우이긴 하지만 부사관이나 병으로 입대를 하고 입대한 이후 개인적으로 열심히 노력해서 지휘관에게 인정을 받아 간부사관 추천을 통해 장교가 되는 길이다. 세 번째 길은 가장 많은 사람이 선택할 수 있는 방법으로 대학을 다니면서 학군사관후보생이나 군 장학생에 지원하거나 대학/대학원 과정을 수료하고 학사장교(전문사관 포함)에 지원하여 장교로 임관하는 것이다.

약간씩 차이가 있긴 하지만 세 길 모두 노력하지 않으면 쉽게 갈 수 없는 길이다. 그러니 직업군인을 생각하고 있는 젊은이라면 어떤 길을 선택하고 준비할 것인지 고민하고 또 고민해서 자신의 능력과 적성을 고려한 최선의 길을 선택하기 바란다.

대한민국에서 장교는 특별한 사람이라고 생각한다. 그래서 장교에게는 도덕적으로 엄격한 기준을 적용한다. 예를 들어 일반학교에서 선배가 후배를 때리면 그럴 수 있다고 쉽게 이해한다. 하지만 군대에서 구타사고가 발생하면 지휘관부터 모든 장교들의 리더십에 문제를 제기하고 관련 장교들의 책임을 추궁한다. 또한 사소한 비리로 인한 사고가 발생하면 모든 장교들이 비리집단의 일부가 된 것처럼 국민들로부터 지탄을 받는다. 이러한 사회적 분위기 속에서 장교의 길을 선택하려면 스스로에게 상당히 높은 도덕적 기준을 적용해야 한다. 과연 내게 리더십과 책임감, 국가에 대한 충성심이 있는지, 부족하다면 어떠한 노력을 할 것인지 고민해야 한다. 만약 그러한 각오가 되어 있지 않다면 장교의 길을 선택해서는 안 된다.

장교가 되는 길은 각 군별로 약간의 차이가 있다. 앞에서 설명한 세 가지 길 중에서 정규 사관학교를 통해 장교가 되는 방법은 앞서 작성한 제1절 「사관생도가 되는 길」에서 별도로 다루었기에 생략하고 나머지 방법에 대해서만 각 군별로 살펴볼 것이다. 장교가 되는 길은 각 군별로 너무나 다양하기 때문에 여기에서는 어떤 방법이 있는지 정도만 설명하려고 한다. 자세한 내용은 각 군과 관련 부대별 홈페이지에서 확인하기 바란다.

육군 장교가 되는 방법

★★★★

육군은 50만 대군이다. 그래서 삼군 중에서 육군 장교가 되는 길이 가장 많고 다양하다. 육군사관학교, 육군3사관학교, 학군사관후보생, 학사사관, 일반대학 군 장학생, 육군 협약대학 군 장학생, 간부사관, 전문사관, 예비역의 현역 재임용 등 크게 9가지 경로를 통해 장교로 임관할 수 있는데 전체 경로 중 육군사관학교를 제외한 8가지 방법은 다음과 같다.

① 육군3사관학교

1968년에 설립된 육군3사관학교는 만 19~25세의 미혼 남녀가 4년제 대학교 2학년 이상을 수료(예정)한 뒤 편입하거나 전문대학을 졸업(예정)한 후 입학할 수 있는데 모집은 매년 5월 중에 한다. 최근에는 4년제 대학이나 전문대 1학년 재학생을 대상으로 예비 생도를 모집하고 있으며 실무요원 중 대대장급 지휘관 이상 추천을 받은 육군 부사관과 현역병, 타군 참모총장과 경찰청장의 추천을 받은 타군 부사관과 현역병, 의무경찰도 지원이 가능하다. 육군3사관학교에 입학한다고 다 장교가 되는 것은 아니다. 2년간의 생도 생활을 무사히 마쳐야 명예로운 육군 장교가 된다. 의무복무기간은 임관 후 6년이다.

② 학군사관후보생(ROTC)

육군 단기장교 중 가장 많은 인원이 임관하는 학군사관후보생의 지원 자격은, 임관일 기준 나이가 만 20~27세이며 학생군사훈련단이 설치된 전국 108개 4년제 대학 1~2학년 남녀 재학생이다. 5년제 학과는 3학년까지 지원가능하다. 모집시기는 매년 3월이며 선발방법은 필기고사와 대학성적으로 1차 선발하고 체력검정, 면접평가, 신체검사를 통해 최종 선발한다. 선발되면 해당 대학의 학군단에서 지정된 교육을 받고 졸업 후 임관하여 2년 4개월간 복무하게 되는데 이는 육군 장교 의무복무기간 중 가장 짧은 기간이다.

③ 학사사관

지원자격은 학사학위 이상을 보유한 4년제 대학 졸업(예정)자로서 임관일 기준 만 20~27세의 남성(여성)이 해당된다. 예비역은 30세까지 지원가능하다. 모집시기는 매년 8~9월경 1회 선발하는데 1차는 서류전형, 필기평가, 대학성적으로 선발하며 2차는 면접평가, 체력검정, 대학성적, 신체·인성검사, 신원 조회를 통해 선발한다. 임관 후 의무복무기간은 3년이다.

④ 대학 군 장학생

지원자격은 국내 4년제 정규대학 1~3학년에 재학 중인 남학생이면서 임관일 기준 만 20~27세의 남성이 해당된다. 모집시기는 매년 4~6월 중에 1회 선발하는데 1차는 서류전형, 필기평가로 선발하며 2차는 대학/수능성적, 면접평가, 체력검정, 신체·인성검사, 신원 조회를 통해 선발한다. 임관 후 복무기간은 의무복무 3년에 장학금 수혜기간(2~4년)만큼 더 근무한다.

⑤ 군사학과 협약대학 군 장학생

같은 군 장학생이지만 4년제 정규 대학교 입학 이후 일정기간 이상 다닌 학생이 직접 군 장학생에 지원해야 하는 일반 협약대학과 달리 육군이 특정 대학과 군사학과 설치 협약을 맺고 신입생을 선발할 때부터 군 장학금을 지급해 중·장기적으로 복무할 인력을 양성하는 제도다. 쉽게 설명하면 고등학교 성적으로 대학입학 전형에서 군 장학생을 미리 선발하는 제도다. 군사학과가 설치된 13개 협약대학 중에서 9개 대학(고려대, 건양대, 경남대, 대전대, 조선대, 영남대, 원광대, 용인대, 청주대)은 육군에서 신입생을 직접 선발하며 4개 대학(충남대, 서경대, 상명대, 동양대)은 학교 주관으로 신입생을 선발한다. 이처럼 군사학과 신입생들은 모두 입학과 동시에 군 장학생이 되며 고려대는 모집정원 내에서 여성을 동시 선발한다. 이들은 ROTC로 임관할 경우 6년 4개월을, 학사사관으로 임관할 경우에는 7년을 의무복무하게 된다.

⑥ 간부사관

지원자격은 임관일 기준 만 20~27세(예비역은 30세 이하)이며 육군 현역 상병과 병장, 실무 부대에서 6개월 이상 근무한 부사관, 육군에서 2년 이내 전역한 예비역으로 전문대학을 졸업했거나 4년제 대학 2년 이상 수료자가 해당된다. 간부사관은 전투병과 위주로 모집하는데 지휘관의 추천서가 반드시 필요하다. 모집시기는 매년 10~11월경 1회 선발하는데 1차는 지휘관 추천, 서류전형, 필기평가, 대학성적으로 선발하며 2차는 면접평가, 체력검정, 신체·인성검사, 신원 조회를 통해 선발한다. 의무복무기간은 임관 후 3년이다.

⑦ 전문사관

'전문사관'은 전문적인 지식과 기술을 가지고 장교로 임관하는 특수병과에 속하는 장교들이다. 지원자격은 임관일 기준 만 20~27세의 남녀이며, 4년제 대학/대학원 졸업(예정)자로 학사학위 이상 소지자이다. 단, 공인회계사협회 등록자와 박사과정 수료자는 만 29세까지 지원가능하다. 모집시기는 매년 2회 선발하는데 전반기는 4~5월에 재정, 통역 특기만 선발하고 후반기 10~11월에는 모든 특기를 다 선발한다. 1차 선발시험은 서류전형 시 대학성적과 자격, 경력을 확인하고 필기평가(통역, 법무, 군악은 실기평가)를 실시하며 2차는 면접평가, 신체·인성검사, 신원조회를 통해 선발한다. 복무 분야로 법무행정(군법무관), 국과연ADD 석사, 통역, 재정, 변리, 전산, 군악, 의정, 간호, 군의·수의·치의, 육사/3사관학교/간호사관학교 교수, 5급 공채 등이 있다. 전문사관은 임관과 동시에 자신의 전문분야에서 3년간 의무복무를 한다. 임관 시 계급은 자신의 자격 요건에 따라 소위~대위로 임관한다.

⑧ 예비역의 현역 재임용

이 제도는 각 군에서 모두 시행하고 있는 제도로 전역 3년 이내인 예비역 중위와 대위만 해당되며 퇴역자는 지원할 수 없다. 단, 재임용 이후 해당 계급의 정년 범위에서 3년 이상 복무가 가능해야 하며 임용대상 직위와 군, 계급, 병과가 일치해야 한다. 모집시기는 매년 2회, 3월과 8월에 선발하는데 1차는 서류전형으로 선발하며 2차는 면접평가, 체력검정, 신체·인성검사, 신원조회를 통해 선발한다. 의무복무기간은 임용 후 3년이지만 우수 복무자는 장기복무 및 진급 시 선발될 수 있다. 신분과 복지 혜택은 현역과 동일하며 급여는 전역 전 최종 호봉을 적용하고 복무기간 역시 전역 전 복무 기간을 합산하여 산정한다.

이상 육군 장교가 되는 9가지 방법 중 8가지에 대해서 개략적으로 알아보았다. 육군은 편성병력이 약 50만 명인 대군이다. 분야가 너무나 많아 모두 설명할 수 없지만 그만큼 선택할 수 있는 분야가 다양한 것은 확실하다. 자신의 큰 뜻을 우리나라에서 가장 규모가 큰 육군에서 펼치고 싶다면 주저하지 말고 육군 장교에 지원하기 바란다.

해군 장교가 되는 방법

★★★★

아들을 군에 보내야 하는 부모나 군에 가야 하는 청년들, 그리고 여군에 관심이 있는 여성들을 만나면 꼭 해주는 이야기가 있다. "기회가 된다면, 보낼 수만 있다면 장교를 지원하라. 그것도 가급적이면 해군 장교로 보내라"고 말한다. 이는 단지 필자가 해군이어서가 아니다. 34년간 군 생활에서 느끼고 체험한 것을 바탕으로 내린 결론이다. 해군은 단기복무 장교로 군 생활을 하는 사람이 많은 상급자를 만날 수 있고 일반인은 전혀 경험할 수 없는 기회가 많은 곳이다. 그래서 해군 장교를 적극 추천한다.

해군함정이 나오는 영화나 방송을 본 적이 있을 것이다. 유심히 살펴보면 군함에서 장교는 당직근무를 서는 시간을 제외하고 대부분 사관구역에서 생활한다. 사관구역에서 장교는 계급에 상관없이 똑같은 대접을 받는다. 예를 들면 소위부터 대령까지 야식을 포함한 하루 네 끼의 식사를 사관실에서 함께한다. 그리고 매일 2회, 함장(부장) 주관 사관회의에 참가하여 자신이 추진한 업무를 직접 보고하고 지시를 받는다. 이처럼 해군 장교는 초급장교 시절부터 함정 지휘관을 포함한 다양한 계층의 선배들에게 업무는 물론 지휘통솔, 의전 등 많은 것을 가까이에서 배운다. 또한 각종 연합훈련, 사관생도 순항훈련, 해외파병 등 군함을 타고 외국에 나갈 기회가 많아 자신도 모르는 사이에 글로벌 감각을 익히게 되고 견문도 넓어진다. 이외에도 해군 장교가 되면 다양한 분야에서 많은 것을 경험하고 얻을 수 있다.

해군 장교가 되는 방법은 7가지가 있다. 그 가운데 사관학교와 예비역의 현역 재임용을 제외한 사관후보생, 예비장교후보생, 학군사관후보생, 대학 군장학생, 해군 협약대학 군 장학생 등 5가지 방법은 다음과 같다.

① 사관후보생(OCS)

해군에서 사관학교와 더불어 가장 많은 장교를 배출하는 모집제도다. 해군의 사관후보생은 육군의 학사(여군)사관과 전문사관을 합쳐놓은 개념이며 약어로는 OCS장교라고 부른다. 지원자격은 학사학위 이상 보유한 4년제 대학 졸업(예정)자로서 임관일 기준 만 20~27세의 남성(여성)이 해당된다. 단, 예비역은 만 30세까지 지원가능하다. 모집시기는 매년 2회, 4월과 10월에 선발하는데 1차는 서류심사와 필기평가로 선발하며 2차는 면접평가, 체력검정, 신체·인성검사, 신원조회 등을 통해 선발한다. 임관 후 의무복무기간은 3년이다. 단, 항공조종의 경우 헬기는 10년, 고정익은 13년 동안 의무복무를 해야 한다.

② 예비장교후보생

4년제 대학의 우수 학생에게 해군 장교로 입대할 수 있도록 장려금을 지급하는 제도다. 국내 정규 4년제 대학 1~3학년에 재학 중인 남학생이면서 임관일 기준 만 20~27세의 남성이 해당된다. 모집시기는 매년

1회, 10월에 선발한다. 서류전형과 대학성적으로 뽑는데, 선발된 학생은 방학 중 연 1회 소집교육을 받는다. 임관 후 의무복무기간은 3년이다. 단, 항공조종의 경우 헬기는 10년, 고정익은 13년 간 의무복무를 해야 한다.

③ 학군사관후보생(ROTC)

지원자격은 한국해양대학교, 부경대학교, 목포해양대학교, 제주대학교에 재학 중인 1, 2학년 학생 중 성적이 평점 2.4(4.5학점 기준) 이상인 사람이다. 또한 정당한 이유 없이 입영 및 징병검사를 기피한 사실이 없으며 임관일 기준 만 20~27세의 대한민국 미혼 남녀라면 누구나 지원가능하다. 모집시기는 매년 1회, 8~9월이며 해군 학군단이 설치되어 있는 4개 대학의 학군단 주관으로 모집한다. 선발전형은 1차 시험으로 필기시험과 서류심사를 실시하고 체력검정, 면접평가, 신체검사를 통해 최종 선발한다. 선발되면 해당 대학의 학군단에서 지정된 교육을 받고 졸업 후 임관하여 2년간 복무하는데 이는 대한민국 장교 의무복무기간 중 최단기간이다.

④ 대학 군 장학생

국내 정규 4년제 대학 1~3학년에 재학 중이면서 임관일 기준 만 20~27세의 남성이 해당된다. 모집시기는 매년 4월중 1회 선발하는데 1차는 서류전형, 필기평가, 대학성적으로 선발하며 2차는 면접평가, 신체·인성검사, 신원조회를 통해 선발한다. 임관 후 복무기간은 의무복무 3년에 장학금 수혜기간(2~4년)만큼 더 근무하며 최대 7년 복무한다.

대학 군 장학생 제도의 일환으로 해군에 필요한 장교를 양성하기 위해 해군과 협약을 맺은 3개 대학(충남대, 세종대, 한양대)에서 100% 해군 장학생으로 선발해 해군에서 요구하는 장교로 양성하는 제도다.

충남대는 2011년부터 군사학부에 해군학과를 개설했고 세종대는 2011년, 공과대학에 국방시스템공학과를 설치했다. 두 학교는 모두 매년 30명의 해군 예비장교를 교육시켜 해군장교로 임관시켜왔는데 2016년부터는 각각 40명을 선발하고 있다. 한양대는 2015년 1학기부터 30명 정원으로 공과대학에 국방정보공학과를 개설하고 국방과학 관련 정보통신 산업 분야에서 엔지니어 역할을 수행할 해군 예비장교를 교육시키고 있다. 이들 학교들은 각종 군사실습 시 해군의 전폭적인 지원을 받는다. 임관 후 7년간 의무복무하며 본인의 희망에 따라 장기복무를 선택할 수 있다.

앞에서 언급한 것처럼 해군 장교 근무는 많은 것을 경험하고 국제화 감각을 익힐 수 있는 좋은 기회다. 군에서 근무하는 동안 글로벌 리더로 성장하고 싶다면 해군 장교를 지원하기 바란다.

공군 장교가 되는 방법

★★★★

공군 장교를 보면 참 세련됐다는 생각을 하게 된다. 또 삼군 장교 중에서 평균적으로 가장 개방적인 마인드를 갖고 있다. 이러한 성향은 어느 한순간에 형성되지 않는다. 각 군이 창설되고 성장하는 과정에서 해당 군의 조직문화와 연계하여 생긴 것이다. 언뜻 보면 공군은 장교에서부터 부사관, 병사에 이르기까지 딱딱한 군인 같은 이미지보다는 가까운 친구와 함께 있는 듯한 부드러운 이미지 때문에 기합이 빠져 보인다는 소리를 듣기도 한다.

공군 장교를 떠올릴 때 우리가 착각하기 쉬운 것이 있다. 바로 공군 장교는 곧 조종사라는 생각이다. 공군 이미지에서 조종사가 차지하는 비중이 워낙 크고 조종사는 장교만이 될 수 있다는 사실 때문에 그런 착각을 할 수 있다. 그런데 조종사가 되기 위해서는 까다로운 정밀 신체검사를 통과해야 하고 장교로 임관한 이후에도 2년여의 기간 동안 실시해야 하는 혹독한 비행훈련을 모두 통과해야 한다. 그래서 공군사관학교 졸업생 중에서도 조종사가 되어 빨간 마후라를 수여받는 장교가 평균 40% 정도에 불과하다. 이처럼 전체 공군 장교 중에서 조종사는 우리가 생각하는 것보다 훨씬 적다.

공군 장교가 되면 조종사가 아니더라도 다양한 분야에서 자신이 원하는 일을 할 수 있다. 그러면 공군 장교가 될 수 있는 7가지 방법 중 사관학교와 예비역의 현역 재임용을 제외하고 학군사관후보생, 학사사관후보생, 조종 장학생, 예비장교후보생, 공군 협약대학 군 장학생 등 5가지 방법에 대해 개략적으로 알아보겠다.

① 학군사관후보생(ROTC)

지원자격은 한국항공대학교, 한서대학교, 한국교통대학교에 재학 중인 1~2학년 학생으로 임관일 기준 만 20~27세의 대한민국 남녀면 지원가능하다. 단, 조종 분야는 항공운항학과 재학생만 지원가능하며 일반 분야는 항공운항학과를 제외한 항공학부 재학생이면 가능하다. 모집시기는 매년 1회, 4월이며 공군 학군단이 설치되어 있는 3개 대학의 학군단 주관으로 모집한다.

선발절차로 1차는 필기시험과 대학 및 고교 성적으로 선발하고 2차는 체력검정, 면접평가, 신체검사를 통해 최종 선발한다. 선발되면 해당 대학 학군단에서 지정된 교육을 받고 졸업 후 임관해 3년간 복무한다. 단, 조종 장교는 13년간 의무복무를 해야 한다. 하지만 비행교육 중 탈락하여 일반장교로 재분류가 될 경우에는 의무복무 3년에 장학금 수혜기간만큼 더 복무한다.

② 학사사관후보생

공군에서 사관학교와 더불어 장교 양성을 주도하고 있는 모집제도다. 해군의 학사장교처럼 육군의 학사(여군)사관과 전문사관을 합해놓은 개념이라고 보면 된다. 지원자격은 학사학위 이상 보유한 4년제 대학 졸업(예정)자로서 임관일 기준 만 20~27세의 남성(여성)이 해당된다. 단, 예비역은 최대 만 30세까지 지원가능하다. 모집시기는 매년 2회, 4월과 10월에 선발하는데 여성은 10월에만 지원가능하다.

선발전형으로 1차는 필기시험, 2차는 면접평가 및 신체검사, 3차는 정밀 신체검사와 체력검정, 인성검사를 통해 선발한다. 임관 후 의무복무기간은 3년이다. 이들에게는 전공과 관련된 특기를 부여하며 본인의 희망과 교육성적을 고려하여 근무지를 결정한다.

③ 조종 장학생

공군에서 사관학교 다음으로 많은 조종사를 배출하고 있는 제도다. 지원자격은 국내 정규 4년제 대학 1~4학년에 재학 중이면서 임관일 기준 만 20~27세의 남성만 해당된다. 단, 예비역은 최대 만 30세까지 지원가능하다.

모집시기는 매년 4월 중 1회 선발한다. 1차는 필기시험으로 선발하며 2차는 면접평가, 신체·적성검사, 체력검정, 대학성적으로 선발한다. 단, 한국항공대학교, 한서대학교, 한국교통대학교 항공운항학과에 재학 중인 학생은 1~2학년만 지원가능하다. 임관 후 조종 장교의 의무복무기간은 13년이다. 하지만 비행교육 중 탈락하여 일반장교로 재분류 될 경우에는 의무복무 3년에 장학금 수혜기간만큼 더 복무하게 되어 4년에서 최대 7년까지 복무한다.

④ 예비장교후보생

4년제 대학의 우수 학생을 공군 장교로 확보하기 위해 시행하고 있는 제도다. 지원자격은 국내 4년제 대학 1~3학년 재학생이면서 임관일 기준 만 20~27세의 남성이다. 단, 예비역은 최대 만 30세까지 지원가능하다.

모집시기는 매년 1회, 4월이다. 선발절차는 1차 필기시험, 2차 신체검사와 면접평가, 대학성적으로 선발한다. 임관 후 의무복무기간은 3년이다. 이들 중 4학년에게는 필기시험 성적 및 체력검정 결과를 기준으로 장려금을 지급하는데 군 장학생과 중복될 경우에는 지급하지 않는다.

조종 장학생 제도의 일환으로 공군에 필요한 장교를 양성하기 위해 공군과 협약을 맺은 3개 대학(아주대, 세종대, 영남대)에서 100% 공군 장학생으로 선발하여 공군에서 요구하는 장교로 양성하는 제도다.

아주대는 정보통신대학에 국방디지털융합학과를 개설하여 운영 중이다. 세종대는 공과대학에 항공시스템공학과를 개설하고 있다. 영남대는 기초교육대학 인문자율전공학부에 항공운항계열 배정학과로 경제금융학과(6명), 국제통상학과(6명), 경영학과(8명)를 선정했다. 세 학교 모두 매년 20명의 공군 예비장교를 교육시켜 공군 장교로 임관시키고 있다. 이들 학교들은 군사실습 시, 공군의 지원을 받거나 받을 수 있는 조건을 확보하고 있다. 이들은 임관 후 7년을 의무복무하고 본인의 희망에 따라 장기복무를 하거나 전역 후 사회에 진출할 수 있다. 조종계열로 분류되어 조종교육을 받고 조종사가 된 장교는 13년간 의무복무를 하게 된다.

공군 장교는 크게 조종사와 비조종사로 구분된다. 어디를 목표로 하는지에 따라 준비하는 방법과 마음자세도 달라져야 한다. 국민들에게 가장 친숙한 군대, 전 군에서 가장 유연한 조직문화가 정착되어 있는 곳이 공군이다. 21세기 아이콘을 지향하는 공군에서 자신의 미래를 펼쳐보고 싶다면 공군 장교를 지원하기 바란다.

해병대 장교가 되는 방법

★★★★

해병대 장교는 큰 틀에서 사관학교 출신과 비사관학교 출신으로 구분된다. 사관학교는 해군사관학교를 말하며 비사관학교란 일반대학을 졸업한 학군사관후보생과 학사사관후보생 출신 장교를 뜻한다.

해군사관학교에서는 매년 졸업생 중에서 해병대를 희망하는 생도들의 신청을 받아 적정 인원을 해병대 장교로 임관시킨다. 인원은 매 기수별로 다소 차이가 있으나 해병대 장교 장기인력수급 계획과 영관장교 이상 진급 가능성을 고려하면, 통상 20명 이내다.

해병대 전체 장교 중 사관학교 출신 장교의 숫자는 매우 적다. 그래서 사단이나 여단에서 사관학교 출신 소위를 보기가 쉽지 않다. 그렇다면 사관학교 출신이 아닌 해병대 신임장교는 어떻게 지원해야 하는 것일까? 해병대 장교가 될 수 있는 방법은 7가지다. 그중 사관학교와 예비역의 현역 재임용을 제외하면 학사사관후보생, 예비장교후보생, 학군사관후보생, 대학교 군 장학생, 해병대 군사학과 장학생 등 5가지 방법이 있다.

① 학사사관후보생

과거에는 해군 학사사관후보생을 모집할 때 같이 모집하고 해군에서 양성교육을 받은 후 해병대 장교로 임관했다. 그래서 초등군사반 과정부터 해병대에서 주관했지만 지금은 모집 단계부터 해병대사령부에서 주관하고 있다.

학사사관후보생은 육군의 학사(여군)사관과 전문사관을 합해놓은 개념이다. 지원자격은 4년제 대학 졸업(예정) 또는 동등 이상 학력자로서 임관일 기준 만 20~27세의 남녀다. 모집시기는 매년 2회, 4월과 10월에 선발한다. 1차는 필기시험, 2차는 체력검정, 신체·인성검사, 신원조회를 통해 선발한다. 임관 후 의무복무기간은 3년이다.

② 예비장교후보생

4년제 대학의 우수학생을 사전에 선발하여 해병대 장교로 입대할 수 있게 만든 제도다. 국내 4년제 대학 1~3학년에 재학 중인 학생이면서 임관일 기준 만 20~27세면 지원이 가능하다. 모집시기는 매년 1회, 10월에 선발한다. 서류전형과 대학성적으로 뽑으며 선발된 학생은 재학 중 연 1회 소집교육만 실시한다. 임관 후 의무복무기간은 3년이며 4학년에게는 장려금을 지급한다.

③ 학군사관후보생(ROTC)

지원자격은 임관일 기준 만 20~27세의 대한민국 남자이며, 제주대학교와 한국해양대학교에 재학 중인 1~2학년 학생과 육군 ROTC 후보생 4학년 중에서 희망자만 지원가능하다. 제주대와 한국해양대 학군단의 모집시기는 매년 1회, 3월이며 두 학교 모두 학군단이 설치되어 있어 학군단 주관으로 모집한다.

선발절차는 1차 필기시험과 대학성적, 2차 체력검정, 면접평가, 신체검사로 최종 선발한다. 선발되면 해당 대학의 학군단에서 지정된 교육을 받고 임관 후 2년간 의무복무한다.

육군 출신 학군사관후보생은 육군에서 1.5배수를 추천하면, 그중 무작위로 해병대에서 100여 명가량을 선발한다. 육군 학군사관후보생들이 해병대를 선호하는 이유는 무엇일까? 해병대의 역사적 전통에 대한 호감이 생겼기 때문일 것이다. 또 장교 복무기간이 육군에 비해 4개월이 짧기 때문으로 짐작된다. 해병대 학군사관후보생의 복무기간은 전 군 장교의 의무복무기간 중에서 최단기간으로 육군보다 4개월, 공군보다 1년이 짧은 24개월이다.

④ 대학교 군 장학생

국내 4년제 대학 1~2학년에 재학 중이면서 임관일 기준 만 20~27세의 남성이면 누구나 지원할 수 있다. 모집시기는 매년 1회, 4월 중에 모집한다. 1차 필기시험, 2차 체력검정, 면접평가, 신체·인성검사, 대학성적을 합산하여 최종 선발한다. 임관 후 복무기간은 의무복무 3년에 장학금 수혜기간(3~4년)만큼 더 복무하므로 최대 7년을 근무할 수 있다. 복무하면서 본인의 희망에 따라 장기복무를 지원하거나 전역 후 사회에 진출할 수 있다.

⑤ 해병대 군사학과 장학생

해병대에 필요한 맞춤형 장교를 육성하기 위해 해병대와 협약을 맺은 단국대학교 주관으로 100% 해병대 장학생을 선발하여 양성하는 제도다. 단국대는 2013년부터 공공인재대학에 해병대 군사학과를 개설하고 매년 30명의 신입생을 모집해 교육시키고 있다. 군사학과 학생들은 해병대의 전폭적인 지원으로 실질적인 군사실습과 훈련을 받는다.

이들은 임관 후 7년을 의무복무하며 본인 희망에 따라 장기복무를 지원하거나 전역 후 사회에 진출할 수 있다.

해병대 장교가 된다는 것은 해병대의 일원이 되는 것이며 전역 후 해병대전우회 회원을 예약하는 것이다. 앞서 제2장에서 해병대를 소개하면서 해병대에 대한 대한민국 젊은이들의 무조건적인 선망과 해병대만의 독특한 조직문화, 그리고 해병대의 치명적인 매력에 대해 설명했다. '작지만 강한 군대, 한번 해병은 영원한 해병'이라는 멋진 대한민국 해병대의 주역이 되고 싶다면 해병대 장교를 지원하기 바란다.

당당한 지휘관, 그러나 고독한 리더

★★★★

필자는 해군에서 30여 년간 장교로 근무하면서 영관장교 시절, 계급에 맞는 규모의 함정에서 3번이나 함장으로 근무하는 영광을 누렸다. 군함에서 함장은 가장 명예로운 직책이다. 그래서 함장으로 근무하는 것은 개인적으로 정말 영광이고 보람된 일이다.

해군에서 전투병과 장교로 근무하는 동안 항상 마음에 새겨두고 모토로 삼은 금언이 있다. "최선을 다하되 최악에 대비하라Do your best but prepare for the worst"는 말이었다. 함장은 명예로운 직책이지만 고독한 직책이기도 하다. 배 안에서 일어나는 모든 일에 대하여 혼자 결심하고 그 결과에 대해서도 혼자 책임을 져야 하기 때문이다.

함장으로 근무하며 출동을 나갈 때마다 망망대해에서 별이 쏟아져 내리는 밤바다를 바라보거나 황금빛 노을과 아름다운 달무리를 볼 기회가 많이 있었다. 하지만 고요하고 아름다운 밤바다를 바라볼 때에도 그리운 가족을 생각한다거나 아련한 추억을 떠올리지 못했다. 그 순간에도 함장인 내 머릿속에서는 치열한 멘틀워게임이 진행되고 있었다. 항상 최악의 상황을 가정해서 발생할 수 있는 모든 상황을 머릿속에 그려보고 "이런 상황에서는 어떻게 조치하는 것이 좋을까? 최악의 상황이 닥쳐도 당황하는 모습을 보이지 않으려면 내 자신을 어떻게 단련시켜야 할까?" 중얼거리면서 함장으로서의 결심을 고민하고 또 고민해야 했다. 그래서 배가 임무수행차 바다에 나가 있으면 거의 잠을 이루지 못했다. 잠이 오지 않아 밤새 책을 보며 시간을 보내거나 밤바다를 벗 삼아 혼자만의 멘틀워게임을 했다.

영국의 게리 하멜Gary Hamel 교수는 저서 『경영의 미래』에서 조직에 공헌하는 인간의 여섯 단계를 다음과 같이 제시했다. 가장 하위 단계는 '순종'으로 조직의 방향과 규칙을 잘 지키는 단계고, 두 번째 단계는 '근면'으로 출퇴근에 있어 부지런하고 주말에 야근이나 특근을 하는 단계다. 세 번째 단계는 '지식'으로 이 단계가 지나면 자신이 알고 있는 지식을 활용하여 조직에 공헌을 한다. 네 번째 단계는 '추진력'으로 계획을 잘 세워 끝까지 밀고 나갈 수 있는 힘을 뜻하며 새로운 방법을 모색하고 생각하는 바를 행동으로 옮기는 단계다. 다섯 번째 단계는 '창의성'으로 기존의 방식이나 타성에 빠지지 않고 새로운 것에 늘 도전해 나가는 단계다. 여섯 번째 단계는 조직에 공헌하는 리더의 가장 상위 단계로 '열정'이다. 리더는 열정으로 난관을 극복해 나가는 자신감, 할 수 있다는 확신을 가지고 조직을 이끌어 나가야 한다. 이처럼 자신이 속한 조직에 공헌하기 위해서는 많은 노력이 필요하다.

장교는 계급에 따라 크든 작든, 맡고 있는 조직의 리더로서 그 조직에 공헌해야 한다. 그런 의미에서 장교는 조직에 공헌하는 여섯 단계를 모두 체득하여 어떠한 상황에서도 자신이 몸담고 있는 조직에 기여해야 한다. 크게는 대한민국과 국군, 자군을 위해, 작게는 자신이 지휘하거나 관리하는 부서에 공헌하는 그런 장교가 되어야 하는 것이다.

군 조직의 중심에는 장교가 있다. 모든 군 조직에 대한 지휘는 장교들이 맡고 있는 지휘관이라는 직위를 통해 이루어지며 그 핵심이 장교라는 사실에는 이견이 없다. 그러한 사실은 「군인복무기본법」(2016년 6월 30일 시행)에 명시된 '장교의 책무'에서도 다음과 같이 잘 명시되어 있다.

> 장교는 군대의 기간基幹이다. 그러므로 장교는 그 책임의 중대함을 자각하여 직무수행에 필요한 전문지식과 기술을 습득하고 건전한 인격도야와 심신수련에 힘쓸 것이며 법규와 규정을 준수하고 항상 솔선수범하여 부하로부터 존경과 신뢰를 받아 어떠한 역경에 처하여서도 올바른 판단과 조치를 취할 수 있는 권위와 통찰력을 가져야 한다.

장교는 군복을 입는 순간부터 전역하는 그 순간까지 장교의 책무를 성실하게 수행해야 한다. 그러므로 모든 장교는 이 문구 하나하나를 가슴에 새겨 자연스럽게 장교의 책무를 실천하는 그런 사람이 되어야 한다.

필자는 현재 예비역 장교지만 지금도 장교의 책무를 완벽하게 암송하며 의미를 새기고 있다. 전역하는 순간 현역에서 예비역으로 신분이 바뀌지만 예비역은 현역의 미래라는 말처럼 이제부터 대한민국 국민의 한 사람으로서 책임감을 갖고 살아야 한다고 생각하기 때문이다. '장교의 책무'는 대한민국의 모든 현역 장교에게 장교로서의 책임을 다하게 하고 예비역 장교에게는 명예를 지키게 만드는 역할을 하고 있다.

부사관이
되는 길

나는 솔선수범하는 리더를 추구한다

미국의 제16대 대통령인 링컨은 "일이란 기다리는 사람에게 갈 수도 있지만 끊임없이 찾아나서는 자만이 획득할 수 있다"고 했다. 모든 일은 그 일을 실행하는 사람의 마음가짐에 달려 있다는 말이다. 또 "모든 것에는 두 가지 시점이 있다. 그것은 적절한 시점과 놓쳐버린 시점이다"라는 금언도 있다. 이 두 말을 곰곰이 생각해보면 기다리기만 하는 사람은 자신에게 좋은 기회가 왔는지도 모르고 기회를 놓쳐버린다는 것을 알 수 있다.

어떤 젊은이가 군대에 가야 할 적절한 시점이 되었는데 아무런 생각도 없이 살다 보니 어디를 가야 할지, 자신에게 맞는 곳은 어디인지 알 수가 없어 어영부영하다가 좋은 시기를 놓쳐버렸다면 어떤 생각이 들까? 아마도 자기 자신에 대해 실망하거나 두고두고 후회할 것이다. 하지만 후회한다고 지나간 시간을 되돌릴 수는 없다. 중요한 시점을 놓쳤다고 낙담해서도 안 된다. 알고 보면 여러분을 기다리는 기회는 주변에 널려 있기 때문이다. 마음먹고 조금만 준비한다면 군대에 여러분이 선택할 수 있는 곳은 너무나 많다. 그중에서도 부사관은 군대 안에서 우리 젊은이들이 찾을 수 있는 좋은 직업 중의 하나이며 지금이 병역의 의무와 안정적인 직업을 동시에 해결할 수 있는 적절한 시점이라는 사실을 알게 될 것이다.

예전에는 부사관을 지원하는 사람이 많지 않았다. 사실 2001년 이전까지는 부사관을 하사관이라고 불렀고 장교 밑에서 근무하는 사병이라는 인식 때문에 전문 직업군인인 부사관을 좋은 직업으로 생각하지 않았다. 하지만 2001년부터 하사관이란 명칭을 부사관으로 변경하면서 부사관이 군의 간부이며 전문 직업군인으로서 일반 공무원에 준하는 군 공무원이라는 인식이 점차 확산되기 시작했다. 또한 2002년에는 부사관에 대해 '임용任用'이란 용어를 '임관任官'으로 개칭하고 부사관의 군복과 각종 부착물을 장교에 준한 수준으로 개정하는 등, 군의 핵심세력인 부사관의 위상을 높여주었다.

부사관의 매력

★★★★

부사관으로 복무하는 것은 장교로 복무하는 것과 또 다른 매력과 보람이 있다. 부대의 중간관리자로서 부대를 실질적으로 이끌어 나가는 간부이기 때문이다. 부대 운영의 전문가로서 적재적소에서 그들이 내미는 손길 하나하나가 장교와 병사들에게 지대한 영향을 미친다. 이처럼 부사관은 장교를 보좌하는 역할뿐만 아니라 부대의 실질적인 리더로서 부대의 구석구석까지 세밀하게 운영하고 있다는 자부심과 보람을 느껴야 한다.

부사관의 가장 큰 매력이라면 장기복무자로 선발되었을 때 상사의 계급정년인 만 53세까지 장기복무와 근속진급이 보장된다는 점이다. 그래서 장교에 비해 업무와 진급 스트레스를 적게 느낀다. 또한 본인의 희망이나 특별한 경우가 아니라면 한 지역에서 오래 근무할 수 있어 안정적인 가정생활이 가능하다는 장점도 있다.

부사관의 의무복무기간은 단기복무일 경우 임관 후 4년이다. 단, 여군과 학군부사관은 3년이고 장학금 수혜를 받은 사람은 그 기간만큼 의무복무기간이 늘어나 최대 7년까지 근무한다. 하지만 국방부에서는 양성평등의 원칙과 다른 양성과정과의 형평성을 고려해 2016년 3월, 여군부사관과 학군부사관의 복무기간을 4년으로 연장하는 군인사법 개정(안)을 입법 예고했다. 여군은 2017년 6월 이후 임관자부터 적용하며 학군부사관은 2016년 선발된 기수부터 적용하고 2016년 이전 임관자가 희망할 경우에는 1년간 연장복무를 할 수 있다.

부사관 진급을 위한 최단 복무기간을 살펴보면 하사로 2년을 근무하면 중사로 진급할 수 있고 중사로 5년을 근무하면 상사로 진급할 수 있다. 부사관의 최고 계급인 원사로 진급하려면 상사로 7년 이상을 근무해야 한다. 그러므로 하사 임관 후 가장 빨리 진급하는 사람은 임관

15년 차에 원사 진급을 하게 된다. 만약 20세에 군에 입대하여 15년 차에 원사 진급을 한다면 그는 35세부터 원사의 계급정년인 만 55세까지 20년 이상을 부사관의 최고 계급인 원사로 복무하고 전역할 수 있다.

빨리 진급을 하지 않더라도 징계 등 진급의 결격사유가 없는 사람은 상사까지 근속진급을 한다. 하사로 6년 이상을 근무하면 중사로, 중사로서 12년 이상이 지나면 상사로 근속진급을 하여 만 53세까지 안정적인 군 복무가 가능한 것이다.

이처럼 군 공무원이면서 전문 직업군인인 부사관은 육해공군과 해병대의 모든 부대에서 정말 복잡하고 다양한 직책별 임무를 수행하고 있다. 그 모든 것을 설명하자면 끝이 없을 것이다. 또한 각 군별 부사관 병과에 따른 임무와 역할, 교육체계 등에 대해서도 어느 정도 설명하려면 책 수십 권은 족히 작성해야 하는 분량이다. 그러므로 여기에서는 어떠한 경로로 각 군의 부사관이 되는지 정도만 설명하고자 한다. 자세한 내용은 각 군과 해당 부대별 홈페이지에서 자세히 확인하기 바란다.

육군 부사관이 되는 방법

★★★★

육군은 편성 인원이 50여만 명에 가까운 대군이다. 그래서 육군은 부사관 인원만 6만 9,000여 명에 달한다. 해군과 해병대를 모두 합한 인원이 6만 9,000여 명인데 육군은 부사관 계층만 그 정도다. 그러니 수

많은 육군 부사관들이 휴전선 인근의 전방부대부터 대한민국 곳곳에 흩어져 있는 많은 부대까지 곳곳에서 얼마나 다양한 임무를 수행하고 있을지는 잠시만 생각해 봐도 짐작이 될 것이다.

각 군 전체 인원 대비 부사관 비율을 살펴보면 해군 42%, 공군 27%, 해병대 20%인데 비해 육군 부사관은 13%로 타군에 비해 상당히 낮다. 그렇다 보니 부사관 1명이 관리해야 할 병사의 숫자가 많고 수행해야 할 임무는 더욱 다양하다. 그러니 타군보다 근무여건이 더 열악할 수도 있다. 하지만 해·공군은 기술군이고 해병대는 상륙작전을 수행해야 한다는 특성이 있고 병사의 편성인원이 적어 육군에 비해 부사관 비율이 높은 것도 이해는 된다. 이처럼 육군을 실질적으로 지탱해 나가는 부사관은 미래에 병역자원이 감소하면 지금보다 더 많은 업무를 담당해야 할 것으로 예상된다. 그러므로 통일과 같은 한반도 안보환경 변화에 따라 장기적으로는 육군 전체 병력이 감축되더라도 육군의 부사관 비율은 더 높아져야 한다.

육군 부사관이 되는 길은 지원하는 대상을 기준으로 민간인에서 지원하는 민간부사관, 현역에서 병으로 복무하다가 지원하는 현역부사관, 전역 3년 이내인 예비역 중사가 지원하는 예비역의 현역 재임용, 병으로 입대했지만 전역하기 전에 유급지원병 제도를 활용해 일정기간 하사로 임관하는 전문하사, 전문대학 군 장학생을 통해서 육군에 지원하는 전문대 군 장학생, 특전사의 일원이 되기 위해 지원하는 특전부사관, 학군부사관후보생에 선발되어 소정의 교육을 받은 후 임관종합평가를 통해 부사관이 되는 학군부사관RNTC 등 7가지 방법이 있다. 이 중 특전부사관은 제5장에서 자세히 설명하기 때문에 생략하고 나머지 6가지 방법에 대해 간략히 소개하겠다.

① 민간부사관

육군 부사관의 대부분은 민간부사관을 통해 부사관이 된다. 해·공군의 부사관후보생 과정과 같은 개념이다. 육군은 통상 민간인에서 지원하는 민간부사관을 매년 남군은 3개 기수, 여군은 2개 기수를 선발한다.

응시자의 지원자격에 따라서 양성교육과정은 21주, 16주, 3주 과정이 있다. 민간부사관은 논산훈련소에서 5주간의 기초군사훈련을 받고 부사관학교에서 16주 교육훈련을 실시하는 21주 과정을 받는다. 16주 과정은 육군 현역병 출신과 의무경찰과 같은 대체복무자 출신 지원자에게 해당되며 3주 과정은 육군과 해병대의 중사 이상 예비역, 해·공군 대위 이하 예비역에게만 해당된다. 참고로 육군 예비역 병장 출신이 전역 후 2년 이내에 부사관으로 재입대할 경우에는 부사관 장려수당을 받는다.

일반적인 지원자격은 고교 졸업 이상 또는 동등 이상의 학력이 있는 자이면서 임관일 기준 만 18~27세의 남녀가 해당된다. 예비역은 복무기간에 따라 최대 30세까지 지원가능하다. 모집시기는 남군은 매년 전반기에 3개 기수를 선발하고 여군은 전·후반기 각 1번씩 2개 기수를 선발한다.

선발전형은 1차 필기평가, 직무수행능력평가, 인성검사(필기), 2차 면접평가, 체력검정, 신체검사, 심층인성검사, 신원조회 등을 통해 선발한다. 임관 후 의무복무기간은 남군의 경우 4년, 여군은 3년이었으나 2017년 6월 이후 임관하는 여군부터는 4년이다.

② 현역부사관

지원자격은 임관일 기준 만 18세~27세이며 고교 졸업 이상 또는 동등 이상의 학력 소지자이면서 입대일 기준 5개월 이상 근무한 육군 현역 일병~병장, 상근예비역으로 육군에서 복무 중인 남자다. 단, 병장은 전역일자가 부사관학교 입교일 이후인 사람만 해당된다. 현역부사관의 모집인원과 특기는 육군계획에 의해 조금씩 변경될 수 있다.

모집시기는 연중 3개 기수를 선발하는데 민간부사관 양성훈련 시기에 맞춰서 선발한다. 선발전형으로 필기평가, 직무수행능력평가, 체력·면접평가, 지휘관 추천, 인성·신체검사, 신원조회 등으로 선발한다. 선발 시 지휘관 추천이 많은 영향을 미친다. 그러니 평상시 열심히 근무해서 좋은 평가를 받는 사람이 선발될 확률이 높다. 선발된 사람에게는 부사관 장려수당을 지급한다. 양성교육은 부사관학교에서 16주의 교육훈련을 받으며 임관 후 의무복무기간은 4년이다.

③ 예비역의 현역 재임용

각 군에서 모두 시행하고 있는 제도로 전역 3년 이내인 예비역 중사만 해당된다. 단 재임용 이후 해당 계급의 정년까지 3년 이상 복무가 가능해야 하며 임용대상 직위와 군, 계급, 병과가 일치해야 한다.

모집시기는 매년 2회, 3월과 8월에 선발하는데 1차 서류전형, 2차 면접평가, 체력검정, 신체·인성검사, 신원조회 등을 통해 선발한다. 의무복무기간은 임용 후 3년이지만 우수복무자는 장기복무 및 진급 시 선발될 수 있다. 신분과 복지 혜택은 현역과 동일하며 급여는 전역 전 최종 호봉을 적용하고 복무기간 역시 전역 전 복무기간을 합산하여 산정한다.

④ 전문하사

이 역시 각 군에서 모두 실시하고 있는 제도다. 병으로 입대했지만 전역하기 전 1~6개월 전에 유급지원병(유형1)을 지원하여 일정기간 하사로 임관해 복무하는 제도다. 지원자격은 임관일 기준 만 18세~27세 이하이며 고교 졸업 이상 또는 동등 이상의 학력 소지자이면서 전역 1~6개월 이내인 육군 현역병만 해당된다. 상근예비역은 병역법상 지원할 수 없다.

지원절차로 각 부대별 전문하사 희망자는 전역 6개월 이전까지 중대장과 행정보급관에게 지원의사를 밝히고 지원 서류를 작성하여 접수하면 된다. 그러면 매월 사단이나 여단에서 종합한다. 선발절차는 연·대대에서 1차 선발심의 후, 추천된 인원을 대상으로 사·여단에서 최종 선발평가한다. 세부 선발일정으로 통상 전역 6개월 전에 인성·신체검사, 신원조회를 실시하며 선발심의/면접은 전역 3~4개월 전에 받고 전역 1~2개월 전에 선발이 확정된다.

전역과 동시에 하사로 임관하면 2주간의 신분화 교육을 받는다. 복무기간은 6~18개월 기간 중 본인이 신청한 기간만큼 하사로 복무하며 본인 희망 시 추가 연장복무 또는 장기복무 신청도 가능하다. 복무분야는 보병, 포병, 공병, 통신, 기타 분대장 등이다. 연장 복무기간 동안 월 140만 원 수준의 급여와 전역 시 퇴직금을 받는다.

이 제도는 해·공군 및 해병대에서도 시행하고 있다. 하지만 워낙 소규모 인원을 뽑아 별도의 부사관 모집제도로 분류하지 않고 각 군 별로 공문에 의거 신청인원에 대해 행정지원을 실시한다. 모든 절차는 해·공군과 해병대 역시 육군의 절차와 동일하다.

⑤ 전문대 군 장학생

육군은 배정된 예산범위 내에서 부사관을 지원할 우수 자원에게 장학금을 지급하고 졸업 시 규정된 양성교육과정을 거쳐 육군 부사관으로 임관시키는 전문대 군 장학생 제도를 시행하고 있다. 현재 전국의 전문대학 및 대학교 중 육군과 협약해 부사관학과를 개설하고 있는 학교는 대덕대, 경민대 등 28개 학교가 있다.

지원연령은 임관일 기준 만 18~27세 이하인 사람이며 예비역은 복무기간에 따라 최대 30세까지 지원할 수 있다. 학력은 전문·폴리텍 대학 군 장학생은 해당대학 2학년(3년제는 3학년) 남자 재학생이다 전문의무부사관 군 장학생은 임상병리과, 방사선과, 치위생과 2학년 남녀 재학생이다. 또한 전투부사관 군 장학생의 경우는 육군과 협약대학인 대덕대, 원광보건대, 영진전문대, 전남과학대학의 전투부사관학과 1학년 재학생이 대상이다.

군 장학생은 연 1회 모집을 하며 8~12월에 예비선발을 실시하고 3~9월에 확정 선발한다. 선발전형은 1차 필기평가, 직무수행능력평가, 인성검사(필기)를 실시하고, 2차 대학성적, 체력/면접평가, 심층인성검사, 신체검사, 신원조회 등을 통해 최종 합격인원을 선발한다. 복무기간은 전문·폴리텍 대학 군 장학생의 경우 5년(의무복무 4년, 장학금 수혜기간 1년)이며 전문의무부사관 군 장학생과 전투부사관 군 장학생은 6년(의무복무 4년, 장학금 수혜기간 2년)이다.

⑥ 학군부사관후보생(RNTC)

학군부사관후보생 과정은 국방부 주관으로 전국의 전문대학 중에서 6개 대학을 선정하여 각 군과 협약(육군 3개 대학, 해·공군과 해병대 각 1개 대학)을 맺게 하고 부사관이 될 우수 자원을 선발하여 3학기 동안 군사교육을 시킨 후 임관종합평가를 통해 부사관으로 임관시키는 과정이다. 영문으로는 RNTCReserve Non-commissioned Officers' Training Corps라고 표기한다.

육군은 2015년 8~9월, 대전과학기술대학교, 경북전문대학교, 전남과학대학과 협약을 맺고 부사관학군단을 창설했다. 각 대학은 30명의 정원으로 학군부사관후보생을 선발(남자 90%, 여자 10%)해 교육하고 있다. 지원자격은 임관일 기준 만 18~27세 이하이고 학군단이 설치된 3개 대학의 1~3학년(2년제 학과는 1학년, 3년제 학과는 2학년, 4년제 학과는 3학년까지 가능) 재학생으로 군 미필자 또는 예비역이다. 예비역은 최대 30세까지 지원이 가능하다.

이들의 선발은 육군 부사관학교장 책임하에 실시된다. 후보생 선발기준은 민간부사관과 학군사관후보생 선발기준을 준용하며 고교생 활기록부와 면접점수를 확대 반영하여 인성이 우수한 인원을 선발한다. 선발절차는 1차 필기평가와 고교내신, 2차 신체·인성검사, 면접·체력평가, 신원조회로 선발한다.

이들은 장교 학군단처럼 학교에서 3학기 동안 군사학 수업을 받고 방학기간을 이용하여 입영훈련을 실시한다. 임관 후 의무복무기간은 3년이었으나 2016년 선발된 기수부터는 4년이고 장학금 수혜를 받은 기간만큼 추가 복무한다. 의무복무가 끝나면 본인의 희망에 의해 장기복무를 신청하거나 전역하여 사회로 진출한다.

해군 부사관이 되는 방법

★★★★

해군은 기술군이다. 그래서 해군에서 부사관은 매우 중요한 존재다. 대한민국 군 전체 병력 대비 부사관 비율은 약 18%다. 하지만 해군은 전체 병력의 42%가 부사관일 정도로 그 비율이 높다. 특히 신형함정의 경우 부사관의 비율은 더 높다. 손원일급 잠수함SS 80%, 이지스 구축함DDG 56%, 신형한국형호위함FFG 66%, 신형고속함PKG 인원의68%가 부사관일 정도로 승조원 대부분이 부사관이다.

해군에서는 부사관의 정점인 원·상사를 CPOchief petty officer라고 부르며 타군 원·상사와 차별화해 특별한 예우를 한다. 협소한 공간에서 다양한 계층이 장기간 함께 동고동락하며 전투임무를 수행하는 군함의 특성상 해군 CPO는 그 어떤 조직에서도 찾아볼 수 없는 전문지식과 경험을 갖고 있기 때문이다.

해군에서 CPO가 된다는 것은 전문성과 경륜을 인정받고 그 계급과 직책에 걸맞은 권한과 의무가 부여된다는 것을 의미한다. 따라서 해군의 CPO는 부사관의 책무에 부가하여 CPO만의 차별화된 임무를 동시에 수행한다. 미 해군에서도 CPO의 특별한 역할을 인정하고 있으며, "CPO에게 물어보라Ask the chief!"는 금언이 있을 정도로 부대의 중대사를 결정할 때 CPO들이 중요한 역할을 하고 있다.

해군의 중심인 부사관이 되는 방법은 7가지가 있다. 그중 특전부사관UDT과 심해잠수부사관SSU이 되는 방법은 제5장 「특수부대」 편에서 별도로 설명하고 있다. 그리고 예비역의 현역 재임용과 전문하사는 육군 부사관이 되는 방법과 동일하므로 여기에서는 일반부사관후보생, 전문대 군 장학생, 학군부사관후보생 등 3가지 방법에 대해서만 살펴보겠다.

① 일반부사관후보생

해군에서 가장 많은 부사관을 양성하는 모집제도다. 육군의 민간부사관과 현역부사관 모집제도가 합쳐진 개념이다. 지원자격은 임관일 기준 만 18~27세의 남녀로 고졸 이상 또는 동등 학력 소지자이며 신체등위 3급 이상이면 된다. 모집시기는 매년 4회(3·6·9·12월) 모집한다. 선발절차는 필기시험, 면접평가, 신체·인성검사, 신원조회를 통해 선발한다. 임관 후 의무복무기간은 남군의 경우 4년, 여군은 3년이다. 단, 2017년 6월 이후 임관하는 여군부터는 4년을 의무복무한다.

② 전문대 군 장학생

해군 역시 배정된 예산범위 내에서 부사관을 지원할 우수 자원에게 장학금을 지급하고 졸업 시 규정된 양성교육과정을 거쳐 해군 부사관으로 임관시키는 전문대 군 장학생 제도를 시행하고 있다. 지원연령은 임관일 기준 만 18~27세 이하다. 예비역은 복무기간에 따라 최대

30세까지 지원할 수 있다. 지원가능 학교는 대덕대, 오산대 등 해군과 학군협약을 체결한 13개 전문대학 1~2학년 재학생이다. 군 장학생은 연 1회 4~5월에 모집한다. 선발전형은 필기고사, 면접평가, 인성검사, 신체검사 등을 통해 선발한다. 복무기간은 임관 후 5~6년(의무복무 4년, 장학금 수혜기간 1~2년)이다.

③ 학군부사관후보생(RNTC)

해군은 2015년 9월 4일, 경기과학기술대학교와 협약을 맺고 학군부사관 학군단을 창설했다. 학군단의 목표는 해군이 필요로 하는 초급간부 양성을 위해 간부로서의 기본자질과 소양을 배양하고 실무에 즉응할 수 있는 기초군사지식을 함양하는 데 있다. 현재 30명 정원으로 학군부사관후보생을 선발(남자 90%, 여자 10%)해 3학기 동안 일주일에 4시간씩 총 165시간의 군사학 교육을 실시하고 있다. 지원자격은 임관일 기준 만 18~27세 이하인 경기과학기술대학 1학년(3년제 학과는 2학년 가능) 재학생으로 군 미필자 또는 예비역이다. 예비역은 최대 30세까지 지원이 가능하다.

선발은 해군 교육사령관(학군단장) 책임하에 실시된다. 선발절차는 1차 필기시험, 2차 영어평가, 신체·인성검사, 면접·체력평가를 실시한 후 선발심의위원회에서 최종 선발한다. 이들은 학교에서 3학기 동안 군사학 수업 등을 받고 방학기간을 이용해 입영훈련을 받는다. 임관 후 의무복무기간은 3년이었으나 2016년 선발된 기수부터는 4년이고 장학금 수혜를 받은 기간만큼 추가 복무한다. 의무복무가 끝나면 본인의 희망에 의해 장기복무를 신청하거나 전역해 사회로 진출한다.

공군 부사관이 되는 방법

★★★★

공군은 기술군이다. 그래서 공군의 부사관 비율은 27%로 상당히 높은 편이다. 비율로 따지면 해군의 42%에 비해 많은 차이가 있지만 해군 부사관은 1만 9,500여 명이고 공군은 1만 8,000여 명으로 1,500여 명 차이가 날 뿐이다. 어느 군의 부사관 비율이 조금 높고 낮은 건 별로 중요하지 않다. 강조하고 싶은 것은 공군과 해군은 대한민국의 하늘과 바다를 책임지고 있는 첨단기술군으로서 부사관의 역할이 매우 중요하다는 것이다.

공군이 첨단기술군으로서 부사관을 양성하는 가장 큰 특징 중 하나는 우수한 부사관을 조기에 양성하는 항공과학고등학교가 있다는 사실이다. 사관학교와 같은 시스템으로 운영되고 최고의 실력을 갖춘 장기부사관을 양성하는 항공과학고등학교는 타군에서 부러워하는 부사관 양성기관이다.

공군의 모든 지원과 정비의 중심에 있는 부사관이 되는 방법은 5가지가 있다. 그중 예비역의 현역 재임용과 전문하사는 육군 부사관이 되는 방법과 동일하므로 생략하고 공군항공과학고등학교를 졸업하고 부사관으로 임관하는 방법과 일반부사관후보생이나 학군부사관후보생을 통해 부사관이 되는 방법을 살펴보겠다.

① 항공과학고등학교

대한민국에서 가장 빨리 전문 직업군인이 되는 길이며 가장 어린 나이에 부모로부터 경제적 독립을 할 수 있는 방법이다. 항공과학고등학교에 진학하는 사람은 어린 나이에 부모님께 엄청나게 효도하는 것이라고 생각해도 된다. 요즘처럼 자녀 교육비가 많이 드는 시대에 중학교 졸업과 동시에 교육비와 생활비를 한 푼도 소비하지 않으면서, 자기 용돈까지 국가에서 받으며 학교를 다니는 학생은 항공과학고등학교 학생이 유일하다. 그래서 입학경쟁률이 매년 평균 10대 1 내외로 매우 높은데, 이는 전국 마이스터고 중에서 가장 높은 것이다. 항공과학고등학교는 '첨단 항공 분야의 전문기술력'을 갖춘 항공 전문인을 양성하기 위해 설립된 국내 유일의 국립 중등교육기관으로서 우수부사관 양성을 위한 예비사관학교라고 생각하면 된다.

지원자격은 입학일 기준 만 15~17세 중졸 이상 남녀 학생이다. 모집시기는 매년 7월이다. 선발절차로 1차는 서류전형이다. 중학교 내신 성적으로 모집정원의 3배수를 선발한다. 2차 창의/적성평가와 인성평가를 통해 남학생은 1.3배수, 여학생은 1.5배수를 선발한다. 3차 체력검정과 신체검사, 면접, 신원조회 등을 통해 10월 말경 최종 합격자를 선발한다.

항공과학고등학교의 모집정원은 150여 명이고 여학생은 정원의 10%를 선발한다. 입학과 동시에 사관생도에 준한 처우(매월 15~20만 원의 수학보조비)를 받는다. 재학 중 등록금, 학습기자재, 기숙사비, 식비, 교복 등 의식주를 포함해 교육과 관련된 비용 전액을 국비로 지원받는다. 또 공군사관학교 특례입학 제도가 있어 본인의 노력에 따라 공군사관학교에도 진학할 수 있다.

졸업 후에는 모두 공군 하사로 임관하여 첨단 항공 분야에서 근무하게 되며 항공 관련 각종 자격증을 취득할 수 있다. 의무복무 7년이 끝나면 장기복무를 할 수 있고 전역을 하더라도 첨단 항공 분야 진출이 용이하다. 가장 좋은 점은 졸업과 동시에 공군 장기부사관으로 임관한다는 점이다. 이는 취업, 병역의무, 교육 및 학비 문제 등에서 완전히 벗어날 수 있어 부모님께 효도하면서 자신의 미래를 설계하는 데 최고의 조건을 갖출 수 있다는 것을 의미한다.

② 일반부사관후보생

공군에서 가장 많은 부사관을 배출하는 모집제도로 육군의 민간부사관과 현역부사관 모집제도가 합쳐진 개념이다. 지원자격은 임관일 기준 만 18~27세의 남녀로 고졸 이상 또는 동등 학력 소지자다. 모집시기는 매년 3회(1·5·9월)다. 선발전형은 1차 필기시험, 2차 신체검사와 면접, 신원조회, 3차 정밀신체검사 및 인성검사, 체력검정을 통해 선발한다. 임관 후 의무복무기간은 남군의 경우 4년, 여군은 3년이었으나 2017년 6월 이후 임관하는 여군부터는 4년이다.

③ 학군부사관후보생(RNTC)

공군은 2015년 9월 1일, 대구에 위치한 영진전문대학과 협약을 맺고 학교 내에 학군부사관 학군단을 창설했다. 현재 30명의 정원으로 학군부사관후보생을 선발(남자 90%, 여자 10%)해 3학기 동안 일주일에 4시간씩 총 165시간의 군사학 교육을 시키고 있다.

지원자격은 임관일 기준 만 18~27세 이하인 영진전문대 10개 계열학과(컴퓨터정보계열, 유아교육과, 간호학과 재학생은 제외) 1학년 재학생

(3년제 학과 재학생일 경우 2학년)이며 군 미필자 또는 예비역이다. 예비역은 최대 30세까지 지원이 가능하다.

선발은 공군 교육사령관(학군단장) 책임하에 실시된다. 선발절차는 1차 필기시험, 고교내신 및 수능성적, 2차 대학성적, 신체검사, 면접, 체력검정을 실시하여 최종 선발한다. 이들은 학교에서 3학기 동안 군사학 수업을 받고 방학기간을 이용해 공군부대에서 입영훈련을 받는다. 임관 후 의무복무기간은 3년이었으나 2016년 선발된 기수부터는 4년이다. 장학금 수혜를 받은 기간만큼 추가 복무하며 의무복무가 끝나면 본인의 희망에 의해 장기복무를 신청하거나 전역하여 사회에 진출한다.

해병대 부사관이 되는 방법

★★★★

해병대 부사관은 지상군과 해군의 특성을 모두 이해해야 한다. 때로는 서부전선 최전방에서 지상군과 같은 경계업무를 수행해야 하고, 때로는 상륙작전을 위해 상륙함에 승선해 탑재업무를 비롯해 복잡한 상륙작전 지원업무를 담당해야 한다. 이렇게 어렵고 복잡한 임무를 수행하는 해병대 부사관은 미래 국가 전략기동부대의 핵심이다. 이러한 해병대 부사관은 앞으로 계속 늘어나야 한다. 현재 장교를 포함한 해병대의 간부 비율은 27.4%이다. 하지만 해병대는 2019년 31.4%, 2030년 이후에는 40%까지 증가시키기 위해 노력하고 있다.

미래 해병대의 주역으로 나아갈 부사관이 되는 방법은 6가지가 있다.

그중 예비역의 현역 재임용과 전문하사는 육군 부사관이 되는 방법과 동일하므로 생략한다. 일반부사관, 여군부사관, 전문대 군 장학생, 학군부사관 등 4가지 방법을 살펴보겠다.

① 일반부사관후보생

남군 부사관으로 해병대에서 가장 많은 부사관을 모집하는 제도다. 지원자격은 임관일 기준 만 18~27세의 남성이며 학력은 고졸 이상 또는 동등 학력 소지자다. 모집시기는 매년 6회, 짝수 월이다. 선발전형은 고교생활기록부의 성적, 출결사항, 신체검사, 면접, 체력검정, 신원조회 등을 통해 선발한다. 선발되면 해병대 교육훈련단에서 10주간 양성교육을 받는다. 임관 후 의무복무기간은 4년이다.

② 여군 부사관후보생

해병대에서 여군은 1년에 두 번, 5월과 10월에 모집한다. 지원자격은 임관일 기준 만 18~27세의 여성이며 학력은 고졸 이상 또는 동등 학력 소지자이다. 선발전형은 1차 간부선발도구에 의한 필기시험, 2차 신체검사, 면접, 인성검사, 체력검정 등을 통해 선발한다. 선발되면 해병대 교육훈련단에서 10주간 양성교육을 받는다. 임관 후 의무복무기간은 3년이었으나 2017년 6월 이후 임관하는 여군부터는 4년이다.

③ 전문대 군 장학생

해병대는 10여 개의 대학과 학군 협약을 체결하고 해병대 부사관을 지원할 우수 자원에게 장학금을 지급하고 졸업 후 규정된 양성교육 과정을 거쳐 임관시키는 전문대 군 장학생 제도를 시행하고 있다. 현재 협약대학은 대덕대, 경남정보대, 순천청암대, 신성대, 영남이공대, 충북보건과학대, 포항대, 대전과학기술대, 대구과학대, 혜전대 등 10개 대학이다. 협약대학 부사관학과 출신이 해병대 부사관으로 지원 시 졸업생 5점, 재학생 3점의 가점을 부여하고 있다.

지원연령은 임관일 기준 만 18~27세 이하인 남성 중 신체등위 3급 이상자로서 학력은 국내 전문 · 폴리텍 대학 2학년 재학생(3년제 대학은 3학년 가능)이다. 해병대 군 장학생은 연 1회, 4월에 모집한다. 선발전형은 1차 간부선발도구에 의한 필기시험, 2차 대학성적, 면접평가, 인성검사, 신체검사, 체력검정 등을 통해 선발한다. 복무기간은 임관 후 5년(의무복무 4년, 장학금 수혜기간 1년)이다.

④ 학군부사관후보생(RNTC)

해병대는 2015년 8월 27일, 여주대학교와 협약을 맺고 학군부사관 학군단을 창단했다. 학군단은 해병대가 필요로 하는 초급간부 양성을 위해 간부로서의 기본자질과 소양을 갖추고 실무에 즉응할 수 있는 도전적인 부사관을 양성하고자 노력하고 있다. 현재 30명 정원으로 학군부사관후보생을 선발(남자 90%, 여자 10%), 3학기 동안 일주일에 4시간씩 총 165시간의 군사학 교육을 실시하고 있다. 지원자격은 임관일 기준 만 18~27세 이하인 여주대학교 1학년(3년제 학과는 2학년) 재학생으로 군 미필자 또는 예비역이다. 예비역은 최대 30세까지 지원이 가능하다.

선발은 해병대사령관(학군단장) 책임하에 진행된다. 1차 필기시험, 2차 면접, 체력평가를 통해 선발한다. 이들은 학교에서 3학기 동안 군사학 수업 등을 받고 방학기간을 이용해 입영하여 13주간 군 실무와 특기적성교육을 받는다. 임관 후 의무복무기간은 3년이었으나 2016년 선발된 기수부터는 4년이고 장학금 수혜기간만큼 추가 복무한다. 근무기간 중 본인의 희망에 따라 장기복무나 연장복무를 신청한다. 장기복무에 선발되지 않은 사람의 경우 의무복무가 끝나고 연장복무까지 마치고 나면 전역하여 사회에 진출해야 한다.

장교들의 가장 믿음직한 동반자

★★★★

필자는 임관해서 전역할 때까지 30여 년간 장교로 군 생활을 했다. 복무기간 동안 보람찬 군 생활을 하고 명예롭게 전역할 수 있었던 것은 함께했던 수많은 부하들, 특히 부사관들의 도움이 있었기 때문이다. 그들은 내게 부하였지만 가까운 친구였고 형제보다 더 끈끈한 전우면서 가족이었다. 초급장교 시절에는 나를 가장 빠르게 조련시켜준 실질적인 스승이었고 지휘관으로 근무할 때는 내가 가장 신뢰할 수 있는 진정한 조언자였다.

지금도 생생하게 기억이 난다. 1980년대 중·후반, 초급장교로 함정 근무를 할 때, 전역이 얼마 남지 않았던 나이 많은 직별장이 아들 같은 내게 하나라도 더 가르쳐주려고 애쓰는 모습을 보면서 참 고맙다는 생각을 많이 했다. 그래서 군 생활 내내 선임 부사관들을 가장 믿음직한 동반자로 생각하고 그들과 생사고락을 함께했다.

군 조직의 중심에는 장교가 있지만 군 조직을 지탱해주는 기둥은 부사관이다. 모든 군 조직에 대한 지휘는 장교들이 맡고 있지만 그 조직을 실질적으로 관리하고 움직이는 것은 부사관이기 때문이다. 특히 해군의 경우, 기술군을 지향하는 함정조직의 특성상 부사관의 비중이 유난히 높다. 그리고 그러한 사실은 「군인복무기본법」(2016년 6월 30일 시행)에 명시된 부사관의 책무에서도 다음과 같이 잘 나타나 있다.

부사관은 부대의 전통을 유지하고 명예를 지키는 간부이다. 그러므로 맡은 바 직무에 정통하고 모든 일에 솔선수범하며, 병의 법규준수와 명령이행을 감독하고 교육훈련과 내무생활을 지도하여야 한다. 또한 병의 신상을 파악하여 선도하고 안전사고를 예방하며, 각종 장비와 보급품 관리에 힘써야 한다.

부사관은 군복을 입는 순간부터 퇴역할 때까지 부대의 전투력을 발전시키고 유지하는 데 중추적인 역할을 수행해야 하고 대한민국을 수호하는 데도 헌신해야 한다. 그리하여 아무것도 없던 시절, 온갖 어려움을 극복하고 어렵게 세워놓은 우리 군의 자랑스러운 전통을 계승·발전시켜 나가야 한다. 그러기 위해서는 군이 부사관에게 무엇을 요구하는지 정확히 인식하고 중간관리자로서의 역할을 충실히 수행해야 한다. 또한 과학기술 발전에 따른 무기체계의 첨단화 등 시대상황에 걸맞은 미래역량을 갖추도록 노력해야 한다.

요즘 젊은이들의 취업이 갈수록 어려워지는 추세다. 그렇다 보니 개인의 노력보다는 부모의 경제적 능력에 따라 태어날 때부터 부자는 정해져 있다는 '금수저/흙수저'론이 널리 퍼졌다. '연애, 결혼, 출산'을 포기한다는 '삼포세대'라는 신조어가 생겼는데, 그도 모자라 '취업, 내 집 마련, 인간관계, 희망'까지 포기한 '칠포세대'라는 용어로 발전하는 세태를 지켜보면서 정말 안타까운 생각이 든다.

불확실한 시대에 부사관은 젊은 남녀 모두에게 확실한 블루오션이다. 부사관이 되면 부모의 도움이 없어도 모든 것을 해결할 수 있다. 특히 일반인들 가운데 비싼 집값을 감당할 수 없어 결혼을 미루는 사람이 많은데, 부사관은 기혼자일 경우 어디에 근무하더라도 관사를 제공받으니 결혼을 미룰 이유가 없다. 부사관은 '금수저/흙수저'론과 '칠포세대'에서 가장 확실하게 벗어날 수 있는 길이다. 젊은이들에게 부사관은 병역의 의무와 취업을 동시에 해결할 수 있는 최고의 선택이다. 급변하는 21세기에 육해공군과 해병대의 다양한 부대에서 실질적인 리더가 되고 싶다면 부사관에 지원하기 바란다.

병사의 길

우리가 대한민국 군대의 주역이다

"장애물과 기회의 차이는 무엇인가? 그 차이란 그것에 대한 우리의 태도일 뿐이다"라는 말이 있다. 이 말에 가장 적합한 사람이 있다. 정상인보다 더 활동적인 장애인으로 널리 알려진 『오체불만족』의 작가 오토다케 히로야마다. 그는 못하는 운동이 없다고 한다. 다 자란 팔다리가 고작 10cm인 그는 정상인도 힘들어하는 달리기, 농구, 수영 등 모든 운동을 정상인보다 더 열심히 했다. 장애와 행복은 아무런 상관관계가 없다고 생각했으며 자신의 몸이 장애인이 아닌 조금 특별한 개성을 가진 사람이라 생각하고 어릴 적부터 보통사람들과 똑같이 교육받는 것을 당연히 여겼다. 그에게 장애는 장애물이 아니었고 모든 것이 기회라고 생각하며 그것을 즐긴 것이다.

그런데 우리 주변의 많은 젊은이들은 신성한 국방의 의무를 수행하기 위해 군에 입대하는 것을 인생의 암흑기로 생각하고 가능하면 군대를 가지 않으려고 한다. 군에 입대하는 것이 기회일 수도 있다는 것을, 군에서 인생을 살아가는 데 필요한 많은 것을 배울 수 있다는 사실을 잘 깨닫지 못한다. 왜냐하면 장애물과 기회의 차이가 자기 자신의 태도에 달려 있다는 것을 알지 못하기 때문이다.

그럼 군대에 입대하는 것이 기회가 될 수도 있다는 사실을 깨닫고 본인이 병사로 빠른 시간 내에 입영하기로 결심했다면 어느 군을 선택할 것인지 고민할 것이다. 육해공군, 해병대 중에서 어디를 가는 것이 좋을까? 필자가 답을 한다면 '정답은 없다'다. 어디를 가더라도 다 힘들다고 느낄 것이기 때문이다.

군대는 명령에 의해 움직이는 조직이고 통제된 사회로서 자신의 의지와 상관없이 움직여야 한다. 그러니 그만두고 싶어도 그만둘 수 없고 불합리한 명령이란 생각이 들어도 따를 수밖에 없는 것이다. 이러한 군에서 필자가 34년간 생활하면서 보고 느낀 각 군 병사들의 특성을 간단히 설명해보겠다.

각 군별 병사의 특성

★★★★

육군병

육군 병사의 주류는 전투부대 소총병이다. 징집병으로 육군에 입대하는 대부분의 병사가 전후방 전투부대의 소총병으로 배치되어 관할 지역 경계근무를 주로 한다. 기술행정병이나 전문특기병으로 지원하여 특정 분야의 전문 인력으로 근무할 수도 있다. 하지만 가장 많은 인원이 가는 전투부대 소총병이 우리가 아는 대부분의 육군 병사다.

육군에는 휴전선 인근 전방 전투부대, 해안 경계부대와 후방에 위치한 지역경계부대, 교육부대, 학교기관, 행정부대가 있다. 복무여건은 지역별로 차이가 많이 나는데 전방, 해안 경계부대, 전투부대일수록 열악하다. 그리고 후방지역으로 갈수록, 교육부대, 학교기관, 행정부대일수록 복무여건이 좋은 편이다. 하지만 꼭 기억해야 할 것이 있다. 전방이라고 무조건 나쁘고 후방이라고 반드시 좋은 것은 아니라는 사실이다. 자신이 어떤 마음가짐으로 군 생활을 하는가에 따라 전방 전투부대에서 보람되고 신바람 나게 근무할 수도 있고 후방에서 온갖 마음고생을 하면서 지옥 같은 군 생활을 할 수도 있는 것이다.

현역복무 판정을 받은 많은 젊은이가 육군 병사로 군에 입대한다. 왜냐하면 해·공군에 비해 복무기간이 2~3개월 짧기 때문이다. 인생 전체를 놓고 볼 때 2~3개월은 그리 긴 시간이 아니다. 하지만 자신의 자유의사가 반영되지 않은 의무복무기간에서 2~3개월은 너무나 긴 시간이라고 말들을 한다. 그만큼 군대가 힘든 곳이라고 느끼기 때문이다.

군대에서 육군 병으로 근무하는 것은 가장 보편적인 군 복무라고 할 수 있다. 전역 후 사회에서 군대 얘기가 나왔을 때 누구와 얘기하더라도 대화가 통하고 쉽게 친분관계를 만들 가능성이 높은 것이다. 그만큼 육군 병으로 입대하는 것은 보편적 선택이라고 말할 수 있다.

해군 병

해군에서는 병사를 물에서 근무하는 병사라는 의미로 수병水兵이라고 부른다. 호칭할 때 계급을 붙여서 부르기보다 성에 수병이라는 호칭을 붙여서 김 수병, 이 수병 등으로 부른다. 해군 병사의 주류는 일반병이고 특기는 '갑판'으로 초임배치 시 함정에 배치되어 근무한다. 기초군사훈련과 후반기 병과교육을 마치면 최신예 이지스전투함에서부터 고속정에 이르기까지 다양한 종류의 함정에 전산 배치된다. 그리고 통상 6개월에서 1년간 함정근무를 한 인원 중에서 육상근무를 희망하는 사람은 육상부서로 배치되어 전역할 때까지 근무할 수 있다.

해군에서는 전후방의 구분이 모호하다. 함정이나 작은 섬에 배치되어 근무한 것을 전방근무로 인정하고 육상부대에서 근무하는 것을 후방근무로 간주한다. 육군부대는 고정된 지역부대에서 근무하고 휴전선이라는 명확한 기준이 있기에 전후방 구분이 가능하다. 하지만 해군군함은 임무를 부여받으면 대한민국을 비롯해 전 세계의 바다 어디든 이동하여 부여된 임무를 수행하기에 함정근무가 전방근무다. 지금은 세계화의 시대다. 이러한 시대의 흐름에 걸맞게 해군은 매년 여러 척의 대형군함이 3~6개월간 외국에 나가 해외파병, 순항훈련, 연합훈련 등의 임무를 수행하고 있다. 한편 국가경제적 측면에서는 자유무역협정FTA으로 인해 나라 간 국경이 유명무실해지고 전 세계가 하나로 통합되어가는 느낌이다. 이러한 시대에 국제적인 감각과 식견을 배우고, 체험할 기회를 갖고 싶다면 해군 수병이 되는 것도 좋은 방법일 것이다.

공군병

현역 모집병 중에서 경쟁률과 평균 연령이 가장 높은 곳이 공군이다. 다른 군에 비해 근무여건이 좋다고 알려져 있기 때문이다. 공군부대 는 대부분 도시 지역에 위치하고 있으며 전방부대라는 개념이 없다. 공군부대의 주축은 비행단인데 비행단은 전략적 운용을 위해 최전방 지역에는 배치되어 있지 않다. 전투기의 속도를 감안했을 때 30분 이 내에 대한민국 대부분의 영공을 확보할 수 있기 때문이다.

공군이라고 다 전투기를 타고 하늘을 지키지 않는다. 그것은 조종 사인 장교들의 임무다. 병사들은 육상 비행기지나 지원부대에서 영공 방어를 위해 부여된 각종 세부업무를 담당한다. 대표적인 임무로 간 부들의 복잡한 행정업무 보좌와 항공기 정비, 비행관제, 기지방어 등 이 있다.

공군은 일반 분야 지원 시 기초군사훈련 1주차에 특기적성검사를 실시한다. 이를 통해 기계, 서기, 기사, 전기의 4가지 분야 가운데 어느 분야에 가장 재능이 있는지 사전에 파악한다. 그리고 훈련기간 중 특 기소개를 하고 본인의 희망특기를 파악하여 개인에게 적합한 헌병, 관 제, 총무, 급양 등의 주특기를 부여한다. 한편 훈련소에서 받은 각종 훈련 성적과 내무 생활 점수로 공석이 있는 부대 중 자신이 원하는 부 대를 선택할 수 있는 기회가 있다.

복무기간은 24개월로 타군에 비해 1~3개월 길다. 하지만 휴가와 외 박의 기회가 많다. 또 미군과 다양한 공조근무로 미국의 선진군사체계 가 보편화되어 있어 부대 운영과 생활방식이 타군에 비해 개방적이고 합리적이다. 복무기간이 다소 길더라도 좋은 근무여건에서 안정적인 군 생활을 하고 싶면 공군 병을 지원하기 바란다.

해병대 병

해병대 출신들은 "누구나 해병이 될 수 있다면 나는 결코 해병대를 선택하지 않았을 것이다"라고 얘기한다. 이 말은 훈련강도가 세고 군기가 엄정한 해병대 양성교육 훈련과정을 거쳐 해병대가 됐다는 자부심을 대변한다. 이처럼 해병대는 강한 남자가 되고 싶은 대한민국 젊은이들의 로망이기에 항상 경쟁률이 높다.

해병대 모집과정에는 타군과 다른 한 가지 독특한 점이 있다. 그것은 체격이나 체력조건, 다른 영역에서의 점수가 아무리 높아도 면접에서 제대로 답변하지 못하면 불합격된다는 사실이다. 해병대는 면접에서 지식 위주의 질문을 하지 않는다. 올바른 국가관이나 품성을 측정하기 위한 기본적인 질문을 주로 한다. 자기 주관이 명확한 젊은이라면 면접은 큰 문제가 되지 않을 것이다. 그러므로 시험공부하듯이 면접을 준비하는 것은 의미가 없다. 대한민국의 청년으로서 왜 국방의 의무를 이행해야 하는지, 왜 해병대를 지원하는지에 대한 분명한 동기와 소신을 당당하게 말하는 것이 가장 중요하다. 군 입대와 해병대에 대해 부정적인 사람, 생각이 건전하지 못하고 해병대에 대한 상식이 부족한 사람은 합격하지 못한다. 면접을 통과하기 위한 방법은 간단하다. 열심히 살았고 해병대가 되고 싶은 의지가 분명하다면 면접을 그다지 걱정할 필요가 없다. 자신감과 확신에 찬 모습을 보여주는 것이 중요하다. 다만 해병대에 대한 기본지식을 확인하므로 책 한두 권 정도 읽는 노력은 필요할 것이다.

병사가 되는 길

★★★★

대한민국에서 병사는 군대의 주춧돌과 같은 존재다. 그래서 간부들의 손과 발 역할을 한다. 만약 군대 내에 병사가 없다면 군대는 거의 모든 기능이 마비되어 제대로 된 임무와 역할을 수행할 수 없을 것이다.

이처럼 대한민국 군대의 주역이며 주춧돌이라 할 수 있는 병사가 되는 길은 크게 2가지가 있다. 첫 번째 길은 현역 징집병이 되어 병무청에서 처분해 주는 대로 육군에 입대하는 것이다. 두 번째 길은 다양한 현역 모집병 제도를 활용해 육해공군, 해병대 중에서 자신에게 맞는 군에 지원하는 것으로 개략적인 사항은 다음과 같다.

현역징집병

징병검사 결과 신체등위 1~3급으로 판정받고 현역병입영대상으로 병역처분을 받은 사람은 지정된 일자에 육군 현역병으로 입영하게 된다. 이때 육군의 인력소요에 따라 입영부대별, 12개 적성별로 충원한다. 입영부대는 육군훈련소(논산), 102보충대(춘천), 3군 관할지역 사단(경기도/강원도 일부) 등 24개 부대였다. 지금은 경기·강원 지역의 가장 큰 입영부대인 102보충대가 2016년 12월 1일부로 해체됨에 따라 해당 인원은 제1야전군 예하 각 사단의 신병교육대로 직접 입영한다.

입영절차 입영일자가 결정(본인선택 50%, 재학생 입영신청 30%, 병무청 직권결정 20%)되면 입영 30일 전에 이메일이나 등기우편으로 발송된 입영통지서를 본인이 확인하고 지정일자에 통보받은 군부대 훈련소에 입영하여 5주간 기초군사훈련을 받고 육군에서 21개월을 복무(기초군사훈련 기간 포함)한다.

재학생 입영신청 학교에 다니는 학생이 입영연기 중에 입영을 원할 때 자기가 가고 싶은 날짜를 정하여 재학생 입영신청서를 제출하고 입영하는 제도다. 입영통지서를 받은 후에 휴학하고 입영함으로써 학업공백을 최소화할 수 있는 좋은 제도다.

신청대상은 현역이나 보충역 판정을 받고 전문대학, 대학교, 대학원에 재학 또는 휴학하고 있어 입영 연기 중에 있는 사람이다. 신청시기는 입영희망 월의 2개월 전이지만 가급적 빨리 병무청 홈페이지나 지방병무청 민원실에서 신청해야 원하는 시기에 입영이 가능하다. 입영시기는 군 입영계획인원 범위 내에서 적성별·시기별로 입영신청 접수가 빠른 순으로 입영한다. 이때 본인이 신청한 입영희망시기를 반영하여 입영날짜를 결정한다. 다음 해 입영을 희망하는 사람이 자신의 입영희망시기를 잘 반영하고 싶다면 입영 전년도 1~11월 사이에 입영신청서를 제출하면 된다. 그러면 12월 중에 입영날짜가 결정되고 이를 안내받을 수 있다. 대부분 대학생들이 복학시기를 감안하여 입영신청서를 제출하는데 이 때문에 특정기간에 입영희망시기가 집중되면 자신이 원한 입영희망시기보다 늦어질 수 있다.

입영일자 본인선택 현역병 입영대상자가 입영일자를 본인이 직접 선택하는 제도다. 매년 12월, 다음 연도 입영일자에 한해 일정기간 신청 접수 후 추첨으로 배정하며 추가 공석 발생 시 선착순으로 접수한다. 신청대상은 대학(원) 재학 또는 외국에 거주하고 있어 입영연기 중에 있는 사람과 입영기일연기 해소자 등 별도의 현역병입영대상인 사람(선택일로부터 90일 이내로 제한)이다. 고졸 이하 학력자와 대학 졸업예정자에게는 입영일자 선택기회를 주고 선택하지 않을 경우 병무청에서 직권으로 결정한다.

신청방법은 '병무청홈페이지' → '민원마당' → '현역·상근·사회복무요원 민원신청' → '현역병 입영일자 본인선택'을 이용하면 된다. 입영일자 본인선택을 신청하면 재학생 입영희망시기 변경과 입영기일연기, 의무경찰과 의무소방원 지원은 제한되며 신청 취소는 입영일 기준, 60일 이전까지만 가능하다.

재학생 입영원 취소 및 희망시기 변경 재학생 입영신청을 한 후 입영하지 못할 사유가 발생하여 입영신청을 취소하고 계속 입영희망시기를 변경할 수 있는 제도다. 신청대상은 재학생 입영원 신청자 중 입영신청 취소 또는 희망시기 변경 희망자이며 재학생 입영원 취소는 입영일 하루 전까지, 재학생 입영희망시기 변경은 입영통지 전까지 병무청 홈페이지나 지방병무청 민원실에 신청하면 된다.

입영통지서 교부 우편으로 발송하지 않고 입영일 30일 전까지 이메일로 발송한다. 병무청 홈페이지에서도 조회와 출력이 가능하다. 단, 이메일을 확인하지 않는 사람에 한해 등기우편으로 발송한다.

입영 여비 이메일 발송자에 대해서는 입영 시 본인 금융계좌로 입금시키고 등기우편 수령자는 입영통지서와 같이 받은 여비지급통지서를 가지고 우체국에서 본인이 직접 수령한다.

═══ 현역 모집병 ═══

현역 모집병은 군에서 필요로 하는 기술과 능력을 갖춘 사람을 선발하기 위해 만든 제도다. 각 군은 이 제도를 이용해 군의 특성과 군사특기에 맞는 개인의 자격·면허·전공을 연계시켜 병사를 모집한다. 병무청과 각 군은 다양한 모집제도를 시행하고 있다. 2016년 모집병 제도를 이용해 약 14만 명의 병사(육군 72%, 해군·해병 15%, 공군 13%)가 현역 모집병으로 군에 입대했다. 국방부는 자신의 의지로 군을 선택해 군 복무가 자기발전의 기회가 되고 신성한 병역의 의무를 성실히 수행하는 분위기를 만들기 위해 노력하고 있다.

현역 모집병 선발 병무청 주관으로 자격·면허·전공·면접점수 등을 고려해 고득점자 순으로 선발한다. 입영은 지원 월을 포함하여 3~4월차에 입영한다. 복무기간은 육군과 해병대 21개월, 해군 23개월, 공군 24개월이다. 현역 모집병을 모집하는 분야는 각 군별 특성에 따라 다양하며 세부모집 분야는 다음과 같다.

① 기술행정병(육해공군, 해병대) – 다양한 기술자격이나 면허·전공·경력과 관련 있는 군사특기에서 복무한다. 육군은 일반 행정 등 208개 특기, 해군은 헌병·화학 등 16개 특기, 공군은 기계·시설 등 8개 특기,

해병대는 수색·공병 등 8개 특기가 해당된다.

② 전문특기병(육해공군) - 각 군별 특성에 맞게 특수한 자격과 면허·전공·경력을 갖추고 전문성이 요구되는 군사특기에서 복무한다. 육군은 의장병·군악병 등 35개 특기, 해군은 특전병·심해잠수병 등 4개 특기, 공군은 동아리지도병·지식재산관리병 등 7개 특기가 있다.

③ 동반입대병(육·해군) - 친구, 동료와 함께 입영하여 훈련을 받고 함께 내무 생활이 가능하며 육군과 해군의 단위부대에 배치되어 복무한다.

④ 유급지원병(육해공군, 해병대) - 각 군의 첨단장비 운용 분야에서 병사로 의무복무를 마친 후 하사로 임용되어 약정된 기간 동안 일정한 보수를 받으면서 복무한다.

⑤ 직계가족복무부대병(육군) - 조부모, 외조부모, 부모, 형제자매가 육군에서 복무했던 부대나 복무 중인 부대에 지원해 복무할 수 있게 만든 제도로 전방 제1·3야전군 예하 35개 부대만 지원이 가능하다.

⑥ 연고지복무병(육군) - 자신의 주소지가 최전방인 경우, 연고지 인근에 위치한 육군부대에서 복무할 수 있도록 만든 제도로 전방 제1·3야전군 예하 22개 지역에서만 지원가능하다.

⑦ 최전방수호병(육군) - 지원에 의해 대한민국 육군 제1·3야전군 예하 최전방 9개 사단의 GP/GOP, 해·강안부대에서 소총병으로 복무하는 제도다.

⑧ 취업맞춤특기병(육해공군) - 고졸 이하 병역의무자가 입대하기 전 본인의 적성에 맞는 기술훈련을 받고 그 분야와 연관된 해당 군의 기술특기병으로 복무한다.

⑨ 카투사(육군) - 주한 미군에 근무하는 한국군지원단 소속의 육군 병으로 미군들과 함께 복무한다.

⑩ 일반병(해·공군, 해병대) - 일반병은 해·공군 및 해병대에서 기술자 격·면허·전공·경력과 상관없이 지원가능하다. 또한 해당 군별 인력 소요에 따라 전 병과에서 근무할 수 있다. 육군은 징집병이 있으므로 일반병이란 명칭이 없다.

⑪ 전문화관리병(공군) - 공군만 운영하는 제도로 특기 분야별로 전 문화 관리병 직위에 필요한 자격증이나 실무경험 또는 학력을 갖춘 병사다. 전산·정보처리기능사와 같이 전문자격(면허)증이 있는 자격 형, 3년 이상 특정 분야 경력자 등 특수한 경력을 보유한 경력형, 항공 교통 관련학과 재학생 등 대학에서 항공 분야 전공학점을 18학점 이 상 취득한 학력형이 있다.

⑫ 어학병(육군) - 육군만 8개 국어(영어·중국어·일본어·러시아어·아 랍어·프랑스어·독일어·스페인어)에 대해 별도의 어학병 제도를 운용하 고 있다. 해·공군과 해병대에서는 별도의 특기로 어학병을 모집하지 않고 일반병 모집 시 영어권 위주로 우선 선발하여 운용하고 있다. 기 타 상세한 내용은 '병무청홈페이지' → '군 지원(모병)센터' → '모집 안내서비스' → '안내 및 지원 절차'에서 확인하면 된다.

군에서 병사는 가장 낮은 계급이다. 그렇다고 우리나라가 인도처럼 신분제도가 있는 것은 아니기에 병사가 낮은 신분이라는 뜻은 아니 다. 가장 낮은 계급이지만 대한민국 군대에서 가장 많은 사람이 병사 로 근무하고 있다. 그들은 군대라는 특수한 조직에서 사람의 손과 발에 해당하는 수많은 일을 하고 있다.

병사는 직업군인이 아니다. 그들은 신성한 국방의 의무를 다하기 위해 군에 입대한 자랑스러운 대한민국 국민이며 군인이다. 그들이 없다면 대한민국 군은 존재할 수가 없다. 병사는 대한민국 군을 떠받치고 있는 주춧돌이다. 따라서 간부들은 계급이 낮다고 병사가 부당한 대우를 받거나 불합리한 명령에 내몰리지 않도록 항상 관심을 갖고 지켜봐야 한다. 그리고 그들이 자신의 정당한 권리를 떳떳하게 주장할 수 있는 분위기를 만들어 나가야 한다.

국가의 부름을 받고 병사로 입대하는 젊은이들도 대한민국 국가방위를 위해 자신들이 얼마나 중요한 일을 하게 될 것인지를 생각하면서 자부심을 갖고 근무해야 한다. 그러한 마음자세로 군 생활을 한다면 자신이 목표로 하는 무엇이든 이룰 수 있을 것이라 확신한다.

이 세상을 움직이는 동력은 인간의 열정이다. 한 사람 한 사람의 열정이 모여 복잡한 이 세상을 활기차게 만든다. 사람이 일에 흥미를 잃어버리면 영혼이 없는 사람처럼 우울해진다. 일에 흥미를 잃어간다면 먼저 자신이 갖고 있는 내면의 열정을 깨워 불태워야 한다. 군 생활도 마찬가지다. 군대 안에서 자신이 해야 할 무엇인가를 찾아야 하고 작은 목표를 세우고 그것을 하나씩 이루어 나가면서 성취감과 보람을 느껴야 한다. 그렇게 군 생활을 하다 보면 어느 날 전역신고를 할 때, 자신도 모르는 사이에 철이 들고 부쩍 성장해 있는 사나이를 발견하게 될 것이다.

여군의 길

여성의 섬세함으로 군대를 이끈다

여성이 잘 보이지 않았던 대부분의 부대에서 언제부터인가 군복을 입은 여군의 모습을 너무나 쉽게 볼 수 있다. 그렇다 보니 부대 내에 눈에 보이지 않는 변화가 조금씩 일어나고 있다. 남자들만 있을 때는 별로 신경 쓰지도 않았던 복장과 외모에 대해 관심을 갖는 장병들이 많아지기 시작한 것이다. 물론 그런 현상이 전투력을 저하시킨다면 당연히 대책을 강구하겠지만 오히려 모범적인 언행과 궂은일에 먼저 나서는 대원들이 많아지는 긍정적인 효과가 나타났다. 이는 자신이 호감 있는 이성에게 더 멋지게 보이고 싶고 서로 인사하는 재미가 있으니 군 생활의 활력소가 되기 때문이다.

언제부턴가 군대가 변화하는 중심에 여군이 있다는 느낌을 받는다. 여군의 증가가 군대 내 모든 분야에 많은 영향을 미치고 있는 것이다. 예를 들어 병영문화 개선사업과 연계하여 부대 내 대부분의 건물에 여군을 위한 편의시설을 추가로 설치하고 있다. 그리고 여군을 배려한 변경된 생활규칙도 보편화되었다.

특히 해군의 경우는 함정에 여군이 근무할 수 있도록 기존 함정을 개조해야 한다. 신형함정 건조 시에는 최초 설계단계부터 여군시설을 반영해 건조한다. 하지만 기존 함정을 개조하기 위해서는 상당히 많은 예산과 시간이 필요하다. 가뜩이나 좁은 함정에서 남군들은 자신들이 사용하던 공간의 상당부분을 내줘야 했다. 그러다 보니 간혹 남군들이 역차별을 호소하면서 여군들에 대한 처우를 재검토해달라고 건의하는 경우도 있었다.

이제 대한민국 군대에서 여군은 각 군 전력의 상당 부분을 차지한다. 처음부터 여군이 군 전체에 큰 영향을 미친 것은 아니다. 창군 초기부터 여군이 있었지만 인원이 너무 적었고 간호장교를 제외하면 거의 존재감이 없었을 뿐만 아니라 육군에서만 일부 유지했기 때문이다.

여군의 역사

★★★★

대한민국 여군의 역사는 간호장교에서부터 시작됐다. 1948년 5월, 육군병원이 창설되고 의사를 보좌할 간호인력의 필요성이 대두됐다. 이에 국방경비대는 간호장교 선발을 확정하고 미 군정청과 협조해 1948

년 8월 26일, 간호장교 31명을 임관시켰는데 이들이 대한민국 최초의 여군이다.

하지만 공식적인 여군창설일은 한국전쟁이 한창이던 1950년 9월 1일이다. 전쟁발발 초기부터 모집해온 여군에 대한 본격적인 훈련을 위해 여자의용군 교육대를 창설한 9월 1일을 공식적인 여군창설일로 인정하기 때문이다. 그런데 많은 사람들이 9월 6일을 여군창설일로 알고 있다. 이는 1953년 한국전쟁이 끝나고 그해 9월 6일에 실시된 여군창설 3주년 기념식에서 김현숙 병과장에게 여군기를 건넨 날을 기념해 여군의 날로 정한데서 유래한다. 여군 창설 기념행사는 통상 여군의 날인 9월 6일에 거행되지만 공식적인 여군창설일은 9월 1일이다.

한국전쟁이 발발하자 김현숙 여군병과장과 여자 배속장교 출신들은 '여성도 나라를 구하는 구국의 대열에 동참해야 한다'는 호소문을 작성하고 이승만 대통령에게 여자의용군 모집을 건의해 재가를 받았다. 전쟁 초기, 여자의용군 500명을 모집한다는 공고를 냈지만 국방부는 많은 여성이 지원하지 않을 걸로 예상했다. 하지만 2,000명이 훨씬 넘는 지원자가 몰려들자 국방부는 무척 당황했다. 그들 중에는 지원서를 혈서로 작성한 열성적인 여성까지 있었다고 한다.

당시 지원자격은 18~25세의 미혼여성으로 중학교 졸업(당시는 6년제로 현재의 고등학교에 해당) 이상의 학력을 보유한 여성이었다. 이러한 지원자격에 걸맞게 지원자 대부분은 교사 또는 고학력 여성으로 사회지도층에 속하는 엘리트 여성들이었다. 국가가 위기에 처한 당시 상황에서 대한민국 엘리트 여성으로서 진정한 '노블리스 오블리주noblesse oblige'를 실천한 대표적 사례라고 생각된다.

하지만 한국전쟁이 소강상태에 접어들고 전쟁이 장기화되면서 여군의 역할은 점차 줄어들었다. 결국 국방부는 1951년 11월, 여자의용군 교육대를 해체했다. 이후 15개월이 지난 1953년 2월 1일, 육군은 보병학교에 여군교육대를 다시 창설하고 휴전될 때까지 여군을 양성했다. 이때부터 대한민국 여군은 육군과 간호병과 위주로 조금씩 발전하기 시작했다. 하지만 1990년까지 여군은 간호업무와 행정업무 지원 등 제한적인 업무수행으로 군내에서 주목받을 수 없었다.

1990년대 중반에 들어서면서 여군은 급격한 변화를 맞이한다. 특히 여군의 운영개념과 규모가 확대됨에 따라 간호병과를 제외하면 육군에서만 소규모로 운영하던 여군을 해·공군과 해병대에서도 받아들이기 시작했다. 1997년 공군사관학교를 시작으로 육군사관학교(1998), 해군사관학교(1999)에까지 여자생도가 입학하고 임관해 실무에 배치되면서 대한민국 여군은 매년 새로운 역사를 써 내려가고 있다.

2002년에는 여군 전체의 발전을 담당하는 여군발전단이 창설되어 본격적인 활동을 시작했다. 그들은 2006년, 국방여성정책팀으로 명칭이 변경되면서 여군뿐만 아니라 국방부 소속 여성 공무원과 군무원까지 담당하는 등 업무 영역을 넓혀 나갔다.

여군의 위상

★★★★

대한민국에서 가장 남녀차별이 없는 조직을 꼽으라면 자신 있게 군대라고 말한다. 군대에서 여군은 남군과 동일한 급여체계와 진급기회를 갖고 있다. 그래서 전투병과가 아닌 재정, 법무, 인사행정과 같이 청렴성과 섬세함을 요구하는 병과에서 여군의 활약이 두드러지고 있다. 특히, 육군 법무병과는 2016년 2월 기준, 여성법무관의 비율이 전체 장기복무 법무관의 35.8%로 대한민국 어떤 민간조직보다 월등히 높다. 2011년에는 여성법무관이 장군으로 진급하여 병과장 임무까지 훌륭하게 수행한 사례가 있다.

이러한 추세는 전군, 전 병과로 확산되고 있다. 육군은 2014년 육군 3사관학교에서 여자생도를 선발한 데 이어 2015년에는 군종, 포병, 기갑, 방공병과에 대한 문호마저 개방함으로써 육군의 모든 병과에 여군이 진출했다. 2016년에는 창군 이래 최초의 전투보병연대장이 전방사단에 보직되어 임무를 수행했다. 과거 여군이 육군훈련소 신병교육연대장을 한 적은 있지만 전투부대, 그것도 전방 보병사단의 연대장으로 보직시킨 것은 상당히 의미 있는 인사라고 생각된다.

해군에서도 고속정 정장, 헬기조종사, 전투함 함장 등 거의 모든 분야에 진출해 있고, 공군에서도 전투기 조종사와 비행편대장까지 나올 정도로 다양한 분야에서 중요한 임무를 수행하고 있다. 육해공군, 해병대 대부분의 장교 양성과정과 병과에 여군의 지원이 가능해져 국방 전 분야에서 여성들의 역량이 빛을 발할 수 있는 기본여건이 조성됐다고 볼 수 있다.

언제부턴가 각 군 사관학교 졸업식에서 수석졸업을 하는 여자생도가 대통령 상장을 수여받는 모습을 보는 것이 낯설지 않다. 이제 사관학교에서 여자생도가 1등 하는 것은 특별한 일이 아니라 할 정도로 여성의 뛰어난 능력은 군대 곳곳에서 나타나고 있다. 그러나 군대에서 이러한 분위기가 형성된 것은 오래되지 않았다. 1988년까지만 해도 여군규정에 '임신을 하면 전역해야 한다'는 조항이 있었다. 그래서 뛰어난 자질과 능력이 있지만 어쩔 수 없이 여군의 길을 포기하는 사람이 많았다. 지금 남아 있는 여군 중에서 25년 이상 군 생활을 한 고참 중령급 이상의 장교와 원사 계급엔 미혼자가 많고 그 이하의 계급에 기혼자가 많은 것은 그 규정과 연관이 있다고 본다.

여군 인력은 계속 증가할 것이다. '국방개혁 기본계획(2012~2030)'에 따르면 여군은 2020년까지 장교는 정원의 7%까지, 부사관은 정원의 5%까지 확충해야 한다고 「국방개혁에 관한 법률」 제16조에 명시하고 있다. 이러한 여군 확대계획은 여성인력의 군내 진출이 활발해짐에 따라 2017년까지 확충하는 것으로 3년을 앞당겼다. 이러한 추세에 따라 2015년 기준 대한민국 여군은 총 9,800여 명이었는데 지금은 '여군 1만 명 시대'를 맞이했고, 현재 육군에 2명의 장군이 있고 700명이 넘는 소령 이상의 영관급 장교가 각 군의 주요 보직에서 최선을 다해 근무하고 있다.

한국전쟁 초기에 바람 앞의 촛불처럼 위기에 처한 나라를 구하고자 노력했던 우리나라 최초의 여군은 500여 명의 여자의용군 교육대였다. 그녀들의 간절한 구국정신과 희생적인 활동은 여군 1만 명 시대인 오늘의 대한민국 여군에게 커다란 귀감이 되고 있다. 우리나라 여성들은 고대로부터 나라가 어려움에 처할 때마다 나라를 지키는 데 남녀가 따로 없다는 소명의식이 유난히 강했다. 이와 같은 숭고한 구국의 희생정신이 현재의 발전된 대한민국을 만들어낸 저력이 아닐까 생각한다.

여군이 되는 방법

★★★★

과거 군대는 '금녀'의 공간이었다. 특히 해군은 배에 여자가 방문하고 나면 소금을 뿌리는 전통이 있을 정도로 금녀의 영역이었다. 하지만 지금은 거의 모든 영역에 여군이 진출해 있다. 대부분의 국가에서 군인이 되는 조건에 남녀의 구분은 없어졌으며 기본 요건만 충족되면 누구나 군인이 될 수 있다. 특히 정보화시대가 되면서 여성들의 섬세함이 군대의 새로운 분위기를 만들고 있다. 이러한 시대의 흐름에 따라 우리나라에서도 여러 가지 변화의 바람이 불고 있다. 2014년 8월, 한 예능 방송에서 여군 체험 프로그램이 높은 시청률을 기록하면서 많은 여성들이 직업군인에 대해 호기심을 갖게 됐다. 이는 '이제 직업에는 더 이상 남성만의 성역이 존재할 수 없다'는 사회 분위기와 맞물려 당찬 여성들이 군대의 모든 영역에 도전장을 내밀고 있는 것이다.

현재 대한민국에서 여성은 병역의 의무가 없기 때문에 본인의 희망에 따라 장교와 부사관 중에서 선택해 지원할 수 있다. 현행 여군 교육과정은 장교와 부사관 과정으로 구분된다. 그리고 장교과정은 다시 사관생도와 사관후보생 과정으로 나뉜다.

사관생도에 대한 교육은 육·해·공군 사관학교와 간호사관학교, 육군3사관학교가 담당한다. 육군 여군 사관과 군의·법무 등 특수사관후보생에 대한 양성교육은 육군학생군사학교에서, 여군 부사관은 육군부사관학교에서, 특전부사관은 육군특수전교육단에서 실시하고 있다. 해군 사관후보생에 대한 양성교육은 해군사관학교에서, 부사관후보생은 해군교육사령부에서, 해병대 사관후보생과 부사관후보생은 해병대 교육훈련단에서 실시하고 있다. 공군 사관후보생과 부사관후보생 양성교육은 공군교육사령부에서 담당하고 있다.

양성교육기간은 사관생도(육·해·공사 및 간호사관학교)가 4년이며 육군3사관학교는 2년이다. 또한 각 군별로 사관후보생과 부사관후보생 양성과정을 최소 9주에서 최대 17주까지 실시하고 있다. 참고로 하사 이상 간부의 기초군사훈련은 복무기간에 포함되지 않으며 임관일자를 기준으로 복무기간이 산정된다. 자세한 사항은 각 군별 해당학교와 기관별 홈페이지에서 확인하면 된다.

여군 장교가 되는 길

여군 장교가 되기 위해서는 사관학교 입학, 육군3사관학교 편입, ROTC나 학사장교를 지원하는 방법이 있다. 일반적으로 4년제 대학·대학원 졸업생들이 학사장교나 전문사관에 지원한다. 또한 고교 졸업 이후 육·해·공군 사관학교, 국군간호사관학교에 입학하거나 학군단이 설치된 대학을 지원하여 ROTC에 입단하는 방법이 있다. 한편 전문대를 졸업했거나 4년제 대학을 2학년까지 수료했다면 육군3사관학교에 편입해서 장교로 임관하는 방법도 있다.

사관학교에 입학해 장교가 되는 것은 일반적으로 알고 있는 방법으로 고교 졸업자를 대상으로 학과와 상관없이 문·이과 계열별로만 생도를 모집하고 있다. 육·해·공군 사관학교에서는 정원의 약 10% 인원을 선발하고 있다. 2014년부터 육군3사관학교에서도 여자생도를 선발하기 시작했다. 국군간호사관학교는 여성만을 선발해왔으나 2012

년부터 남자생도를 모집해 여성은 정원의 90%를 선발하고 있다. 육·해·공군 사관학교는 장기복무를 원칙으로 하며 임관 후 5년을 근무하면 전역신청 기회를 1번 주지만 원래 의무복무기간은 10년이다. 하지만 국군간호사관학교와 육군3사관학교의 의무복무기간은 6년이다.

육군3사관학교는 전문대를 졸업한 사람과 4년제 대학의 2학년을 마쳤거나 예정인 학생들을 대상으로 모집한다. 현재는 4년제 대학의 1학년도 육군3사관학교를 지원할 수 있는 사전선발제도(예비장교후보생)가 신설됐다. 선발되면 2학년을 마치고 육군3사관학교에 입학한다.

육해공군 및 해병대 학사장교와 육군 전문사관 지원도 가능하다. 4년제 대학·대학원 졸업 후 각 군 학사장교나 육군 전문사관에 지원하면 각 군별 장교 양성교육 훈련을 마친 뒤 소위 또는 중·대위로 임관하게 된다. 임관 후 의무복무기간은 3년이다. 학군사관 장교는 유사시 예비역 장교 양성을 목적으로 만들어졌는데 4년제 대학에 설치된 각 학군단에서 2학년을 대상으로 선발한다. 육군 ROTC의 의무복무기간은 2년 4개월이며 조종계열이 아닌 공군장교는 3년, 해군과 해병대 장교는 2년이다.

여군 장교가 되기 위해서는 많은 준비가 필요하다. 앞서 2절에서도 장교가 되는 방법을 개략적으로 설명했지만 세부사항은 각 학교와 과정별로 차이가 있으니 학교·기관별 홈페이지에서 정확한 내용을 확인하고 준비해야 한다.

장교가 되겠다고 마음먹었으면 그에 걸맞은 자질과 소양을 갖추어야 한다. 규정도 잘 지켜야 한다. 예를 들어 머리는 단발머리 또는 쪽머리를 해서 단정하게 유지해야 하고 규정에서 정한 범위 내에서 화장

군대 골라가기

258

을 해야 한다. 이처럼 일반여성과 달리 제한이 많은데 여군이 되면 이 모든 것을 감수해야 한다. 여군 장교에 도전할 마음이 있다면 자신이 제한적인 규정을 잘 지킬 수 있는지, 혹독한 상황에서 부하를 지휘할 수 있는지, 엄격한 도덕적 기준에 맞게 행동할 수 있는지 잘 생각해보고 지원해야 할 것이다.

여군 부사관이 되는 길

여군 부사관이 되는 길은 앞서 3절에서 설명한 부사관이 되는 방법과 비슷하다. 다만 병과나 직별 특성에 따라 여군을 선발하지 않는 경우가 있으니 세부적인 사항은 본인이 희망하는 군이나 병과에서 공지하는 사항을 확인하고 준비해야 한다.

여군 부사관은 선발인원이 적고 지원자가 많아 경쟁이 치열하다. 각 군별로 다소 차이가 있지만 평균경쟁률이 10대 1 이상이다. 따라서 자신이 희망하는 과정에 대해 선발전형을 정확히 파악하여 자신이 무엇을 어떻게 준비해야 하는지 잘 알아보고 그에 대한 사전준비를 철저히 해야 한다.

부사관 선발 및 임관 절차를 살펴보면 각 군 모집일정에 맞게 '해당 홈페이지에서 지원서 작성과 원서 접수 → 1차 필기시험(모집인원의 2~3배수 선발) → 2차 면접 및 신체검사/체력검정, 신원조회 → 최종 합격자 발표 → 해당 훈련기관 입소 → 부사관 임관' 순으로 진행된다. 가장 중요한 것은 1차 필기시험이다. 필기시험에 합격해야 다음 전형에 응시할 기회가 주어지므로 잘 준비해야 한다. 그리고 꾸준한 체력관리, 자신이 원하는 특기와 관련된 자격증을 취득해두면 도움이 될 것이다.

　여군 부사관의 의무복무기간은 남군보다 1년이 짧은 3년이었다. 하지만 양성평등의 원칙에 따라 2016년 3월, 여군 부사관의 복무기간을 4년으로 연장하는 '군인사법 개정(안)'을 입법예고 했고 2017년 6월 이후 임관자부터 적용한다. 대부분의 여군은 부사관 임관 후 4년을 근무하고 전역하지만 계속 군대 생활을 하고 싶으면 장기복무자로 선발되어야 한다. 육군의 경우 2016년까지는 임관 5년차에 100%를 선발해 왔으나 2017년부터는 2014년 이후 임관자부터 임관 5년차에 60%, 6년차에 40%를 확정 선발한다. 장기복무는 원한다고 할 수 있는 것이 아니다. 각 군에서 정해놓은 규정에 따라 여러 가지 항목을 평가하여 우수자원으로 인정받은 사람만 장기복무자로 선발하므로 각고의 노력을 해야 한다.

　최근 젊은이들의 취업난이 심각한 수준이고 젊은 여성의 취업은 더 힘든 것으로 나타나고 있다. 그런 면에서 여군은 젊은 여성들에게 블루오션이다. 자신의 전공과 성격 등을 고려해 해당 군과 병과를 잘 선택하고 사전에 철저히 준비한다면 좋은 결과를 얻을 수 있을 것이다.

　군 출신 여성이 취업시장에서 인기가 높다. 삼성, 롯데 등 유수의 대기업에서 여군 장교 및 부사관 출신 전역자를 특별 채용하고 있을 정도로 여군 출신들의 활약이 빛나고 있다. 그만큼 우수한 자원이 지원하고 있다는 증거다. 국방부 정책에 따르면 여군의 비중은 시간이 지날수록 높아질 것이다. 우수한 여성들이 여군에 많이 지원해 군과 우리 사회의 주역으로 커 나가기를 바란다.

특수부대,
나도 한번
도전해볼까?

"나도 태양의 후예가 되고 싶다"

2016년 전반기, 대한민국 특전사를 배경으로 한 〈태양의 후예〉라는 드라마가 우리나라와 중국에서 동시에 방영됐다. 이 드라마는 중국에서 제2의 '한류 붐'을 일으켰는데, 한류의 급격한 확산에 당황한 중국 정부가 자국민들에게 자제를 당부할 정도로 파급 효과는 대단했다. 덕분에 언제부터인가 직업군인의 인기는 급상승했고 젊은 여성의 결혼선호도 조사에서도 직업군인이 상위권을 유지하고 있다.

이 드라마에는 수많은 명대사가 있다. 하지만 그중에서도 남녀 주인공이 나눈 대화 중에 우리의 가슴을 뭉클하게 만들었던 감동적인 대사가 있다. 그 대화에서 남녀 주인공인 특전사 팀장 유시진 대위(송중기 분)와 종합병원 의사인 강모연(송혜교 분)은 자신들의 직업관을 바탕으로 삶과 죽음에 대한 갈등을 표현하고 있다.

의사 강모연은 총상을 입은 유시진 대위를 보면서 그가 총으로 누군가를 죽이거나 본인이 죽을 수도 있는 일을 한다는 것에 대해 혼란을 느끼며 "나쁜 사람들하고만 싸우냐?"라고 묻는다. 그리고 자신은 매일같이 죽어가는 사람을 살리려고 수술실에서 12시간도 넘게 보낸다며 죽어가는 생명을 살리기 위해 사투를 벌이는 자신과 비교하면서 "당신의 싸움은 죽음을 통해 생명을 지키는 것이냐?"라고 다시 묻는다.

이에 대해 유시진 대위는 명령에 의해 움직이는 자신이 군인임을 강조하며 "때론 선이라 믿는 신념이 누군가에겐 다른 의미라 해도 군인은 최선을 다해 주어진 일을 수행한다"고 말한다. 그리고 그동안 3명의 전우를 작전 중에 잃었는데 그들과 자신이 그러한 일을 하는 이유는 누군가는 반드시 해야 하는 일이고 자신과 가족, 그녀와 그녀의 가족, 그 가족의 소중한 사람들, 그 사람들이 살고 있는 이 땅의 자유와 평화를 지키는 일이라 믿기 때문이라고 말한다.

드라마를 보면서 필자가 정말 하고 싶은 이야기를 감동적이고 가슴에 와 닿는 대본으로 만들어준 작가에게 진심으로 감사하다는 말을 전하고 싶다. 30여 년간 장교 생활을 하는 내내 유시진 대위와 같은 마음으로 근무했다. 언제나 내 가족보다 부하들이 우선이었고 나보다 부대가 먼저였으며 언제든 책임진다는 자세로 근무했다. 강산이 3번이나 바뀌는 30여 년의 세월은 결코 짧은 기간이 아니다. 하지만 그 기나긴 시간을 보내는 동안 어떠한 어려움도 이겨내고 명예를 지킬 수 있었던 것은 국가와 국민, 작게는 나의 가족과 내가 소중하게 생각하는 사람들을 지킨다는 명예심 때문이었다. 특수부대에 근무하는 사람들은 더욱더 그런 사명감과 자부심이 강할 것이다. 그만큼 자기 자신과의 끝없는 싸움을 이겨내고 있고 위기의 순간, 주어진 명령을 수행하기 위해 생명을 건 사투를 벌여야 하기 때문이다.

이 장에서는 자신의 한계를 이겨내고 진정한 특수부대 정예요원이 되고 싶어 하는 젊은이들에게 각 군의 대표적인 특수부대에 대해 소개하는 내용을 담고자 했다. 이 책의 정보를 바탕으로 자신이 어떤 부대를 선택해야 할지 판단하는 데 도움이 되는 내용 위주로 기술했다.

특히 각 군의 특수부대 지휘관 및 훈련 담당관과의 대화를 통해 현장의 생생한 얘기를 담았다. 그리고 특수요원이 되기 위해 반드시 알아야 할 사항 등을 정리하여 혹독한 훈련을 이겨내고 진정한 특수요원으로 거듭나는 방법과 특수요원에 적합하지 않은 사람이 가급적 지원하지 않도록 권고하는 내용도 수록했다. 부디 특수부대에 도전하는 많은 젊은이들이 각 군의 정예 특수요원으로 거듭나기를 진심으로 바란다.

특수요원이
되기 위한 필수조건

자신의 한계를 극복하라

군대나 전쟁 이야기 중에서 가장 많은 사람들이 얘기하는 주제가 특수부대의 무용담이다. 얼마 되지 않는 특수부대 정예요원이 어둠의 집단을 물리치고 나라를 구한다는 영웅담은 전 세계적으로 고대 신화와 전설에 단골처럼 등장한다. 그리고 지금도 그러한 무용담을 쉽게 찾을 수 있는 곳이 바로 특수부대다. 특히 모든 남성들이 국방의 의무를 수행해야 하는 대한민국에서 특수부대에 대한 얘기는 많은 사람들의 술자리에서 좋은 이야깃거리가 된다.

하지만 특수부대에서 실제로 근무했던 사람들은 임무수행 중 있었던 자신들의 무용담이나 사건사고에 대해 잘 얘기하지 않는다. 얘기하더라도 보안에 저촉되는 내용은 말하지 않는다. 또 남에게 과시하거나 있지도 않은 일을 과장해서 말하지 않는다. 정작 특수요원도 아니고 특수부대에서 근무하지도 않은 사람들이 그러한 무용담에 대해 자신이 실제로 경험한 것처럼 과장해서 말하는 경우가 더 많다.

특수부대의 무용담이 사람들을 흥분시키는 것은 그들이 적보다 훨씬 적은 인원과 장비로 전쟁의 승패를 좌우할 전략적 승리를 가져온다는 사실에 있다. 그들은 최악의 상황을 고려한 치밀한 계획과 보통 사람은 상상할 수도 없는 기발한 방법으로 적을 혼란시키며 목적을 달성한다. 이러한 특수부대의 활약은 일상생활에서 자신감을 잃어가는 많은 젊은이들에게 '나도 할 수 있다'는 강한 의지와 도전정신을 갖게 해주기 때문에 그들의 가슴에 뜨거운 열정을 심어주는 것이다.

로마의 전략가 베제티우스Vegetius는 "평화를 원한다면 전쟁을 대비하라"고 말했다. 이 말은 굳건한 안보가 보장되지 않은 상태에서는 국가의 발전과 평화가 모래성처럼 쉽게 무너질 수도 있음을 의미한다. 그래서 모든 나라가 안보를 보장받기 위해 막대한 국방예산을 사용하면서까지 군대를 양성하고 유지하는 것이다. 하지만 군대를 양성하는 데는 너무나 많은 예산이 필요하기 때문에 대부분의 나라가 적은 예산으로 큰 효과를 볼 수 있는 특수부대 양성에 관심을 갖는다.

"전략적 승리를 원한다면 특수부대를 준비하라"는 말도 있다. 이는 소규모 특수부대의 활약이 전쟁의 승패에 결정적 영향을 미치는 경우가 많기 때문에 생긴 말이다. 이러한 특수부대를 키우려면 많은 예산을 확보하고 최첨단의 장비를 갖추는 것도 중요하지만 그보다 더 중요한 것은 우수한 특수요원을 확보하는 것이다. 특수부대원을 양성하기 위해서는 많은 예산과 시간, 그리고 노력이 필요하다. 이처럼 특수부대는 단기간에 만들어낼 수 없고 임무를 완벽히 수행할 수 있는 정예요원을 확보하는 것은 더더욱 어렵기 때문에 국가 전략적 차원에서 특수부대를 유지해야 하는 것이다.

특수부대원의 일반적 조건이라면 흔히 강인한 체력, 임무수행에 필요한 군사기술의 숙련도, 불굴의 정신력, 주특기별 임무분장 등이 있다. 이것이 대부분의 사람들이 알고 있는 특수부대 요원의 조건이다.

필자는 육해공군·해병대 특수부대 지휘관과 훈련 실무자들을 만나 그들이 훈련을 시키면서 느낀 현장의 생생한 얘기를 들으면서 미처 몰랐던 많은 것을 알게 되었다. 그들에게 들은 많은 이야기 중에서 일부는 보안상 공개할 수 없는 내용도 있다. 하지만 일반적인 내용 중 많은 부분은 공통되는 내용이었다. 그것은 각 군별로 일부 차이는 있지만 인간의 한계를 넘어서는 혹독한 훈련을 한다는 것이다. 특수요원이 되기 위한 필수조건에 대해 공통적으로 언급된 내용을 정리해보니 5가지 조건을 도출할 수 있었다.

첫째, 특수요원에게 무엇보다 중요한 것은 '자신감'이다. 자기 자신에 대한 확고한 의지를 바탕으로 어떠한 어려움도 극복하고 임무를 완수할 수 있다는 자신감이야말로 불가능을 가능하게 만드는 원동력이기에 특수요원이 되기 위해서는 반드시 필요한 덕목이다.

둘째, 특수요원이 되려는 '분명한 목표'가 있어야 한다. 어릴 때부터 가졌던 특수부대에 대한 막연한 환상이나 동경심만 갖고 지원한다면 훈련에서 도태될 확률이 매우 높다. 실무에서 부사관이나 병사로 근무하다가 부대를 옮기려는 의도로 도피성 지원을 하는 사람도 있다. 이런 사람은 처음부터 특수요원이 되겠다는 목표의식이 전혀 없기 때문에 훈련분위기만 안 좋게 만들고 대부분 훈련 초기에 포기한다. 하지만 전역 후 경찰특공대가 되겠다는 분명한 목표가 있다면 사전에 훈련을 받기 위한 체력을 갖추고 입대했을 것이다. 또 열심히 훈련을 받겠다는 남다른 각오를 했을 것이기에 특수요원이 되기 위한 혹독한 양성교육과정을 성공적으로 수료할 가능성이 상당히 높다.

셋째, 기본적인 체력, 극한의 고통을 이겨낼 수 있는 '강한 정신력'과 함께 '야생마와 같은 기질'이 있어야 한다. 특수요원에게 강한 체력과 정신력은 기본이다. 극한의 훈련을 받을 때, 체력이 받쳐주지 않으면 정신적으로 견뎌내기가 쉽지 않다. 하지만 기본적인 체력이 있는 사람이 야생마와 같은 기질과 강한 정신력까지 갖고 있다면 아무리 혹독한 훈련도 무난히 이겨낼 것이다.

기본체력이 있는 훈련생 중에서 정신력이 강한 사람과 체력이 강한 사람 중 누가 더 훈련을 수료할 가능성이 높은지 물어보니 정신력이 강한 사람이라는 공통적인 대답이 나왔다. 이와 관련해 해군 특수전부대의 훈련담당관은 미 해군 UDT SEAL 교육 시 있었던 사례를 얘기해주었다. 미 해군 UDT SEAL 교육에 올림픽 육상 메달리스트가 지원한 적이 있었다고 한다. 그는 훈련을 시작하기 전에 받은 신체 및 체력테스트에서 전체 지원자 중에서 가장 높은 점수를 받았지만 지옥주 훈련을 이겨내지 못하고 퇴소했다. 이는 아무리 좋은 체력을 갖고 있어도 정신력이 강하지 않으면 극한의 상황을 이겨내는 것이 쉽지 않다는 것을 보여준 좋은 사례일 것이다.

넷째, 훈련 중 다치지 않도록 '자기 자신을 관리할 수 있는 능력'이 있어야 한다. 각 군별 특수부대의 훈련은 특성에 따라 다소 차이가 있지만 훈련 중 자신 또는 동료의 실수에 의해 다쳐서 훈련에 지장을 받는 경우에는 바로 퇴교된다. 일반적인 교육훈련을 받을 때는 일정기간 치료 후 복귀하면 수료할 수 있지만 특수부대 양성교육에서는 모든 훈련일정을 소화하고 규정된 평가를 통과하지 못하면 바로 퇴교해야 한다. 그래서 훈련을 끝까지 마치고 수료하는 사람을 우리는 특수요원으로 인정하고 존중해주는 것이다.

다섯째, '긍정적인 생각과 동료와의 협동심, 강한 리더십'이 있어야 한다. 어떤 성향을 가진 사람이 훈련을 잘 받고 수료하는지 물어보았다. 각 군의 모든 훈련관계관들의 공통적인 의견이 성격이 밝고 동료들과 잘 어울리며 남을 배려하는 협동심과 리더십을 갖춘 사람이 도태되는 경우는 거의 없다고 한다. 불만이 많고 개인주의적이며 자기 자신이 남보다 잘났다고 생각하는 사람은 대부분 퇴교된다고 하니 자신에 대해 냉철한 판단을 해보고 지원여부를 결정하기 바란다.

이번에는 특수요원에 지원해선 안 되는, 설령 지원한다고 해도 훈련을 통과하기 어려운 사람에 대한 얘기다. 스스로를 평가했을 때 체격이 좋고 체력도 남보다 뛰어나다고 생각하는 사람일 경우 한 번쯤은 특수부대 지원을 고민해보았을 것이다. 하지만 특수부대는 좋은 체격조건과 강인한 체력만 생각하고 지원해서는 안 된다. 아무리 좋은 조건을 갖추고 있어도 지금부터 언급하는 사항에 하나라도 해당된다면 지원여부를 심각하게 고민해야 한다. 혹시나 하는 마음에 지원한다고 해도 훈련을 통과할 가능성이 거의 없기 때문이다.

첫째, 과거에 교통사고나 디스크, 폐렴 등 '심하게 다치거나 아팠던 병력病歷이 있는 사람'이 지원해선 안 된다. 과거에 심하게 다치거나 아팠지만 잘 치료를 했고 생활하는 데 아무런 지장이 없어 축구나 농구 등 격한 운동도 가능한 사람은 자신 있게 지원할 것이다.

하지만 특수요원이 되기 위한 훈련은 우리가 생각하는 것보다 훨씬 더 힘들고 어렵다. 특히 병兵과정이 아닌 장교나 부사관이 받는 전문과정이라면 더더욱 지원해선 안 된다. 통상 간부들이 받는 전문과정은 병들이 받는 과정보다 기간도 2배 이상이고 훈련강도는 비교가 되지 않을 정도로 높다. 아무리 치료를 잘했고 지금은 이상이 없다고 해도 극한 상황이 닥치면 그 부분에서 대부분 문제가 발생한다는 사실을 알아야 한다. 만약 자신이 그러한 경우에 해당되지만 꼭 지원하고 싶다면 신체검사나 면접 시 반드시 해당 부대의 전문가와 상의하기 바란다. 특수부대의 훈련이 어떤 수준인지 알지 못하는 일반병원 의사의 소견은 해당 부대에서 인정하지 않는다. 다만 필자의 생각에 병사로 입대했을 경우 운이 좋으면 개인 상태에 따라 훈련을 수료할 가능성이 있다고 생각한다.

둘째, '개인적인 성향이 너무 강한 사람'은 신중하게 고민한 후 지원여부를 결정해야 한다. 특수훈련은 사람을 극한 상황에 내몰리게 한다. 그럴 경우 생사고락을 같이하는 동료들이 큰 힘이 된다. 사람이 극한 상황에 처하게 되면 남보다 자신을 먼저 챙기게 되고 살아남기 위해 본능적으로 행동하기가 쉽다. 이런 경우 개인적인 성향이 너무 강한 사람은 동료들과 어울리지 못하고 개인행동을 하는 경우가 많다.

그런 사람은 단기간의 훈련은 어떻게 통과할 수 있겠지만 특수부대 양성과정은 통상 10주 이상으로 상당히 오랜 시간이 걸리기 때문에 결국은 대부분 도태되고 만다. 만약 자신에게 그러한 성향이 있다면 각고의 노력으로 자신의 성향을 바꾸고 나서 지원하기 바란다.

셋째, '개인적인 트라우마를 극복하고자 지원'해서는 안 된다. 특수부대를 지원하는 사람 중에 어릴 때 사고가 있어 특정 분야에 대한 트라우마가 있는 경우가 있다. 예를 들면 미세한 고소공포증 또는 폐소공포증이 있거나 물이나 불에 대한 트라우마가 있었지만 개인적인 노력으로 극복한 사람들이 있다. 하지만 훈련 중 극한의 조건에서 과거에 겪었던 특정한 트라우마와 비슷한 상황에 처하게 되면 문제가 발생하는 경우가 있다. 그런 경우 심각한 사고로 발전하게 된다. 훈련관들의 경험에 의하면 훈련생에게 특이한 행동이 문제가 되는 경우, 면담을 해보면 어릴 적 트라우마가 있는 경우가 대부분이었다고 한다. 이런 경우에 해당되는 사람도 자신이 꼭 특수요원이 되고 싶다면 신체검사나 면접 시 반드시 해당부대 전문가의 도움을 받기 바란다.

넷째, 어릴 때 'ADHD(주의력결핍과잉행동장애)'로 치료를 받았거나 약하게라도 그러한 현상이 있었던 사람은 지원하지 말아야 한다. ADHD는 어릴 때 나타나다가 치료를 하면 보통 12~20세 사이에 완치된다. 하지만 특수요원이 되기 위한 훈련은 인간의 한계를 뛰어넘는 극한의 체험을 하게 되는데 어릴 때 ADHD를 보였던 사람이 극한상황에 처하게 되면 이상행동을 보이는 경우가 많아 위험할 수 있다. 이 부분에 대해 당사자가 잘 알지 못하고 지원할 수 있기에 부모님이나 가족들이 반드시 체크해야 한다.

다섯째, 특수부대에 대한 막연한 환상이나 동경심을 갖고 '남에게 자신을 과시하기 위해 지원'해선 안 된다. 모든 훈련관들의 공통적인 의견이 훈련을 중도에 포기하는 인원의 대부분이 여기에 해당된다고 한다. 자신의 체격이나 체력이 좋은 것을 남에게 과시하기 위해 지원한 사람은 극한의 상황에서 그것을 이겨낼 간절함이 부족하고 분명한 목표의식도 없는 경우가 많아 대부분 중간에 포기한다고 한다. 이러한 사람의 특징은 자신이 혹독한 특수훈련을 조금이라도 받았다는 경험이 필요한 것이지 어떤 사명감이나 특수요원이 되겠다는 강한 의지는 없다는 사실이다. 특수부대 양성훈련의 수료 비율을 떨어뜨리는 주류가 이들이라고 하니 그러한 생각을 가진 사람은 가급적 특수부대에 지원하지 말고 자신에게 맞는 다른 곳을 잘 찾아 지원하기 바란다.

이 책을 집필하면서 만난 육해공군, 해병대의 특수부대 지휘관과 간부들은 그 어떤 군인보다도 국가에 대한 충성심과 사명감으로 가득 차 있는 진정한 군인이었다. 그들 모두는 자신이 속한 부대에 대한 강한 자부심이 있었고, 자신감으로 충만해 있었다. 또한 유능한 특수부대원을 양성하기 위해 늘 고민하며 최선의 노력을 다하고 있었다. 필자는 대한민국 국민의 한 사람으로서 그들과 군 생활을 함께한 전우로서 그들에게 진심 어린 존경과 경의를 표한다. 또한 유사시 그들이 자신의 생명을 바쳐 우리의 조국 대한민국과 국민을 굳건히 지켜낼 것이며 어떠한 악조건 속에서도 싸우면 반드시 승리할 것이라 확신한다.

육군의 자존심,
특전사

우리가 진정한 태양의 후예다

대한민국 특전사는 전략적 신속대응부대로 유사시 고립무원의 적진에 침투하여 정찰 및 감시, 타격작전 등 특수전을 수행하는 세계 최강의 검은베레 전사들로 구성되어 있다. 특전사는 한국전쟁 당시에 계급과 군번도 없이 국가를 위해 자신의 모든 것을 내던졌던 유격부대의 정신을 계승했으며 국가와 국민을 위해서라면 소중한 목숨까지도 기꺼이 바치겠다는 굳센 결의로 뭉친 부대다.

검은베레 전사들은 모두가 할 수 없다고 할 때 그 일을 해내는 특수전의 전문가들이다. '안 되면 되게 하라'는 구호 아래 누구도 감히 생각하지 못한 것을 이끌어내는 창의성, 그 생각을 실천에 옮기는 과감

함, 그리고 실행을 결과로 만드는 부단한 노력, 이것이 바로 검은베레의 진정한 모습이다. 귀신같이 접근하고 번개같이 치며 연기처럼 사라지는 검은베레의 위용은 이러한 정신에서 비롯된다.

2016년 인기리에 방영된 드라마 〈태양의 후예〉는 대한민국 특전사의 명성을 크게 드높였다. 드라마가 중국 등 여러 나라에서 인기를 얻고 그 기세에 힘입어 특전사의 활약상이 알려지면서 특전용사는 단순히 특수임무를 수행하는 것을 넘어 국위선양에도 앞장섰다. 앞으로도 특전사 검은베레는 적에게는 공포와 전율의 상징이지만, 국민에게는 신뢰와 승리의 표상으로 거듭날 것이다.

대한민국 특전사

★★★★

부대의 역사

8240부대, 한국전쟁 당시 일명 켈로부대라는 이름으로 불리던 이 부대는 미군에 의해 우리나라에서 최초로 조직된 게릴라 부대이자 특수부대였다. 대한민국 특전사ROK Special Forces는 이처럼 한국전쟁 당시 군번도 없이 유격부대원으로 활약했던 8240부대 출신 장교 20여 명과 일부 병사들을 중심으로 1958년 4월 1일 2개 대대 규모의 '제1전투단(최초의 공수부대)'이라는 이름으로 용산에서 창설됐다. 이 부대가 오늘날 특전사의 모체가 됐다.

이렇게 창설된 제1전투단은 창설 1년 만인 1959년 10월, 제1공수특전단으로 확대 개편되었고 1969년, 특수전사령부가 창설될 때까지 대한민국 특수작전 분야 발전을 주도해왔다. 베트남전쟁과 한·미 연합 훈련 등으로 실전 경험을 축적한 우리의 특수전 부대들은 1969년 초, 제1·2유격여단을 창설했다. 그리고 마침내 1969년 8월 18일, '안 되면 되게 하라! 사나이 태어나서 한 번 죽지 두 번 죽나!'라는 구호 아래 1개의 공수특전여단과 2개의 유격여단을 통합 지휘할 특수전사령부를 창설하고 눈부신 발전을 거듭하여 오늘에 이르고 있다.

특전사 요원의 임무와 역할

특전사 요원이 수행하는 임무들은 단순히 체력 좋고 총만 잘 쏜다고 수행할 수 있는 임무가 아니다. 그것은 고도의 훈련과 치밀한 계획이 있어야만 수행할 수 있는 임무들이다. 전쟁이 일어나면 가장 먼저 항공기로 적의 후방에 침투하여 적 수뇌부 제거, 주요시설 파괴, 아군포격 유도, 게릴라작전 수행과 같은 다양한 임무를 수행한다.

평시에는 아시안게임이나 올림픽과 같은 국가적 행사의 경호임무, 테러 및 무장간첩 발생 시 진압임무, 성수대교나 삼풍백화점 붕괴와 같은 대형재난 발생 시 구조임무를 수행한다. 이들은 전·평시를 가리지 않고 국가적으로 군이 아니면 수습할 수 없는 커다란 위험이 닥쳤을 때 가장 먼저 출동하는 부대이며 지금 이 순간에도 주어진 임무를 성공적으로 수행하기 위해 혹독한 훈련을 마다하지 않고 있다.

특전사가 특별한 이유

대한민국의 대표적인 특수부대가 '특전사'다. 그런데 특수부대라고 보기에는 부대규모가 너무 크다. 이는 우리나라 국민 대부분이 알고 있는 상식이다. 하지만 특전사가 왜 특별한 부대인지는 잘 알지 못한다. 특전사는 같은 군인, 같은 육군이 아닌 다음과 같은 특별한 이유가 있다.

첫째, 주어진 임무 자체가 특별하다. 특전사는 평시에 대테러 작전을, 전시에 비정규작전을 포함한 특수작전을 수행하는 부대다. 언뜻 보면 임무가 단순해 보이지만 실제로 정말 복잡하고 특별한 임무를 수행하는 부대다. 전시의 특별한 임무는 제외하더라도 평시에 수행하는 임무도 특별하다. 월드컵과 같은 국가적 행사가 있으면 경호임무를, 테러가 발생하면 즉각 출동하여 진압작전을, 대규모 재난 발생 시 가장 먼저 출동하여 지원하는 부대가 바로 특전사다. 이처럼 복잡하고 많은 임무를 수행하는 특전사는 각 부대별로 전문성을 갖도록 조직되어 있고 특전요원들 역시 열차, 선박, 지하철 운행과 같이 일반인이 상상할 수 없는 다양한 기능까지 익히고 있다.

둘째, 특전사는 부사관 중심의 부대로서 전투력의 핵심은 부사관이다. 그들이 전투임무 수행의 주체이며 특수요원의 대부분이 부사관이지만 장교와 일반병사도 있다. 하지만 특전사의 전투팀은 대부분 부사관으로 구성되어 있고 지휘관과 부지휘관만 장교다. 그리고 특전병은 전투팀에 소속되지 않기 때문에 작전임무를 수행하지 않고 별도의 조직에서 각종 지원업무만 수행한다.

셋째, 부대의 조직체계가 일반부대와 다르다. 특전사는 3성장군인 중장이 지휘하는 사령부 예하에 준장이 지휘하는 6개의 공수특전여단과 국제평화지원단, 특수전교육단으로 구성되어 있다. 여단 예하에는 중령이 지휘하는 대대가, 대대 예하에는 소령이 지휘하는 지역대가 있다. 각 지역대 예하에 중대가 편성되어 있는데 이 중대를 대원들은 팀이라 부른다. 이처럼 특전사는 일반적인 육군부대의 조직체계인 사단, 연대, 대대, 중대, 소대, 분대로 구분되지 않는다.

넷째, 특전사 정예요원의 주특기와 그들이 받는 훈련의 차원이 다르다. 특전사는 육군의 예하부대이며 크게 보면 보병부대. 하지만 특전요원의 주특기는 5가지(화기·통신·폭파·의무·정보작전) 중에서만 선택할 수 있다. 또한 특전요원들은 일반 육군이 받을 수 없는 특별한 훈련을 받는다. 공수훈련은 기본이고 특수전 요원 양성과정과 각종 보수교육을 받는데 이러한 훈련들은 일반부대에서는 구경조차 할 수 없는 어렵고 다양한 훈련들이다.

다섯째, 최고 수준의 보급품과 장비가 최우선으로 지급된다. 생명을 담보로 하는 힘들고 어려운 특수작전을 수행하는 부대이기에 최고의 대우를 해주는 것이다. 실제로 신형군복과 전투화, 개인 소총을 비롯한 최신 개인화기도 특전사에 가장 먼저 지급된다.

여섯째, 남자보다 더 특별한 여자들이 많다. 전군의 특수부대 중 유일하게 여자 특수요원을 양성하는 부대가 특전사. 특전사의 여군들은 남자들이 할 수 없는 특별한 임무를 수행한다. 그래서 남자들과 같이 혹독한 훈련을 소화하고 체력을 단련하고 있다.

일곱째, 힘든 만큼 누리는 혜택이 있다. 특전사 부사관의 가장 큰 혜택 중 하나가 일반부대에 비해 장기복무 선발이 상대적으로 쉽다는 것이다. 특전사 정예요원은 양성하기가 어렵기 때문에 장기복무를 희망하는 요원은 특별한 문제가 없는 경우 대부분 선발된다. 이는 일반부대의 부사관 장기복무 선발이 무척 어려운 상황에서 큰 혜택이라고 생각한다. 또한 각종 위험수당과 같은 특별수당을 받기 때문에 일반군인에 비해 많은 보수를 받는다.

특전사가 특별한 이유를 알겠는가? 한마디로 다시 정리하면 특전사가 특별한 이유는 그들이 특수부대 정예요원이기 때문이다. 타군의 특수부대들도 대부분 특전요원들과 비슷한 이유로 다른 일반군인들과 다른 생활을 하고 있고 다양한 혜택을 받는다. 이 시대를 사는 우리 모두는 자신의 생명을 담보로 국가와 국민을 위해 헌신하고 있는 특수부대 요원들에게 감사하는 마음을 가져야 한다. 또한 그들에게 항상 응원과 격려를 보내기를 바란다.

특전사 요원이 되는 과정

특전병: 1차 서류전형, 2차 면접 및 체력평가

지원자격	
연령	• 지원서 접수연도 기준 18세 이상 28세 이하
학력	• 중학교 졸업 이상의 학력 소지자 또는 교육부 장관이 인정하는 동등 학력 소지자
신체 요건	• 신체등급 1~2급 현역병 입영대상자 • 신장: 168cm 이상, 체중: 54kg 이상, 시력: 교정시력 0.8 이상

자격
요건
	• 중졸 이상 학력이면 누구나 지원가능
	• 선발우대항목
	   – 워드프로세서, 정보처리, 컴퓨터 활용능력 등 전산 관련 자격 소지자
	   – 스카이다이빙, 스킨스쿠버, 스키, 수영, 인명구조 관련 자격 소지자
	   – 태권도, 특공무술 등 각종 무술 유단자
	   – 무도, 사격, 체육대회 입상자

출처: 병무청 홈페이지 모집병 안내 참조(www.mma.go.kr)

특전병은 특수전사령부 직할대와 특수전여단에서 복무하기를 희망하는 병사로서 주로 행정업무를 포함한 전투근무지원 임무를 수행한다. 특전부사관 선발은 특전사에서 이루어지나 특전병은 병무청에서 선발한다.

최근 특전병 경쟁률이 날로 높아지고 있는데 무난한 합격을 위해서는 체력관리를 열심히 하고 특전사에 대한 정확한 이해가 있어야 한다. 정확히 말하자면 특전병은 특수요원이 아니다. 특수요원이 되기 위해서는 기초군사훈련을 받은 후 특전부사관에 지원하여 12주의 특수전 양성교육과 1차 보수교육인 특수작전 기본과정 11주를 모두 통과해야 비로소 정식 검은베레로 인정받을 수 있다. 이처럼 진정한 특전요원이 되고자 하는 사람은 특전병이 아닌 특전부사관으로 지원하여 모든 교육과정을 수료해야 한다.

참고로 육군에는 특공병이 있다. 특공병은 특전사 소속이 아니고 전방사단의 특공연대 소속으로 이들은 수색대와 함께 경계임무 외에 수색정찰과 같은 전방지역 특성에 부합된 특별한 임무를 수행한다. 임무수행과 훈련 수준에서 보면 오히려 특전병에 비해 더 혹독한 훈련을 받고 열악한 환경에서 근무한다. 하지만 분명한 것은 이들이 소속된 특공연대는 특수부대가 아니라는 사실이다.

특전사에 근무하는 모든 장병은 3주간의 공수기본교육을 통과해야 한다. 그래야 특수요원이 아니더라도 특전사에 근무할 수 있는 자격이 주어진다. 그런 의미에서 특전병도 공수기본교육을 받아야 특전사의 일원이 될 수 있다. 공수기본교육을 수료하면 특전사 예하 부대의 지원중대에 소속되어 작전지원과 관련된 업무를 맡게 된다. 특전병은 원칙적으로 전투팀에 배치되지 않는다.

우리나라의 대표적인 특수부대인 특전사를 일명 공수公輸부대로 부르기도 하는데 이는 공중으로 수송되어 투하되는 부대라는 의미다. 특전사 예하부대의 명칭이 공수특전여단인 것도 특전사 훈련의 기본이 공수훈련이기 때문이다.

특전부사관: 신체검사, 체력측정, 필기평가, 면접평가

특전부사관은 만 18세 이상 27세 이하의 대한민국 남녀 젊은이면 누구나 지원이 가능하다. 어차피 특전사 정예요원이 되겠다는 확고한 의지가 있다면 남들보다 일찍 지원하여 검은베레로 군 생활을 시작하는 것도 의미가 있다. 하지만 체력적으로나 정신적으로 상당히 힘든 혹독한 교육과정을 거쳐야하는 만큼 충분한 각오와 불굴의 의지가 있어야 한다.

지원자격	
연령/ 학력	• 임관일자 기준 만 18세 이상 27세 이하 • 입대일자 기준 고등학교 졸업 이상의 학력 보유자
신체 요건	• 남/여: 164/159cm 이상, 53/50kg 이상 • 시력: 양안 나안시력 0.6 이상 (라식/라섹 수술자 지원가능, 안경/렌즈 착용자 지원 불가)
선발 제외대상	• 문신 및 자해로 인한 반흔 등이 치유가 안 된 경우 • 색각검사 결과 색맹, 색약인 경우

출처: 특전사령부 홈페이지 특전부사관 모집요강 참조(www.swc.mil.kr/swc/)

특전부사관 양성과정은 총 17주로 5주의 군인화 과정, 12주의 신분화 과정으로 구분된다. 5주간의 군인화 과정은 말 그대로 민간인을 군인으로 만드는 과정이다. 그러므로 입영한 모든 군인이 받는 기초군사훈련이라고 보면 된다. 하지만 특전사에서 받는 군인화 과정은 특전사의 부사관이 될 정예요원이 대상이므로 훈련강도가 일반훈련소와는 비교할 수 없을 정도로 힘들다.

이 과정이 끝나면 본격적인 훈련인 12주간의 신분화 과정이 시작된다. 신분화 과정의 첫 훈련은 3주간의 공수기본교육이며 이어서 9주간의 특수전 교육을 받는다. 3주간의 공수기본교육은 특전사에 근무하는 모든 요원은 반드시 받아야 하는 필수교육이다. 많은 사람들이 공수기본교육을 받지만 정예 특전요원이 될 특전부사관 후보생에 대한 공수기본교육은 선배교관들이 혹독하게 훈련시키는 것으로 정평이 나있다. 공수기본교육이 끝나면 9주간의 특수전 교육이 시작된다. 이때부터가 진정한 특수전 교육이라고 할 수 있는데 훈련생들은 공통 주특기훈련과 특수작전에 대한 기본적인 소개교육을 받는다.

모든 양성교육을 통과한 훈련생들이 받게 되는 주특기는 통신, 화기, 폭파, 의무, 정보작전 중 하나다. 주특기는 본인의 희망과 훈련성적, 자격증 등을 감안하여 최종 결정된다. 자신이 부여받은 주특기에 따라 보수교육 시 교육내용은 조금씩 달라진다. 하지만 특전요원은 팀 단위로 작전을 수행하기 때문에 자신이 담당하는 주특기 분야는 자신이 완벽하게 책임져야 하며 다른 분야에 대한 기본적인 지식도 갖고 있어야 한다. 그래서 양성교육 시 공통 주특기훈련을 받는 것이다.

모든 양성교육을 통과하여 임관식을 마친 특전요원은 일주일의 휴가 후 신임하사로서 11주 동안 진행되는 특수작전 기본과정을 받는다. 이 과정의 시작은 주특기훈련이다. 통신, 화기, 폭파, 의무, 정보작전 중 어떤 특기를 받았는가에 따라 개인별로 교육내용과 훈련종목이 달라진다. 이때 받는 교육과 훈련이 정예특전요원으로서 앞으로 자신의 임무이자 역할이 되므로 가장 중요하다.

특수작전 기본과정의 나머지 기간에는 특수작전훈련을 받는다. 훈련 초반에는 저격용 소총에서 권총까지 각종 전술화기 교육을 받는다. 이후 기간에는 생존훈련과 격리지역 활동훈련을 받는다. 산속에서 진행되는 생존훈련은 팀 단위로 적진에 침투했을 때 은밀하게 임무를 수행하는 방법을 터득하는 것인데 장기간 적진에서 아무런 지원 없이 각종 임무를 수행한다는 것이 얼마나 힘든 것인지 절실하게 실감하게 되는 훈련 중 하나다. 생존훈련에 이어서 격리지역 활동훈련이 시작된다. 이 훈련은 적진에 침투하여 임무를 수행해야 하는 특전요원이 적에게 들키지 않고 활동하는 방법을 습득하는 훈련이다. 이 훈련을 통해 닌자처럼 소리 없이 움직이면서 흔적을 남기지 않는 방법을 익히게 된다. 이러한 모든 특수작전을 위한 실전 훈련과정을 마치고 나면 수료 전 일정기간 동안 이론교육 위주로 특수작전 기본교육과정을 정리하는 시간을 갖는다.

특수전 보수교육과 필수 자격과정

특수전 양성교육과정을 통과하여 특전용사가 된 요원은 임관 후 진정한 특수전 전문요원으로 거듭나기 위해 계급별로 특수작전 보수교육과정에 입교한다. 특수전 양성교육과정을 마친 특전요원은 이제 갓 알에서 부화한 독수리와 같다. 어미의 보살핌 속에 혼자 창공을 날 수 있는 진정한 독수리가 되기 위해서는 고난의 시간을 보내야 하는데 그 기간이 특수작전 기본과정 교육요원이 되어 홀로 창공을 날아오를 수 있는 새끼독수리가 되는 것이다.

특수작전 기본과정을 마친 특전사 요원들은 진급을 할 때마다 한 단계 도약할 수 있는 보수교육을 받게 되는데 그것이 특수작전 전문과정과 고급과정이다. 특수작전 전문과정과 고급과정은 완벽한 어미 독수리가 되는 과정이라고 생각하면 된다. 새들의 제왕이라는 독수리, 대한민국의 수많은 검은베레가 바로 특수부대의 검은 독수리이며 그들의 특수전 작전능력을 획기적으로 향상시키는 교육이 바로 특수전 보수교육 과정이다.

특수전 보수교육

특수작전 기본과정 특수전 요원으로 특전사에 전입한 장교와 부사관을 대상으로 주특기훈련, 전술화기교육, 격리지역활동, 생존훈련, 전술종합훈련 등을 교육하며 특전중대급 전투요원으로서 특수작전에 관한 기본소양을 갖추게 하는 과정이다.

특수작전 전문과정 특수전 요원으로 실전경험과 함께 한창 물이 오른 중사급 인원을 대상으로 해당 주특기별 심화학습, 우발상황조치 실습, 응급처치기술 및 항공화력 유도와 실전적 종합 훈련인 야외 종합실습을 통해 작전팀 전투조장으로서의 능력을 구비시키는 과정이다.

특수작전 고급과정 특수전 요원으로 다양한 임무수행을 바탕으로 완숙의 경지에 오른 특전중대 선임상사들을 대상으로 특수작전 전문가 및 팀 관리자로서 소양교육과 특수작전 계획수립절차, 특수작전 사례 등을 교육하며 유사시 특전중대급 팀장 임무 수행능력을 구비시키는 과정이다.

특수전 필수 자격과정

공수기본훈련 모든 특전사 구성원들이 필수적으로 받아야 하는 훈련
이다. 공수기본훈련은 먼저 체력단련과 착지훈련으로 기초를 다진 후
이어서 공중동작훈련과 모형탑훈련으로 진행된다.

이 과정을 모두 숙달하면 실제 강하를 실시하며 비무장강하부터 무
장강하, 야간강하까지 마쳐야만 가슴에 특전부대의 상징인 공수휘장
을 달 수 있다. 이 공수휘장이 있어야 진정한 검은베레라 할 수 있다.

천리행군 서울과 경상도 간 400km에 달하는 거리를 군장을 메고 잠
을 자지 않으며 행군하는 훈련이 천리행군이다. 2015년 초반까지는 특
수작전 기본과정에 포함되어 있어 특전사 정예요원이 되기 위해서는
반드시 거쳐야 하는 훈련이었다. 그러나 특수전 요원을 양성하는 기
본과정에서 실시하기에는 여러 가지 문제점이 대두되어 실무부대 배
치 후 부대훈련으로 변경하여 실시하고 있다.

천리행군은 대부분의 루트가 산악이기에 상당히 고통스러운 훈련
이다. 하지만 이러한 고통은 적의 후방에서 주어진 임무를 수행하고
적지를 탈출하여 혼자 힘으로 부대까지 돌아오는데 도움이 되기에 필
요한 훈련이다. 또한 자기 자신과의 싸움이면서도 자기 혼자의 힘만으
로는 결코 해낼 수 없는 훈련으로 스스로의 한계를 극복하는 동시에
전우들과 하나가 되어야만 마칠 수 있다.

특수전 선택 자격과정

고공기본교육(HALO) 적 지역으로 장거리 정밀침투가 가능한 고공침투
능력을 구비하는 데 중점을 두고 실시하는 훈련이다. 고공훈련을 받

기 위해서는 강하횟수가 일정 횟수 이상이 되고 고공승객과정 합격 등 엄격한 자격이 요구된다. 훈련은 지상실습을 시작으로 고공강하에 요망되는 기술을 단계별로 숙달하는 형태로 진행되며 강하 형태별로 요망수준을 달성하고 고고도침투를 위한 강하 기술까지 합격해야 자격이 주어진다.

해상척후조교육(SCUBA) 바다를 통한 침투능력을 배양하기 위해 전투수영과 각종 잠수기술 등을 숙달하는 훈련이다. 식사도 물속에서 해야 할 만큼 장시간 물속에 있어야 하기 때문에 뛰어난 수영실력은 물론 엄청난 체력이 요구되는 훈련으로 물이 땅보다 편안해지는 수준이 되어야 수료할 수 있을 정도로 강도 높은 훈련 중 하나다.

* 특전사 장교 및 부사관을 대상으로 수중파괴대UDT 교육을 해군에 위탁해 시행하고 있으며, 고난도의 심해잠수기술과 폭파기술을 습득할 수 있다.

저격수교육 대테러작전이나 적지에서의 암살임무 등을 수행하는 데 필요한 저격수를 양성하기 위해 최고의 사격능력을 구비한 요원을 선발하여 훈련을 실시하고 있다. 저격수에게 가장 먼저 요구되는 것은 체력과 정신력이다. 한두 시간이 아니라 하루 이상 움직이지 않고 매복 자세를 유지하기 위해서는 체력은 필수고, 강인한 정신력이 필요하다. 또한 'One Shot One Kill'의 저격수가 되기 위해서는 목표물과의 정확한 거리 계산은 물론 바람과 온도, 습도를 고려하여 정확하게 조준 및 사격할 수 있는 능력이 요구된다.

항공화력유도교육(SOTAC) SOTAC은 연합 합동화력 유도 및 통제능력을 구비하기 위해 특전요원이 갖추어야 할 자격 중 하나다. SOTAC 훈련은 공지합동작전학교 과정 수료자를 대상으로 실시한다. 특전요원은 첨단 감시자산도 탐지하지 못하는 표적을 탐지하고, 적의 핵심에 가장 정확하고 확실하게 폭격을 유도할 수 있어야 하기 때문에 항공기, 항공무장에 대한 이해와 항공기를 표적에 유도하고 통제할 수 있는 능력을 구비해야 한다.

산악전문교육(RANGER) RANGER 과정은 특수작전팀의 암벽 극복을 위한 선등요원 양성교육으로 중사 이상을 대상으로 실시되는 훈련이다. 적의 종심에 침투하여 소규모 단위로 특수 임무를 수행하기 위해서는 산악지역에서의 활동 능력이 필수다. 험준한 산악에서 은밀하고 신속하게 이동하기 위한 능력을 배양하는 훈련으로 각종 암벽 극복능력, 산악장비 사용기술 습득, 산악지역 구조능력 구비 등에 중점을 두고 진행된다. 산악전문 자격인증을 받기 위해서는 측정식 합격제로 실시되는 각 단계별 요망수준을 완벽하게 달성해야만 한다.

대테러훈련 다양한 테러 상황에 대처하기 위해 특전사 요원들이 실시하는 훈련이다. 차량, 건물, 기차, 비행기 등에서 발생할 수 있는 모든 테러상황을 가정하고 테러범을 순식간에 제압하거나 사살하는 훈련이다. 실제상황에서 투입된 요원들은 지체 없이 달려들어 순식간에 범인들을 제압해야 하는데, 사격 실력이 출중한 것은 물론 자신의 몸만으로 범인들을 제압할 수 있어야 한다.

특전사의 특수부대 '특수임무부대'

특전사의 특수부대라고 알려진 특전사령부 직할의 특수임무부대는 대테러 임무를 전문적으로 수행하기 위해 만들어진 부대다. 〈태양의 후예〉에서 소재로 삼았던 부대가 바로 '특수임무부대'다. 이 부대는 평시에 대테러 임무를 수행하고 전시에는 전략적 차원에서 꼭 필요한 비밀 특수작전, 일명 X파일로 불리는 특수임무에 투입될 것으로 알려져 있다. 사실 부대원의 신상 자체를 비밀로 유지할 정도로 철저한 보안 속에서 잘 드러나지 않는 부대이다.

특수임무부대는 특전사의 정예요원 중에서도 체력과 전투능력이 최고 수준에 도달한 요원들만 별도로 선발한다. 구체적인 선발절차와 일정 등은 필자도 모른다. 하지만 이미 특전용사가 된 자원 중에서 추리고 추려서 최고의 정예요원을 선발하기 때문에 특수임무부대에 선발된 요원의 자부심은 정말 대단하다고 알려져 있다. 그리고 그중에는 일부 여성요원들도 있는데 그녀들의 외모는 날씬하고 여려 보이지만 개개인의 전투력은 우리의 상상을 초월한다. 만약 어떤 범죄자가 여자라고 얕보고 접근하여 특수임무부대 여성요원을 추행하고자 시도한다면 아마 현장에서 바로 제압될 것이다.

특수임무부대의 정예요원이 되면 일반적인 훈련이 아닌 특별한 대테러훈련을 받는다. 그 훈련은 높은 수준의 전문적인 대테러 훈련으로서 특별한 체력과 정신력이 요구되는 훈련으로 알려져 있다. 우리나라 특수임무부대는 전 세계적으로 최고 수준의 대테러 전문부대로 알려져 있다. 그래서 우리의 우수한 전투력과 전문기술을 배우기 위해 많은 나라의 대테러 특수요원들이 대한민국을 방문하기도 한다. 또한 경찰에서 대테러 임무를 수행하는 경찰특공대 중에서도 최정예요원은 대부분 특수임무부대 출신들이다.

특전사는 끊임없는 훈련을 통해 스스로를 단련한다. 앞서 살펴본 훈련들은 그중 일부일 뿐이며 이외에도 비정규전훈련, 특공무술훈련, 동계 설한지 극복훈련 등 끝이 없다. 하지만 고된 훈련을 견디는 만큼 이들의 삶은 남부럽지 않은 혜택으로 가득하다.

독신 간부들을 위해 마련된 독신자숙소(BOQ, BEQ)는 미혼 간부들이 편안하게 쉴 수 있는 공간으로 1인 1실로 독립된 자신만의 공간을 제공한다. 개인 책상, 의자, 침대, 옷장과 같은 가구에서부터 화장실, 베란다와 도서관, 운동시설과 같은 공용 복지시설 등 필요한 모든 시설이 완벽하게 갖추어져 있다. 가정이 있는 요원은 어디에서 근무하더라도 관사가 제공되므로 대출이자와 같은 걱정에서 벗어날 수 있고, 반대로 저축하는 기쁨을 누릴 수 있다. 특히 최근 각 지역별로 신축되는 건물들은 사용자에게 높은 만족도를 보인다. 또한 아파트 단지 내의 복지시설은 국군복지단에서 운영하기에 어디에서도 찾아볼 수 없는 착한 가격으로 운영되어 생활비 절약에 큰 도움이 된다.

특전사는 군 복무가치를 높이기 위한 각종 활동을 시행하고 있다. 매주 금요일을 패밀리데이로 지정하여 가족과 함께할 수 있는 여건을 보장하거나 격주 수요일을 전우의 날로 정해 전우들과 사기를 진작하는 시간을 가질 수 있도록 하는 게 대표적인 예다.

대한민국에서 특수부대를 생각할 때 가장 먼저 떠오르는 부대가 특전사다. 그 정도로 대한민국을 대표하는 특수부대로 자리매김한 것이다. 이렇게 인식되기까지는 오랜 세월, 수많은 전장과 작전현장에서 승리한 선배 검은베레 요원들의 땀과 피가 있었음을 우리는 알아야 한다. 〈태양의 후예〉로 전 세계에 그 위명을 떨치게 된 대한민국 특전사! '안 되면 되게 하라', '사나이 태어나서 한 번 죽지 두 번 죽나'라는 구호처럼 극한의 고통을 이겨내고 진정한 특수요원으로 거듭나고 싶은 젊은이라면 대한민국을 대표하는 세계 최강의 특전사 검은베레에 도전하기 바란다.

해군의 자랑, 해난구조대와 특수전전단

더 넓고 더 깊은 바다로…… 우리에게 불가능은 없다

해군에는 해난구조대SSU와 특수전전단UDT이라는 특수부대가 있다. 이 부대들은 모두 바다를 배경으로 한 특별한 임무를 수행하고 있다. 해군의 특수부대는 타군의 어떤 특수부대도 접할 수 없는 특수한 환경 조건을 이겨내야 한다. 바로 물속에서 임무를 수행하는 것이다. 현대 과학이 아직도 제대로 정복하지 못한 장소가 있다. 바로 깊은 바닷속이다. 아무것도 보이지 않는 깊은 바닷물 속에 들어가 본 적이 있는가? 아무리 겁이 없고 배짱이 두둑한 사람도, 체력이 좋은 사람도 깊은 바닷물 속에서는 할 수 있는 것이 아무것도 없다. 이처럼 단순한 체력적 능력만으로는 물속에서 처하게 되는 극한의 상황을 이겨낼 수 없다. 그래서 대한민국의 모든 특수부대 전문요원 양성교육과정 중에서 해군 특수부대의 훈련기간이 길고 혹독하다고 알려져 있고 훈련 수료율 또한 낮은 이유인지도 모른다.

해난구조대

★★★★

부대의 역사

해난구조대ssu는 '더 넓고 더 깊은 바다로'라는 구호 아래 전·평시 해군과 국가의 생존권을 확보하기 위해 국내 주요 항만과 함정 등, 대한민국 주요 핵심전력에 대한 인명구조와 대형 해양재난사고 발생 시 신속하게 구조작전을 수행할 수 있는 세계 최고의 심해잠수사로 구성된 부대. 인천상륙작전을 준비하던 1950년 9월 1일, 전투 중 손상된 함정과 주요항만에 대한 조기 복구의 중요성을 인식하여 잠수와 선박 구조운용에 능숙한 민간인 16명을 군무원으로 채용하여 '해상공작대'라는 이름으로 창설됐으며 1954년 8월 1일, '해난구조대'라는 지금의 이름으로 부대 명칭이 변경됐다.

주요 활약상

첫째, 군 구조작전 및 적 정보획득 활동을 성공적으로 수행했다. 2002년 참수리-357호정, 2010년 천안함과 참수리-295호정 등 해군함정과 헬기, 우리 군과 미군 전투기, 무인기뢰탐색기, 미 해군 헬기탑재소나 인양을 포함하여 총 81회에 걸친 크고 작은 군 해상사고에 대한 탐색·

구조·인양 임무를 완벽하게 수행했다. 또한 1996년과 1998년에 강릉과 동해에서 발견된 북한 소형잠수함과 잠수정, 1998년 여수에서 격침된 반잠수정을 인양했고 2012년에는 군산 앞바다에서 북한 장거리 미사일 추진체를 인양해 북한의 장거리미사일 기술에 대한 정보획득에 기여했다.

특히 1998년 여수 반잠수정 인양은 열악한 겨울날씨(파고 2m 이상)와 147m의 작업수심, 평균시속 3.6km 이상의 조류, 앞이 전혀 보이지 않는 상황에서 세계 최초로 수심 147m에서 포화잠수를 이용해 온전히 선체를 인양하여 전 세계를 놀라게 했다. 이를 통해 포화잠수 능력을 활용한 구조작전에 대한 자신감과 노하우를 갖게 되었으며 한국 해군의 해난구조대가 세계 최고의 잠수능력을 갖고 있음을 알리는 계기가 됐다.

둘째, 민간 대형 해상재난사고 발생 시 헌신적인 구조작전을 실시했다. 1993년 서해페리호, 2014년 세월호 침몰과 같은 대형 해상재난사고가 발생했을 때 악조건 속에서도 몸을 아끼지 않고 구조작전을 지원하여 국민들에게 신뢰를 받았다. 이 밖에도 충주호 관광선 화재, 성수대교 붕괴 등 82번의 민간 해난사고 발생 시 즉각 출동하여 탐색·구조·인양활동을 통해 국가 해양 재난구조에 기여했다.

셋째, 해저유물탐사와 대민지원활동을 성실히 수행했다. 1973년부터 2004년까지 신안, 완도, 태안 등에서 11회에 걸쳐 국보급 해저유물을 탐사·인양함으로써 수중고고학 연구의 서막을 열었다. 또한 국민의 안전과 해양환경 보호를 위해 수중정화활동, 서해안 폐어망 회수활동을 실시했으며 2007년 태풍 '사라' 내습으로 피해를 입은 제주 성산항 피해복구를 지원하고 제주 해녀 챔버 치료를 통해 오랫동안 잠수 생활로 몸이 불편하거나 잠수병이 있어도 전문치료를 받지 못하고 있던 이들을 치료하는 등 국민의 어려움을 해소하기 위해 노력했다.

해난구조대의 임무

해난구조대의 임무로는 첫째, 해군 함정 및 항공기 해난사고 시 긴급 출동하여 인명구조를 하거나 잠수를 통해 침몰한 해군세력에 대한 인양작전을 수행한다. 또한 민간인이나 민간선박 해난사고 시 관계기관이 요청하면 즉각 출동해 인명구조 임무를 수행한다. 둘째, 우리나라 주요항만에 대한 개항을 유지하기 위해 수로상 장애물을 제거(인양, 폭파)해 우리 해군함정의 원활한 항해를 보장한다. 셋째, 해난구조대에 지원하는 장교, 부사관, 병을 심해잠수사로 양성하기 위한 교육훈련과 양성된 심해잠수사에 대한 보수교육을 실시한다.

해난구조 요원이 되는 과정

해난구조 요원은 1년에 1번 선발한다. 모병 부사관은 11월, 모병 병은 2월 중에 선발하여 해군교육사에서 주관하는 기초군사훈련을 받고 매년 6월부터 장교, 부사관, 병이 함께하는 통합양성교육(해난구조 기본과정 12주)을 받는다. 실무에서 지원하는 장교, 부사관, 병에 대해서는 매년 전반기 통합양성교육 시작 전에 별도의 특수신체검사와 면접 과정을 거쳐 선발한다.

지원절차는 모병 부사관은 해군 홈페이지(www.navy.mil.kr) '해군 모집'에서, 모병 병은 병무청 홈페이지(www.mma.go.kr) '군지원(모병)

안내'에서 인터넷으로 지원하며 실무요원은 문서체계로 시달되는 공문에 따라 지원한다. 신체조건은 신장 163cm 이상, 시력은 나안시력 0.3 이상, 교정시력 0.8 이상(색맹·색약 불가)이며 체중은 60kg 이상이다.

지원서 접수 후 서류전형을 거쳐 1차 선발되면 해난구조대(경남 창원시 진해구 소재)에서 면접과 체력, 수영검정, 특수신체검사를 통해 최종 선발한다. 수영은 평영·자유형·입영을, 체력검정은 팔굽혀펴기·윗몸일으키기·턱걸이·3km 달리기를 실시한다. 특수신검 항목은 압력내성검사, 청력, 호흡기능, 소변검사, 배근력, 혈압, 엑스레이 촬영, 피하지방 검사, 혈액, 시력 등으로 다양한데 이는 수중에서 위험한 구조활동을 수행하는데 필요한 기본 신체능력을 체크하는 것이다. 면접은 용모·태도, 표현력, 학교생활, 의지·정신력, 성장환경 등 5개 항목을 중점 확인한다.

모든 과정을 통과한 최종 합격자는 6월에 시작되는 12주의 해난구조기본과정에 입교한다. 입교자 모두는 이 과정을 통해 해난구조 임무수행에 필요한 기초수영·체력, 스쿠버잠수, 해상인명구조, 항공구조 등의 기본적인 능력을 갖게 된다. 기간별 기본과정 훈련내용은 다음과 같다. 참고로 기본과정을 마친 장교와 부사관은 이어서 시작되는 14주의 전문과정(초급반)에 입교해 본격적인 심해잠수사 전문교육을 받는다.

═══════ **해난구조 요원의 생활** ═══════

교육훈련

심해잠수사는 매월 2주간 잠수, 항공구조, 폭파, 수중용접/절단 등을 숙달하기 위한 전비태세 유지훈련을 실시하며 각 중대별로 구조전술 (수영, 항공구조, 체력훈련 등) 숙달훈련을 매일 실시한다. 이를 위해 부대 내에 수중전투훈련장과 실내전투훈련장을 운영하고 있다. 해난구조대 모든 정예요원은 아침마다 특수체조와 구보로 하루 일과를 시작한다. 이렇게 주기적으로 실시하는 전술 숙달훈련과 기본적인 체력단련은 특수 정예요원의 소속감과 긴장감을 유지하는 기준이 된다.

긴급구조반 비상대기태세 유지

해난사고 발생 시 인명구조와 초동조치를 위해 심해잠수사 12명이 한 조가 되어 인명구조 출동대기태세를 유지한다. 팀장은 대위급 장교가 맡고 있으며 인명구조 출동조는 스쿠버 잠수와 항공구조가 가능한 수준을 항상 유지하고 있다. 주간에는 30분 대기태세를 유지하고 있으며 야간과 휴일에는 1시간 대기태세를 유지하는데 해난사고 발생 시 헬기를 이용하여 현장에 급파된다.

함정근무

해난구조대 인원 중 일부는 구조함과 잠수지원정에 근무하면서 해양재난구조작전과 각종 지원임무를 수행한다. 그들은 함 승조원들과 친밀한 유대관계를 유지하면서 함정에 탑재된 잠수·구조장비를 운용하면서 구조잠수훈련을 실시한다.

해군에서 운영 중인 구조함은 총 3척이다. 그중 1척은 대령이 지휘하는 잠수함구조함으로 조난잠수함 승조원 구조를 주목적으로 하고, 나머지 2척은 중령이 지휘하는 수상함구조함으로 해상 조난선박에 대해 좌초선 이초, 대양 예인 등의 임무를 수행한다. 이러한 구조함의 함장을 선발할 때는 가급적 해난구조대 출신 장교들을 뽑는다. 복잡한 구조임무를 수행할 때 구조전술에 대한 함장의 전문지식과 해난구조 요원과의 교감이 중요하기 때문이다.

여가 생활

해난구조대는 국제규격의 실내수영장과 3개의 체력단련장(헬스장), 실내체육관, 실내 클라이밍 시설 등 최고 수준의 체력단련 시설을 구비하고 있다. 이곳에서 해난구조 요원들은 일과시간 외에도 자유롭게 운동을 하면서 수상구조와 관련된 각종 자격증을 취득할 수 있다. 또한 심해구조잠수정, 수중무인탐사기, 포화잠수와 같은 국외교육과 복무 중 습득한 전문기술을 바탕으로 국제 전문자격을 취득할 수 있으며 한국해양대와 연계하여 잠수 관련 각종 학위도 취득할 수 있다.

심해잠수사의 특전

심해잠수사가 되기 위해서는 혹독한 양성교육과정을 통과해야 한다. 하지만 그 모든 어려움을 극복하고 심해잠수사가 되면 다음과 같은 많은 특전을 누릴 수 있다.

첫째, 기본급여 외 매월 위험수당(대위/중사 기준 약 32만 원)이 지급된다. 포화잠수를 할 경우에는 시간당 2만 4,000원(통상 100m, 10일 잠수작업 시 약 600만 원)이 지급된다. 병에게도 매월 받는 급여수준인 약 22만 원의 위험수당을 지급하고 있다.

둘째, 국가자격증(심해잠수사 1·2·3급), 국가기술자격증(잠수산업,

용접, 위험물처리), ROV 조종면허증, 동력수상레저기구 조종면허증, 레저다이빙 자격증, 수상안전요원/응급처치원(강사) 등의 취득을 부대 차원에서 지원한다. 또한 모든 심해잠수사에게 추가적인 양성·보수 교육과 및 위탁교육 기회를 부여하고 해외 위탁교육자로 선발되면 국방어학원, 해군 영어학교에 우선 입교시키는 등 부대차원에서 배려하고 있다.

셋째, 해외훈련 참가 및 파견 기회를 제공한다. 해난구조대는 국방부 해외파병 상비부대로 지정되어 있어 서태평양 잠수함 구조훈련, 코모도(인도네시아) 훈련, 사관생도 순항훈련, 남극 세종기지 등에 정예요원을 파견시키고 있다.

넷째, 해난구조대에 근무하는 동안 개인장비(장구)를 지급하고 개인 체력단련 시간을 보장한다. 이를 위해 임무수행과 자격증 취득에 필요한 특수피복(고어텍스), 스쿠버 장비 일체(슈트, 마스크, 부츠, 핀, 장갑, 베스트 후드, 다이브 컴퓨터)를 지급하고 최신 체육시설(사면 운동장, 인조잔디 축구장, 헬스장 3개소, 국제규격 수영장, 잠수풀장, 목욕탕 4개소, 우레탄 농구장, 배구/족구장, 실내전투훈련장, 실내암벽등반장)에서 매일 오전·오후 체력단련을 할 수 있도록 보장한다.

다섯째, 전역 후 해양구조 분야 특수임무 수행과 관련된 다양한 직위에 재취업 할 수 있도록 도와준다. 심해잠수사 정예요원으로 복무한 자원은 119구조대, 해경특수구조단, 해경특공대에 대한 특채 임용 자격을 갖추고 있으며 각종 수중 레저산업 분야 취업 시 해난구조대 복무경력을 우대받고 있다.

심해잠수사가 되기 위한 해난구조 훈련은 물속에서 하는 훈련이 대부분으로 일정 수준 이상의 수영 능력이 있어야 한다. 특히 수영은 평가 시 규정된 수준이 충족되지 않으면 점수를 감점하는 것이 아니라 불합격 조치하므로 지원자들은 수영을 열심히 준비해야 한다. 단순히 호기심으로 지원하는 경우 합격이 힘들며, 설령 합격을 하더라도 훈련 기간 중 탈락될 가능성이 높기 때문에, 평상시 수영과 체력관리를 잘하고 해난구조에 대한 이해를 바탕으로 지원해야 한다.

특히 부사관으로 지원하는 사람은 어느 정도 수학적 이해능력을 갖추고 있어야 한다. 사람들이 보통 심해잠수사는 뛰어난 수영능력과 강한 체력만 있으면 될 것이라고 생각한다. 하지만 심해잠수사는 실무에서 물리와 관련된 수학적 능력이 떨어지면 고난도 기술이 요구되는 전문적인 구조업무를 수행하는 데 제한이 많다. 그래서 구조작전 시 주로 보조업무를 수행하게 되는데 이로 인해 우수근무자로 평가받는 것이 제한되어 장기복무자로 선발되기가 어렵다는 점을 참고해 지원하기 바란다.

해군 특수전 부대

★★★★

━━━━ 개요 ━━━━

해군 특수전 부대(UDT/SEAL)는 '불가능은 없다'는 구호 아래 해·육·공 전천후 특수작전(UDT/SEAL)과 해상대테러(MCT), 폭발물처리

(EOD) 임무를 수행하는 부대로 아덴만 여명작전과 같은 위기상황과 재해·재난 상황에서 국가와 국민을 위한 임무를 수행하는 최정예·최선봉 부대다.

═══════ **부대 연혁 및 임무** ═══════

부대 연혁

해군은 한국전쟁을 겪으면서 상륙전 수행 시 특수전 부대의 필요성을 인식하고 1954년 6월 수중파괴대UDT를 편성했다. 1955년 미 해군 UDT 기초과정을 수료한 7명을 교관으로 임명해 한국군 최초의 UDT 교육을 실시하고 그해 11월, 26명의 수료생을 배출하여 대한민국 수중파괴대를 창설했다. 이후 1968년 4월, 폭발물처리EOD, 1976년 1월, 특수전SEAL, 1993년 12월, 해상대테러 임무가 추가됨으로써 명실 공히 특수전부대의 면모를 갖추었다.

한편 조직도 강화됐는데 1998년 특수선박대, 1999년 특수임무대가 추가로 창설됐고, 2000년 1월에는 부대규모가 확장되어 특수전여단으로 승격됐다. 수중파괴대 창설 이후 50여 년 동안 4번의 부대 이전을 했고, 1988년 2월 현재 위치인 경남 창원시 진해구 해군사관학교 입구에 정착했으며, 2012년 2월 1일 특수전전단으로 개편되어 오늘에 이르고 있다.

임무

특수전전단은 최고도의 전비태세를 완비하고 유사시 부여된 임무에 따라 적 지역에 침투하여 전천후 특수작전을 실시한다. 해상에서 테러상황 발생 시 즉각 현장에 출동하여 진압하고 테러 지원세력에 대한 해양차단작전과 필요시 경호경비 임무도 수행한다. 바다의 지뢰라는 기뢰를 탐색하여 처리하며 해·육상에서 발견된 폭발물도 처리한다. 또한 전방 및 취약해역에 대한 탐색작전을 실시하며 적 특작부대 침투 시 즉각 대응하고 국가급 대형 재해·재난사고가 발생하면 즉시 출동하여 구조임무를 수행한다.

주요 활약상

청해부대 검문검색대

청해부대 검문검색대는 2009년부터 아덴만에 파견되어 해적 의심선박에 대한 검문검색과 해양안보작전을 수행하고 있다. 특히 2011년 아덴만 여명 작전과 한진텐진호 구출작전, 2012년 제미니호 피랍선원 구출작전, 2011년부터 3회에 걸친 리비아와 예멘 우리국민 철수작전 등에서 검문검색대는 청해부대의 최선봉에서 핵심역할을 수행했다.

국지도발 대비 작전

1996년 강릉 상어급 잠수함, 1998년 유고급 잠수정 발견 시 잠수함(정)에 대한 폭발물 탐색과 내부수색을 실시했다. 그 결과 북파공작원 사체와 침투장비, 폭약, RPG-7, 소병기 등을 다수 회수해 처리했고 내부 안전 확인 후 인계하여 나포작전을 성공적으로 완수했다.

국제 평화유지 및 군사협력

월남전 기간인 1965년부터 1973년까지 해군수송단대의 해상수송작전 시 사전에 해저탐색을 통해 수중장애물을 제거하여 함정의 항로안전을 확보했다. 2002년 상록수부대, 2004년 해성부대 등 국제평화유지활동에 해군의 일원으로 참가하여 임무를 완수했다. 2011년 7월부터는 UAE 군사협력단(아크부대)에 특전요원을 파견하여 대한민국 해군 특수부대의 우수성을 과시하고 있다.

국가 재해·재난 지원

1993년 10월, 서해에서 침몰한 서해페리호 여객선 구조작전 시 거친 물살과 제한된 수중환경 속에서 전 세계적으로 유례가 없는 실종자 전원을 인양하는 기록을 남겼다. 2010년 백령도 근해 천안함과 2014년 진도 근해 세월호 침몰사고와 같은 국가 재해·재난사고 발생 시 가장 먼저 현장에 투입되어 국민의 소중한 생명과 재산을 보호하는 첨병역할을 수행했다.

해군 특수전 요원이 되는 과정

해군 특수전 요원은 1년에 2번 선발한다. 모병 부사관은 9월과 12월, 모병 병은 12월 중에 선발하여 해군교육사에서 주관하는 기초군사훈련을 받고 매년 4월 초부터 장교, 부사관, 병이 함께하는 전반기 통합양성교육(특수전 기본과정 5주)을 받는다. 모병 병은 1년에 1번만 선발하므로 전반기 교육에만 입교한다.

실무에서는 장교와 부사관만 지원할 수 있으며 선발되면 4월부터 시작되는 전반기 교육과 6월부터 시작되는 후반기 양성교육에 나뉘어 입교한다. 하지만 임관 후 특수전 양성과정을 받다 보니 훈련 중간에 포기를 해도 직별전환이 가능해 양성과정 수료율이 저조한 실정이다. 또한 훈련 중 도태되어 다른 직별로 전환된 부사관이 타직별에 적응하는 데 문제가 발생하고 있다. 이에 해군에서는 2018년 지원자부터 기초군사훈련을 특수전 부대에서 직접 담당해 일정수준을 통과하지 못하는 훈련생은 임관시키지 않기로 하고 1년에 3번 선발하는 것으로 교육과정 변경을 추진하고 있다. 특수전요원 양성교육 기간은 기본과정 5주, 초급과정 16주(초급병과정 5주), 전문화과정 10주로 구성되는데 특전사에 위탁해서 교육을 받는 공수기본교육 3주를 포함하면 부사관 전문요원의 경우 총 34주간의 교육을 통과해야 진정한 해군 특수전 정예요원이 되는 것이다.

지원절차로 모병 부사관은 해군 홈페이지(www.navy.mil.kr) '해군모집'에서, 모병 병은 병무청 홈페이지(www.mma.go.kr)에서 인터넷으로 지원하며 실무장교와 부사관은 문서체계로 시달되는 공문에 의거 지원한다. 신체조건은 신장 164cm 이상, 시력은 나안시력 0.8 이상(색맹·색약 불가)이며 체중은 60kg 이상이다.

지원서 접수 후 서류전형을 거쳐 1차 선발되면 해군 특수전전단(경남 창원시 진해구 소재)에서 면접 및 체력·수영검정, 특수신체검사를 통해 최종 선발한다. 수영은 평영, 자유형, 입영을 체력검정은 팔굽혀펴기, 윗몸일으키기, 3km 달리기를 실시한다. 특수신검 항목은 압력내성검사, 청력, 호흡기능, 소변검사, 배근력, 혈압, 엑스레이 촬영, 피하지방 검사, 혈액, 시력 등으로 다양한데 이는 수중에서 위험한 임무를 수행하는 데 필요한 기본 신체능력을 체크하는 것이다.

최종 합격자는 4월과 6월에 시작되는 특수전 기본교육과정에 입교한다. 입교자 모두는 기본과정 5주를 거쳐 기본 탈락자를 선별하고 초급과정과 병兵과정으로 분리하여 교육을 진행한다. 특수전 기본교육 과정에 대한 세부 훈련내용은 다음과 같다.

특수전 기본교육 소개

목적 특수전 요원으로서 갖춰야 할 자질을 평가·선발하는 과정으로 특전요원이 필수적으로 갖춰야 할 기본전술교육을 통해 특전요원 자격을 부여한다.

교육과정별 기간 및 주요내용

구분	기간	주요 내용
기본과정(공통)	5주	체력, 수영, 특전기질 함양
초급과정(장교/부사관)	16주	특수전 기본전술
전문화과정(장교/부사관)	10주	특수전 전술능력 향상
병 과정	5주	특수전 기본전술 및 지원능력 배양

* 기본과정에서 신체활동 한계와 극도의 스트레스를 통해 퇴교생 선별

특수전 요원들은 계급장 없이 장교, 부사관, 병이 함께 교육받는 5주간의 특수전 기본과정을 수료하면 장교/부사관은 16주의 초급과정에 입교하고 병은 5주의 병兵과정에 입교하여 교육을 받는다. 병들은 5주간의 교육을 수료하면 전단 지원요원이나 전방대대 작전요원으로 배치되어 임무를 수행한다. 하지만 장교/부사관은 16주의 초급과정 수료 후 10주간의 전문화과정을 통해 특수전 전문성을 향상시킨다. 전문화과정까지 수료하면 정식 작전요원으로서 임무를 수행하며, 이후 개인별 임무 특성에 따라 추가 전문교육(특전팀이송정, EOD, 해상대테러, 해상저격수 등)을 받는다.

교육훈련

특전요원들은 작전대 단위로 일과가 진행된다. 기본 일과로 오전에는 체력단련, 오후와 야간에는 전술훈련을 실시한다. 특수전의 특성상 모든 작전이 야간에 이루어지므로 주간에는 종목별 숙달훈련을 실시하고 모든 종합훈련FTX은 야간에 이루어진다. 그래서 작전대와 대대는 매주 2일 이상 야간훈련을 실시한다. 특전팀은 소수의 인원으로 구성되어 위험하고 어려운 특수작전을 수행한다. 따라서 개인의 능력도 중요하지만 완벽한 팀워크를 우선시한다. 그래서 교육훈련과 기본적인 부대일과, 때로는 휴가까지도 팀별로 실시하고 있다.

체력단련

특수전 요원의 체력은 전투력과 직결된다. 임무수행 중 어떠한 장애물과 악조건도 극복하고 이겨낼 수 있는 체력을 갖추어야 한다. 그래서 UDT체조, 스트레칭, 구보, 수영, 웨이트트레이닝 등 근력과 지구력 향상을 위해 체계적인 체력단련을 하고 있다.

침투 및 생존능력 구비

해군 특수작전은 다양한 침투수단을 이용해 해상/해중, 육상, 공중으로 적진에 침투한다. 그러므로 침투자산과 장비를 운용할 수 있는 자격을 갖춰야 하며 혹독한 훈련을 통해 고립된 작전환경에서도 생존할 수 있는 능력을 갖추도록 노력하고 있다.

연합 특수작전 능력 배양

해군 특수작전 요원 중 간부에게는 미 UDT/SEAL, 폭발물처리와 같은 해외유학 기회가 많아 자신의 노력 여하에 따라 얼마든지 개인역량을 키울 수 있다. 또한 국내외 특수전 부대와의 연합작전과 전지훈련을 지속적으로 실시하고 있다. 이를 통하여 특수작전, 대테러작전, 폭발물처리에 대한 각종 전술 발전은 물론 연합작전 능력도 향상시키고 있다.

여가 생활

특수전 요원은 교육훈련을 통해 다양한 레저스포츠를 자연스럽게 배우게 된다. 그러므로 관련된 자격증을 쉽게 취득할 수 있다. 특히 스킨스쿠버, 스카이다이빙, 레저기구 운용과 같은 종목은 동호회 활동과 개인 여가 생활에서 활용하며 즐기고 있다.

해군 특수전 정예요원의 특전

해군 특수전 정예요원이 되기 위한 특수전 양성과정은 지구상의 모든 특수부대 양성과정 중 가장 혹독하고 수료하기가 힘들다고 알려져 있다. 이처럼 어려운 과정을 이겨내고 해군 특수전전단의 정예 특수전 요원이 된 대원에게는 많은 특전이 주어지는데, 앞서 설명한 해난구조대 심해잠수사의 특전내용과 많은 부분이 유사하다. 같은 해군이고 수중에서 주로 활동하는 점도 비슷하기에 주어지는 특전도 비슷한 것이다.

하지만 특수전 요원은 심해잠수사가 할 수 없는 작전 분야의 다양하고 특별한 임무를 수행한다. 특히 특전사의 특수임무부대와 유사한 대테러임무도 수행하므로 전역 후 재취업할 수 있는 분야가 훨씬 폭넓고 다양하다. 만약 어학능력만 뒷받침된다면 높은 연봉을 받고 해외 취업도 가능하다.

경찰특공대에서도 특전사의 특수임무부대 요원과 함께 가장 선호하는 사람이 해군 특수전전단의 특수임무대대 요원이다. 또한 해외 파견근무 기회가 많아 본인이 희망할 경우 2년에 1번 정도는 해외에 나갈 수 있다. 기혼자가 아니라면 주기적으로 해외파견 근무를 할 경우 경제적으로 많은 도움이 된다.

===== **유의 및 강조사항** =====

우리나라 특수부대 중에서 양성교육기간(부사관의 경우 34주)이 길고 혹독한 훈련과정으로 훈련 수료율이 낮은 과정 중 하나로 알려진 것이 바로 해군 특수전 부대 양성과정이다. 이 과정에 위탁교육을 받기 위해 지원한 육·공군 특수부대와 해병대 수색대의 정예요원들조차 훈련을 수료하기가 어렵다고 하니 얼마나 힘든 훈련인지 짐작할 수 있을 것이다. 그러므로 이런 혹독한 과정을 통과한 정예 특수전 요원의 자부심이 얼마나 강할지는 독자들의 상상에 맡기겠다.

해군 특수전 정예요원에 도전하려는 젊은이들에게 꼭 알려주고 싶은 것이 있다. 해군 특수전 부대 양성과정은 웬만한 체력과 정신력으로 도전할 경우, 통과하기가 쉽지 않다. 보통 체력에 자신이 있다고 생각하는 사람들이 지원했는데도 훈련 수료율이 30%를 넘기기가 어려울 정도다.

특수전 기본과정 초기에 자신의 체력과 정신력으로 반드시 통과

해야 할 3가지 종목이 있다. 첫째, 바다에서 맨몸으로 5.5마일(8.8km)을 수영할 수 있어야 한다. 둘째, 육상에서 16마일(25.6km)을 지정된 시간 내에 통과해야 하는데 쉬지 않고 상당히 빠른 속도로 뛰어야 가능하다. 셋째, 한 번의 호흡으로 물속 50m를 잠영으로 이동할 수 있어야 한다. 이러한 3가지 조건이 훈련 초기 기본적으로 통과해야 할 항목이다. 만약 자신이 이러한 조건을 통과할 자신이 없다면 처음부터 지원하지 말기 바란다.

해군 특수전 부대 양성과정은 그저 체력이 좋다고 통과할 수 있는 평범한 과정이 아니다. 정말 간절한 마음으로 자신의 정신적·체력적 한계를 극복하겠다는 각오를 하지 않으면 결코 통과할 수 없다. 필자도 해군사관학교를 졸업했고 기본적인 체력과 정신력을 갖추고 있었지만 특수전 요원이 될 만큼은 아니었기에 지원할 생각조차 하지 못했다. 자신을 냉철하게 평가해보라. 극한의 고통을 이겨내고 영광스런 해군 특수전 정예요원이 될 자신이 있는 젊은이들은 많이 지원하기 바란다.

공군의 자부심,
특수구조팀과 공정통제사

PART V 04　　　하늘의 119구조대와 하늘 위에 길을 여는 사람들

대부분의 사람들은 특수부대를 떠올릴 때 특전사나 UDT 등 육군과 해군의 잘 알려진 특수부대를 생각한다. 그런데 공군에도 적 지역에 침투해 비밀작전을 수행하거나 조난당한 조종사 구출을 전담하는 특수부대가 있다. 일반인들이 공군에도 특수부대가 있다는 사실을 잘 모르는 것은 공군의 조종사와 항공기 이미지가 너무 강해서다. 그렇다 보니 특수작전과 연관된 부대를 생각하기가 어렵고 또 워낙 소규모로 운영되는 부대이기에 국민들에게 많이 알려지지 않았다.

　하지만 필자 생각에 공군의 '특수구조팀SART'과 '공정통제사CCT'는 타군의 어떤 특수부대와 비교해도 손색이 없을 만큼 우수한 요원들이 근무하는 특수부대다. 또한 타군의 일부 특수부대 기본양성과 정에는 병사들이 지원가능하지만 공군 특수부대는 전 요원이 부사관 위주의 소수 정예요원으로 편성되어 있어 병사는 아예 모집하지 않는 다. 공군 특수요원은 자격조건이 타군을 포함한 모든 특수부대 중 가장 높은 수준이며 양성교육 기간이 길고 통과해야 할 기본훈련도 상당히 많고 다양하다.

유엔 제2대 사무총장을 역임한 다그 함마르셸드는 "산 정상에 오르기 전에는 절대 산의 높이를 재지 말라. 정상에 오르면 그 산이 얼마나 낮은지 알게 될 것이다"라고 했다. 이 말은 우리가 세상을 살다보면 예상치 못한 장애물을 만나게 되는데 바로 눈앞에 있는 고통에 너무 연연하지 말라는 뜻이다.

대부분의 사람은 자신의 목표를 달성하기 위해 노력하지만 가야 할 길이 아득하게 보일 때 절망하기도 하고 오뚝이처럼 다시 일어서기도 한다. 하지만 그러한 과정을 거쳐 우여곡절 끝에 목표에 도달하고 나면 지난 시간이 그렇게 힘들지 않다는 사실을 깨닫게 된다.

이처럼 공군 특수요원이 되는 길은 높은 산의 정상을 올라가는 것만큼이나 험난하고 고통스러운 과정을 거쳐야 한다. 하지만 그 모든 과정을 거쳐 정예 특수요원이 되고 나면 지난 시간의 고통보다 자기 자신에 대한 자긍심, 국가와 국민을 위한다는 명예로운 사명감과 임무수행에 따른 보람을 느끼게 될 것이다.

공군특수구조팀

★★★★

개요

공군특수구조팀SART: Special Air Force Rescue Team은 '내 목숨은 버려도 조종사는 구한다'는 구호 아래 조난에 처한 조종사와 주요인원 구조를 위해 조난지역에 공중 또는 지상으로 투입된다. 그곳에서 조난자 응급조치와 도피, 탈출, 전투생환 및 귀환 작전을 수행한다. 평상시에는 주야 전천후 탐색구조 임무를 수행하면서 조난으로 위기에 처한 인명과 국민의 재산을 보호하는 공군의 특수임무부대이며 진정한 하늘의 119구조대다.

주요임무와 활약상

주요임무

- 항공기에 의한 전투 탐색구조, 내외부 화물 공수, 적 지역 침투(공수, Rappelling)
- 조난 조종사 생환을 위한 생존, 도피, 탈출, 귀환 임무
- 산악 구조 및 수상 구조
- 항공기를 이용한 항공의무 및 공수, 적 제압 대지사격
- 대규모 재해·재난 시 인명구조
- 평시 긴급 대민지원활동

1958년 제33구조비행대대로 시작한 제6탐색구조전대 특수구조팀은
창설 이후 지금까지 총 4,700여 명의 생명을 구했다. 평시에는 항공기
사고 구조, 육지와 해상 인명탐색 구조, 벽오지 환자 공중 수송, 수해
발생 시 구조, 산불 진화 등 다양한 대민지원 임무를 수행했다. 대표적
사례로는 1971년의 서울 대연각호텔 화재, 1984년의 태풍 '셀마'로 인
한 수해, 1993년의 목포 민항기 추락사고, 1994년의 성수대교 붕괴사
고, 1995년의 삼풍백화점 붕괴사고, 1999년과 2002년의 제1·2연평해
전, 2010년과 2014년의 천안함과 세월호 침몰 현장지원 등이 있다. 또
한 미군의 F-16전투기가 동해에 추락했을 때도 미군 조종사를 성공적
으로 구조했으며 1993년 부산 남항에서 태풍으로 좌초된 대형 원양어
선 2척의 선원을 폭풍우와 사투를 벌인 끝에 선원 16명 전원을 구조
하는 등, 대형 재해·재난으로 인한 위기의 순간에는 항상 공군특수구
조팀이 함께했다.

특수구조 요원이 되는 과정

선발절차

- 선발신분/모집시기: 부사관/연 2~3회(공군부사관 모집 시 선발)
- 선발방법: 특별전형(I) 선발
  * 특별전형(I)은 분야별 선발 평가기준을 설정하고 해당 분야 주관
    으로 실기평가나 면접을 통해 특정 직위에 필요한 전문능력 보유
    자를 선발하는 전형이다.
- 지원자격: 전문대 졸업 또는 4년제 대학 2년 이상 수료자(전공 무관)

중 신장 170cm 이상, 나안시력 0.7 이상인 자

* 응급구조사(1·2급), TOEIC 600점 이상, 응급구조학과, 체육 관련 학과 전공자 우대

• 선발 평가항목 및 배점

구분	신체검사	체력검사	실기평가		가점	면접	계
			수영	응급처치			
배점	적·부	100점	100점	50점	30점	30점	310점

* 체력검정 종목: 팔굽혀펴기, 윗몸일으키기, 턱걸이, 5km 달리기

훈련

• 기초군사훈련: 12주/교육사령부
• 특기교육: 39주/항공구조대 주관

* 육군 특전사, 국군의무학교, 정보교육대대에서 실시하는 파견교육 기간 포함

특기교육 세부내용

① 탐색 및 전술구조

- 항공기 일반, 비상대기 근무절차에 대한 지식 숙지
- 전투탐색구조, 내외부 화물 공수, NVG 훈련, 적지침투 Rappelling 절차 숙지
- 항공기를 이용한 항공의무 및 공수, 적 제압 대지사격 절차 습득
- 탐색구조 임무 시 사용되는 항공장구 사용법 숙지
- 공대지 및 지대지에서 사용되는 상호간 수신호법 숙지

② 전투생환 및 산악구조

- 산악장구의 종류 및 사용법에 대한 지식 숙지
- 로프 사용에 따른 매듭법, 관리, 확보, 설치에 대한 제반 절차 습득
- 암벽훈련 중 1인 앞/뒤 하강, 조난자 업고 하강, 들것 환자 하강 및 1인 상승훈련 습득
- 생환임무(생존, 도피, 탈출, 귀환)에 대한 내용 숙지 및 실습
- 전투생환훈련에 필요한 침투법/생환법/이동전술/독도법 숙지 및 실습

③ 전투 수상/수중 탐색구조

- 잠수SCUBA에 대한 전반적인 원리, 환경, 잠수물리, 잠수생리에 대한 제반지식 숙지와 잠수장비에 대한 사용법 습득 및 숙달 훈련
- 수상 임무능력 구비를 위한 수영능력 및 임무절차 숙달
- 수중 탐색 및 인양절차에 대한 내용 숙지 및 실습을 통한 제반 절차 습득
- 임무수행 시 발생할 수 있는 비상상황에 대비한 행동요령 및 절차 습득

④ 적지침투 낙하산 강하

- 낙하산 지상학술에 대한 지식 함양
- 낙하산 지상훈련을 통해 공중강하 능력 배양
- 34FT TOWER훈련을 통한 준공중강하 능력 배양
- 공중강하 훈련을 통한 강하능력 및 공중 생환능력 배양

⑤ 비행환경적응훈련

- 저압훈련: 저산소, 저압에 대한 훈련
- 조종사 및 승무원에 대하여 고고도비행이 인체에 미치는 영향과 그

대책으로 산소마스크, 산소레귤레이터의 취급 방법을 훈련

⑥ 생환훈련

- 각 기종별 낙하산에 대한 사용능력 배양

- 해상 조난 시 생환능력 배양

- 지상 조난 시 생환능력 배양

- 조난상황 부여 시 종합적인 생환능력 배양

⑦ 특전의무교육

- 특전요원 야전 응급처치 수행능력 구비

- 야전 응급처치 능력 숙달

지원 시 유의 및 강조 사항

1) 강인한 체력이 요구되는 임무로 지원 시 체력증진에 유념

2) 인명구조에 대한 사명감 및 책임감

3) 고난이도 임무수행을 위한 팀워크

4) 극한의 위험상황에 대처할 수 있는 정신력

특수구조 요원의 생활

공군특수구조팀의 항공구조사는 전·평시 특정지역에 조난된 전투조종사와 주요 요인에 대한 안전생환 임무수행을 위해 어떠한 악조건에서도 생존할 수 있게 훈련받고, 응급치료와 도피기법을 지원하여 복귀시키는 구조전문가다. 이들은 국내 유일의 탐색구조 전문부대인 '제6탐색구조비행전대' 소속이다. 이 부대에는 100명도 안 되는 소수정예의 항공구조사가 활동하고 있다. 항공구조사가 단독으로 임무수행을

하려면 보통 4~5년간 강도 높은 특수훈련을 받아야 어떠한 상황에서도 작전을 수행할 수 있는 자격을 획득할 수 있다.

항공구조사는 자원 입대자에 한해서만 선발한다. 항공구조사는 임무를 수행하면서 자신의 생명을 걸어야 하는 상황과 수시로 직면하기 때문이다. 이들은 계획된 일과에 맞춰 비상대기 근무를 하면서 부가적으로 비행지원 임무도 수행해야 한다. 그리고 시간이 날 때마다 꾸준히 개인 체력단련도 해야 한다. 그래야 연간 반드시 이수해야 하는 훈련(전투생환 및 산악구조, 전투 수상·수중 탐색구조, 낙하산 강하, 연간학술 집중교육 등)을 잘 받을 수 있다. 또한 자기계발을 위한 타군 위탁교육(특전사 고공강하, 해군 특수전 초급, 1·2급 응급구조사 등)과 국내외 실무연수교육(미국 해양탐색구조, 동계수난구조, 로프구조, 응급구난잠수 등)에도 적극적으로 참여하고 있다. 이처럼 다양한 특기교육을 받으면서 많은 자격증을 취득할 수 있는데 잠수 관련(강사, 응급구난 등), 낙하산 리거, 수상인명구조원/강사, 경호경비지도사, 위험물관리, 응급구조사 1·2급, 의무 관련 분야 자격증 등이 있다.

평상시 긴장된 상태로 대기하는 시간이 많아 여유 있는 생활을 누리지는 못하지만, 진정한 하늘의 119구조대원으로서 부여된 구조임무를 성공적으로 수행하고 나면 조난자의 환하게 웃는 얼굴에서 항공구조사로서 보람과 자부심을 느낀다. 항공구조사는 구조를 요청한 사람들의 눈에 잘 띄기 위해 자줏빛 베레모를 쓴다. 이는 '자신의 목숨을 희생해서라도 조종사를 구한다'는 제6탐색구조전대의 정신이다.

공정통제사

★★★★

공정통제사CCT:Combat Control Team는 '하늘 위에 길을 연다'는 구호 아래 전·평시 공군 전술공수작전과 특수작전 임무를 위해 특수교육훈련을 이수한 부사관으로 구성된 공군 유일의 특수임무 팀이다. 공정작전을 수행하기 위해 육군 특전사의 공중침투요원과 함께 목표지역에 잠입해 강습지역 설치운영, 항공기 유도·통제, 통신시설 유지 및 필요한 정보를 수집·전파하는 임무를 수행한다.

═══════════════ 주요임무 ═══════════════

• 공중/육상/해상을 통한 신속·정확한 임무 지역 침투
• 임무 항공기 유도/관제/통제
• 항법보조장비 설치 및 운용
• 지대공 및 지대지 통신망 설치 및 운용
• 강습지역(투하/착륙/추출) 정보수집 및 제공
• 장애물 및 위협요소 제거

═══════════════ 공정통제요원이 되는 과정 ═══════════════

선발절차

선발신분 부사관

선발시기 연 2~3회(공군 부사관 모집 시 선발)

CCT 요원은 항공관제 특기내 공정통제사로 별도 선발하여 교육

선발방법 특별전형(I) 선발

특별전형(I)은 분야별 선발 평가기준을 설정하고 해당 분야 주관으로 실기평가나 면접을 통해 특정 직위에 필요한 전문능력 보유자를 선발하는 전형이다.

지원자격 고졸 이상의 학력이면서 다음의 신체기준을 충족하는 사람

① 신장 / 시력: 170cm 이상 / 나안시력 0.8 이상

② 항공종사자(공중근무자) 신체검사 3급 이상

  * 토익 600점 이상 취득자 가점부여

  * 항공교통관제, 응급구조, 무도자격, 자동차 운전, 한국사능력 중급 이상 성적 보유자 우대

선발 평가항목 및 배점

구분	신체검사	면접	가점	응급처치			
				팔굽혀 펴기	윗몸 일으키기	턱걸이	5km 달리기
배점	적·부	25점	15점	12점	12점	12점	24점

훈련종목

공정통제사 기본교육(24주)

  낙하산 강하, 생환훈련, 강습지역운영 등 11개 종목

공정통제사 특수교육(자체교육과 외국·타군 위탁교육 이수 병행)

  HALO, SCUBA, UDT/SEAL, 산악유격, 폭파, 응급처치, ETACC, 美 공정통제학교

'공정'이란 병력과 물자를 하늘을 통해 보내주는 것을 말한다. 항공수송작전을 성공적으로 실시하려면 많은 준비가 필요하다. 이러한 준비를 실질적으로 담당하는 사람들이 공정통제사다. 이들은 사전에 적진 깊숙이 잠입해 병력과 물자가 투하될 위치를 미리 확보하고 수송기가 투하지점을 정확하게 확인할 수 있도록 유도하는 임무를 수행한다. 이들은 작전을 성공시키기 위해 육군 특전사 강습요원들과 함께 목표 지역에 침투하여 강습지점을 사전에 확보한다. 은밀한 잠입은 기본이고 공정작전이 성공적으로 끝날 때까지 강습지점의 안전을 확보하고 주변 지역을 완벽하게 통제해야 하는 어려운 임무를 수행하는 것이다.

이러한 임무 특성상 공정통제요원은 투하지점을 정확하게 지정하고 유도하는 유능한 관제사가 되어야 한다. 또 육상·수상·수중 침투는 물론 하늘을 통한 저·고공 낙하침투의 전문가가 되어야 한다. 이들은 강한 체력을 바탕으로 완벽한 침투와 공정통제 기술까지 갖춘 최고의 요원이 되기 위해 혹독한 양성과정은 물론 평상시 고난도의 특기 훈련과정을 거친다. 이처럼 공정통제사는 완벽한 공정작전을 수행해야 하므로 공군의 전술공수비행단에 소속되어 있다. 이들은 임무의 특수성과 난이도를 고려해 소수정예의 부사관으로만 편성되어 있다.

필자가 보기에 공군특수구조팀과 공정통제사는 전 요원이 부사관으로만 구성되어 있는 소수정예의 특별한 특수부대다. 선발기준도 타군을 포함한 모든 특수부대 중에서 가장 높은 수준이며 통과해야 할 자격훈련도 상당히 많고 다양하다. 그만큼 공군의 특수요원이 되기가 어렵다는 것을 의미한다. 하지만 그 어려운 과정을 모두 이겨내고 진정한 공군의 특수요원이 된다면 그 성취감은 말로 표현하지 못할 정도로 클 것이다. 하늘 위에 길을 내고, 하늘의 119구조대가 되어 활동하고 싶다면 공군 특수요원에 도전하기 바란다.

해병대의 공지,
특수수색대

상륙작전의 선봉에는 우리가 있다

'실수와 실패, 자존심과 자부심, 관용과 존경'. 별생각 없이 보면 비슷한 뜻을 가진 단어처럼 보인다. 하지만 전자는 승자의 언어, 후자는 패자의 언어다. 두 언어 중 어떤 말을 주로 사용하는가에 따라 당신은 승자가 될 수도 패자가 될 수도 있다. 승자가 즐겨 쓰는 말은 '다시 한 번 해보자'이고 패자가 즐겨 쓰는 말은 '해봐야 별 수 없다'라고 『탈무드』에 나와 있다. 승자가 되고 싶다면 항상 승자의 언어에 익숙해지려고 노력해야 한다. 그런 의미에서 해병대라는 단어는 우리 모두에게 승자의 언어처럼 느껴질 것이다. 왜냐하면 대한민국 국민 모두가 해병대는 패배를 모르는 군대라는 사실을 알고 있고 인정하기 때문이다.

그렇다면 모든 해병대원 중에서 가장 먼저 적지에 투입되고 가장 위험한 임무를 수행하는 사람들은 누구일까? 그들은 바로 해병대 수색대원들이다. 그들의 최우선 임무는 상륙작전을 성공시키기 위해 상륙돌격 개시 이전에 상륙해안에 침투하여 사전준비를 하는 것이다. 이를 위해 수색대는 사전에 적지에 침투하여 상륙 지역에 대한 정찰활동을 하면서 상륙에 방해가 되는 장애물을 제거해야 한다. 이와 병행해 또 다른 특수임무를 부여받은 특수수색대원들은 적진 깊숙이 침투해 적 주요인물과 장애물을 제거하거나 목표물을 탈취하는 임무를 수행한다. 이처럼 상륙작전의 최선봉에서 막중한 임무를 수행해야 하는 해병대 수색대원들의 훈련은 무척이나 힘들다고 알려져 있다.

육군의 특전사를 비롯하여 해·공군의 모든 특수부대들은 장교들이 임무수행을 책임지고 있고 작전팀원들도 전부 부사관 이상 간부들로 구성되어 있다. 하지만 해병대 수색대는 사단의 예하부대며 대부분의 구성원이 병사로 이루어져 있어 특수부대라고 말하기에는 약간 애매한 면이 있다. 오히려 육군의 전방사단 수색대와 비슷하다. 이처럼 부대의 임무와 구성 등을 정확히 분석하면 해병대 수색대는 특수부대가 아니다.

그러나 이들이 수행하는 임무나 해병대 수색대원을 양성하는 훈련과정을 육군의 특공여단이나 수색대와 비교해보면 임무의 중요성과 훈련강도가 차원이 다르다는 것을 알 수 있다. 그래서 필자는 해병대 수색대를 대한민국 특수부대를 소개하는 내용에 포함시켰다. 그들의 전투력과 불굴의 의지, 그리고 양성훈련의 강도는 전 세계 어떤 특수부대와 비교해도 결코 뒤떨어지지 않는다고 확신하기 때문이다.

해병대 특수수색대

★★★★

개요

해병대 특수수색대는 상륙작전 시 팀 단위로 적진에 침투하여 특수
작전을 수행하는 사단의 직할부대로서 1957년 경기도 파주시 금촌에
서 수색소대로 출발했다. 1959년 1월, 제1수색중대가 포항에서 창설되
었고, 1969년 3월에는 수색교육대가 창설되어 수색대원의 전투기량을
획기적으로 향상시키는 계기가 됐다. 1977년 1월, 제2수색중대가 창설
됨으로써 2개 사단 공히 상륙작전 시 선견부대 작전을 수행할 수 있는
수색부대를 보유하게 됐다.

선배 수색대원들의 뛰어난 활약에 힘입어 조직을 지속적으로 발전
시켜온 해병대 수색대는 제1·2수색중대가 1994년과 2007년 10월 1일
에 각각 수색대대로 증편되어 상륙작전의 최선봉에서 작전의 성패를
좌우할 정도로 막중한 임무를 수행하는 핵심부대로 발전했다. 수색대
는 현재 각 사단에 1개 대대가 편성되어 운용 중이며 대대는 각 연대
를 직접 지원하는 상륙수색중대와 사단을 지원하는 특수수색중대로
나뉘어 임무를 수행하고 있다.

주요 활약상

1965년 9월 청룡부대 예하에 창설된 수색소대는 한국군 최초 해외파
병부대인 청룡부대의 선봉으로서 월남전에 참전(1965년 10월~1971년
12월)했다. 참전기간 동안 수색소대는 크고 작은 전투에서 혁혁한 전

과를 올림으로써 대한민국 해병대의 신화를 창조하는 데 크게 기여했다. 또한 제1수색중대는 1968년 10월, 울진지구 무장간첩 소탕작전에 참가해 교전 중 2명의 전우가 전사하는 피해를 입었지만, 적 8명을 사살하는 전과를 올렸다.

1996년 여름, 경기북부지역에 집중호우로 인한 홍수가 발생했을 때, 북한에서 황소 한 마리가 한강수로 중립구역인 우도로 떠내려왔다. 당시 김포에 전개해 있던 해병대 제2수색대대가 해상으로 출동하여 수색정찰을 실시해 떠내려온 황소를 구출하고, '평화의 소'라는 이름을 지어주었다. 또한 2010년 3월 26일, 천안함이 북한의 어뢰에 피격당한 직후 해병대 제2수색대대는 고속단정 2척에 분승하여 초동조치부대로 현장에 긴급 투입되어 구조작전에 참가했다.

수색대 요원의 임무와 역할

해병대 수색대의 임무는 평시에 해상 및 수중구조를 지원하고 대테러 초동조치와 국지도발대비작전 간 탐색격멸부대로 운용된다. 전시에는 상륙작전을 실시하기 전에 적의 주요지역에 침투하여 첩보수집, 항공기와 함포의 화력유도, 적 주요시설 파괴를 통해 상륙작전에 유리한 여건을 조성하고, 함안이동 간 상륙군을 상륙해안과 착륙지대로 유도하는 임무를 수행한다. 또한 필요 시 적의 주요지역에 대한 장거리 수색, 정찰활동과 제한된 파괴활동 임무를 수행한다.

해병대 수색대는 장교와 부사관 위주로 편성된 특전사나 해군 특수전부대(UDT/SEAL)와 달리 팀원의 대부분이 병으로 구성되어 있다. 그러므로 장교, 부사관, 병의 구분 없이 모든 요원이 팀의 구성원으로서 다양한 임무수행 능력을 갖춰야 한다. 특히 생존성이 취약한 종심 깊은 적 후방 지역에서 작전을 수행해야 하므로 평시 해상·공중·수 중 침투훈련, 기동사격, 폭파와 같은 팀 단위 훈련을 통해 팀워크를 갖 추는 노력이 매우 중요하다.

해병대 수색대 요원이 되는 과정

해병대 수색대를 지원하기 위해서는 입영 전 병무청 홈페이지(www. mma.go.kr) '군지원(모병)안내'를 통해 수색병 지원서를 접수해야 한 다. 1차 서류전형 경쟁률이 평균 30대 1 이상으로 매우 치열하므로 가 점을 받을 수 있는 방법을 확인하는 것이 합격률을 높이는 방법이다. 과거에는 입영 후 지원을 받았으나, 지금은 입대 전 수색병으로 지원 해야만 가능하며 실무병의 지원은 받지 않는다. 하지만 간부들은 실 무에서만 지원이 가능하다. 신체조건은 신장 165cm 이상, 체중 60kg 이상이고 시력은 나안시력 0.8 이상(색맹·색약 불가)이며 맨몸 수영능 력이 200m 이상이 되어야 지원이 가능하다.

　1차 서류전형, 2차 면접 및 체력검정을 모두 통과한 사람은 교육훈 련단에 입소하여 7주간의 신병교육을 받는다. 신병교육 기간 중에 수 색교육대에서 수색 계열 지원자에 대한 수영, 체력, 무도능력 등에 대 한 재평가를 실시하여 최종 합격된 사람만 수색계열로 분류한다. 최 종 선발자는 신병교육 후 각 사단 수색대에 배치된다. 그러나 이때까 지는 진정한 수색대원으로 인정받을 수 없다. 공포의 특수수색훈련이 아직 남아 있기 때문이다.

　지옥보다 더한 훈련이라는 10주간의 특수수색훈련을 통과해야만 진정한 정예 해병대 수색대원으로 새롭게 태어날 수 있다. 포항의 수색교육대에서 매년 3회 실시하는 특수수색훈련은 수색대원이라면 반드시 통과해야 하는 훈련이다. 간부와 병사가 계급장 없이 받는 특수수색훈련은 혹독하기로 정평이 나 있다. 특히 5주차에 실시하는 지옥훈련은 사람이 느낄 수 있는 가장 힘든 지옥을 경험하게 해주는 것으로 유명하다. 그래서 자신의 한계를 극복하고 싶은 많은 젊은이들이 해병대 수색대를 지원하는 것이다.

선발절차

① 병무청에서 수색특기로 지원서 접수 → ② 1차 합격(서류) → ③ 2차 합격(면접/체력) → ④ 교육단 입소(수영/체력검정) → ⑤ 최종 선발

훈련내용: 훈련은 특수수색훈련과 자대훈련으로 구분된다.

① 특수수색훈련

구분	주요 훈련	비고
가입소	수영능력평가, 체력검정	탈락자 귀대조치
1~2주차	맨몸 전투수영	1,800m
3~4주차	장구 전투수영	3,600m
5주차	극기주	하루 1시간 수면, 식사량 50% 감소, IBS 휴대하 산악행군, 장거리 해상이동 등
6주차	이론교육(통신학, 잠수학 등)	극기주 환자치료 병행
7~9주차	수중침투훈련, 자산침투훈련	
10주차	종합훈련, 수료식	

② 자대훈련 기본공수교육, 동계 설한지훈련(병, 간부), 산악전문반, 공지합동, 전문폭파, 비정규전(간부)

유의 및 강조사항

수색대를 지원하려면 반드시 일정 수준 이상의 수영능력이 있어야 한다. 병무청 주관 모집전형에 합격하더라도 입소 후 수색교육대 주관 수영평가(평영 200m, 자유형 100m 이상)에서 탈락 시 수색대 배치가 불가능하다. 또한 수색대는 앞서 언급한 다양한 임무를 수행해야 하는 특수성 때문에 올바른 성품과 희생정신, 조직에 대한 복종심 등이 그 어느 부대원보다 강하게 요구된다.

수색대 요원의 생활

수색대에 선발돼 부대배치를 받으면 다양한 교육훈련으로 바쁜 일과를 보낸다. 수색대 요원으로서 자격을 갖추기 위해 연중 3회 10주간의 특수수색훈련을 이수하고, 침투능력 배양을 위해 수중침투교육, 공수교육과 같은 주특기 교육을 받는다. 또 평시 국지도발 대비작전 시 원활한 임무수행을 위해 대테러 초동조치훈련을 포함한 다양한 주특기 훈련을 실시해야 하며 수색대 훈련의 꽃이라 불리는 동계설한지훈련을 매년 1~3월 중에 강원도 평창에 설치된 전용훈련장에서 실시한다.

국방부와 타군에서 공식적으로 인정하지는 않지만 웬만한 특수부대보다 더 뛰어난 전투력을 보유한 부대가 해병대 특수수색대다. 그들이 뛰어난 전투력을 발휘할 수 있는 것은 해병대라는 자긍심과 가혹한 특수수색훈련을 이겨냈다는 자신감 때문이다. 스스로 선택한 지옥보다 더한 고통 앞에서 해병들은 서로에게 '피할 수 없는 고통이라면 차라리 즐기라'고 말하며, 오늘도 이겨 나가고 있다.

군대,
제대로
알자

군대에 이렇게 다양한 제도가 있었나?

정상적으로 병역의 의무를 마친 대부분 남자들은 군대에 대해 많은 것을 알고 있다고 생각한다. 그래서 군대 얘기만 나오면 자신이 체험했던 일부분의 군 생활을 과장해서 말하고 그것이 대한민국 군대의 전부인 양 말한다. 하지만 우리가 군대에 대해 알고 있는 것은 극히 일부다. 30여 년간 직업군인 생활을 한 필자도 타군에 대해서는 모르는 것이 너무나 많다. 병역제도에 대해서도 책 집필을 위해 자료를 수집하고 연구하기 전까지는 아는 것이 많지 않았다. 하물며 의무복무만 한 사람들이 군대에 대해, 병역제도에 대해 과연 얼마나 알고 있겠는가?

이 장에서는 군에 입대하는 젊은이와 가족들이 군대와 관련해 상식 차원에서라도 제대로 알아야 하는 병역제도와 잘못된 선택으로 군대를 두 번 가는 사람이 나오지 않도록 당부하는 내용을 담고자 했다. 대부분의 사람들은 인생을 살아가면서 많은 실패를 경험한다. 하지만 실패에도 '좋은 실패'와 '나쁜 실패'가 있다. 물론 실패하지 않고 성공만할 수 있다면 좋겠지만 누구나 실패할 수 있기에 가능하면 좋은 실패를 통해 빨리 목표를 달성해야 한다.

예를 들어 발명왕 에디슨이 백열전구를 만들기까지 수많은 시행착오를 겪은 것은 좋은 실패고 조선의 임금 선조가 임진왜란을 사전에 대응하지 못한 것은 나쁜 실패라고 할 수 있다. 문제는 '실패를 어떻게 슬기롭게 극복하느냐'다. 성공하는 사람들은 어떤 일에 실패하더라도 포기하지 않는다. "수많은 실패를 어떻게 극복했느냐?"는 질문에 에디슨이 "단지 수많은 실패 과정을 거쳐 전구를 발명했다"라고 답한 것처럼 실패했을 때 그 원인을 확실하게 분석하고 다시 도전하는 끈기와 인내가 있어야 한다.

자신의 목표를 달성하는 사람은 결정적인 실패를 하지 않는다. 나폴레옹은 고지를 빼앗겼을 경우에는 관용을 보였지만 시간을 잃어버린 부하는 용서하지 않았다고 한다. 잃어버린 고지는 다시 찾아오면 되지만 시간은 되돌릴 수 없다는 철학이 있었기에 그는 많은 전투에서 승리할 수 있었던 것이다.

성공만 하는 삶을 사는 사람은 없다. 누구나 시기를 놓치거나 잘못된 선택을 해서 실패할 수도 있지만 우리는 실패를 두려워하기보다 좌절하거나 포기하는 것을 더 경계해야 한다. 하지만 군 입대와 관련해서는 가급적 실패하지 않도록 노력해야 한다. 그리고 결정적인 실패를 하지 않아야 한다. 실패를 하더라도 충분한 사전 준비를 통해 다시 도전할 수 있는 시간적 여유를 가져야 한다. 군대는 가야 하는 시기가 정해져 있고 그때를 놓치면 선택의 폭이 급격히 줄어들기 때문이다.

이 책을 통해 군 입대와 관련된 정보를 폭넓게 접해야 한다. 또한 군 입대에 대해 제대로 알아야 한다. 그렇게 알게 된 정확한 정보를 바탕으로 자신에게 맞는 곳을 찾아 철저하게 준비한다면 군 입대와 관련해 실패하는 사람은 거의 없을 것이다.

군대 두 번
가지 마라

군대에 대해 조금만 더 알고 준비했다면

PART VI 01

군대에 두 번 간 사람을 얘기할 때 '강남스타일'이란 노래로 월드스타가 된 가수 '싸이'를 떠올린다. 예비역이라면 누구나 공감하겠지만 군복무를 무사히 마치고 전역한다는 것이 개인적으로 얼마나 보람되고 큰 기쁨인지 우리는 알고 있다. 하지만 예비역들이 꿈에서도 다시 가기 싫은 곳이 군대고 최악의 악몽이 군대 다시 가는 꿈이라고 한다.

그런 의미에서 가수 싸이의 두 번째 군 생활은 화제가 될 수밖에 없었다. 그는 처음에 군 대체복무로 방위산업체에서 복무했는데, 복무 논란으로 인해 늦은 나이에 육군 연예병사로 재입대를 한 특이한 사례에 해당된다. 그래서 가수 싸이는 육군훈련소에 두 번 입소했고 군

번도 2개를 가지고 있다. 그의 두 번에 걸친 군 생활은 항간에 많은 의혹을 불러일으킨 연예인의 군 입대과정과 군대 내 생활이 좀 더 투명해지는 계기가 됐다. 그리고 군대에서 현역병으로 내무 생활을 한 대한민국의 모든 예비역 병장들이 "연예병사로 군대 생활한 것이 무슨 군 복무냐?"라고 말했던 고정관념을 타파하는 좋은 사례가 됐다.

이처럼 군대를 두 번 가는 사람은 연예인처럼 특별한 사람이 아주 드물게 가는 것이라 생각하지만 잘 살펴보면 우리 주위에 군대를 두 번 가는 사람이 의외로 많다. 필자도 해군교육사에서 준·부사관 및 병에 대한 기초군사훈련을 총괄하는 생도대장으로 근무하기 전까지는 군대를 두 번 가는 사람이 꽤 많다는 사실을 알지 못했다.

군대에 두 번 지원하는 사람은 대체로 3가지 부류가 있다. 하지만 모두 장기 직업군인이 되기 위해 두 번째로 군에 입대하는 것이지 의무복무를 두 번 하는 것은 아니다. 3가지 경우는 다음과 같다.

첫째, 아무런 생각 없이 병으로 입대했다가 장기 직업군인의 매력과 안정적인 삶을 위해 전역 후 자신의 여건에 따라 장교나 부사관으로 다시 입대하는 경우다. 둘째, 단기장교로 복무했지만 전역 후 장기 직업군인으로서 안정적 생활에 매력을 가져 장기복무를 목표로 장교나 부사관으로 재입대하는 약간 특별한 경우다. 셋째, 처음부터 부사관으로 지원하여 입대했지만 별다른 준비과정 없이 입대해 군 생활을 하다 보니 장기복무자로 선발되지 않아 전역 후, 장기복무를 목표로 부사관으로 재입대하는 경우다.

군대에 두 번 가지 않기 위해서는 사전에 많은 정보를 수집하고 장기복무자 선발이 되도록 기초군사훈련과 후반기 교육인 병과·직별

교육에서 우수한 성적을 획득해야 한다. 계획적으로 준비한 사람은 장교든 부사관이든 장기복무자로 선발될 확률이 매우 높다. 아니 대부분의 사람이 선발된다고 보면 된다.

사람은 긍정적인 마인드로 모든 일에 최선을 다해 노력하면 무엇이든 이룰 수 있다고 생각한다. 특히 군대에서 그런 마음가짐으로 노력할 경우 어떤 목표도 대부분 달성할 수 있다. 군대에 갓 입대한 신병이나 단기복무 간부(장교와 부사관)가 훈련을 마치고 자대 배치를 받으면 지휘관이나 부서장에게 신고나 부임 인사를 한다. 바짝 기합 든 그들에게 "귀관은 어떤 계기로 우리 군에 지원했지?" 하고 물으면 대부분의 대답은 3가지로 구분된다. '우리 군이 좋아서'와 '주변사람의 권유로' 그리고 병사들의 경우에는 '병무청에서 가라고 권해서 별다른 생각 없이 그냥' 지원했다고 대답한다.

부임한 지 며칠이 지나면 초기적응이 끝난다. 그리고 다시 면담을 할 때 같은 질문을 해보면 약간 다양한 대답이 나온다. 아마도 조금 여유가 생겨서일 것이다. 하지만 필자는 자신의 확실한 의지와 목표를 가지고 입대한 병사를 별로 만나보지 못했다. 아니, 그런 간부조차도 만난 적이 드물다. 이는 그들이 어떤 목표를 가지고 입대하고 싶어도 그런 정보를 알 수가 없고, 근거가 분명치 않은 인터넷 정보와 친구나 지인이 알려주는 단편적인 정보만을 접했기 때문이다.

병으로 입대해서 부사관이나 장교가 될 수 있는 길이 있다. 장교나 부사관으로 임관하고 나서 장기복무자로 선발되어 일반대학 위탁교육을 통해 석·박사 또는 특정 분야의 전문가가 되는 길도 있다. 하지만 군대 안에 자신의 미래를 설계할 수 있는 다양한 길이 있다는 것을 대부분의 젊은이들은 모르고 있다. 물론 많은 노력을 해야겠지만 자기 돈을 하나도 들이지 않고 모든 과정을 국가의 지원을 받고 공부할 수 있다면 도전해볼 만한 가치가 있을 것이다.

병사로 대략 2년을 근무할 수 있다. 아니면 장교나 부사관으로 3~4년을 근무할 수도 있고 필자처럼 장기 직업군인으로 30년 이상을 군대에서 근무할 수도 있다. 인생 전체를 놓고 볼 때 1~2년은 큰 차이가 아니다. 하지만 대부분의 사람들은 눈앞에 있는 짧은 근무기간만 생각한다. 빨리 전역하고 사회에 진출해야 남에게 뒤처지지 않고 성공할 수 있다고 착각하기 때문이다. 그런 유혹에서 벗어나보자. 성공하는 사람들은 1~2년을 더 걸리더라도 자신의 발전을 위해 과감히 시간을 투자한다. 개구리가 뛰어오르기 위해 한껏 움츠리듯이 그들도 자신을 위해 투자하는 것이다. 그리고 그렇게 해야 군대를 두 번 가는 사람도 생기지 않는다.

뉴질랜드에는 작은 다리 하나만 만들면 금방 건널 수 있는 강을 30분이나 돌아서 간다고 한다. 일부러 돌아가도록 다리를 만들지 않은 것이다. 터키 이스탄불과 캐나다 밴쿠버도 마찬가지다. 엄청난 교통체증과 배를 이용하는 불편함을 감수하면서도 기존에 설치된 최소한의 다리만 사용하고 있다. 이처럼 가까운 길이 있어도 멀리 돌아가도록 만드는 것이 인생인지도 모른다. 많은 사람들이 쉬운 것을 어려워하고 가까운 데 있는 것을 멀리서 찾는다. 또 일찍 알 수 있는 것도 늦게 깨달아 후회하고 아쉬워한다. 우리는 그러지 말자. 군대 두 번 가는 사람이 되지 말자. 조금 더 고민하면 준비를 잘할 수 있고 목표를 향해 바로 갈 수 있다. 긍정적 사고, 적극적인 행동, 모든 일에 최선을 다하는 성실함이 있다면 군대 안에서 어떤 길이든 바로 갈 수 있다.

군대 골라가기
❖

불안하면 동반입대하라

나도 평생을 함께할 진정한 친구를 만들 수 있다

대부분의 사람은 어떤 일이 닥쳤을 때 지나친 걱정으로 문제 해결을 어렵게 만든다고 한다. 그러므로 어떤 일을 결정하거나 해결할 때 그 일에 국한해서만 생각하고 다른 것들과 연관 지어서 복잡하게 생각하지 않는 게 좋다. 하지만 군 입대를 앞둔 젊은이들은 막연한 걱정과 두려움으로 많은 고민을 한다. 먼저 군대를 다녀온 선배나 친구들 얘기를 듣고 그들의 노하우를 전수받더라도 그 고민은 해소되지 않는다. 거기다 극성스러운 부모에 마마보이 아들이라면 문제는 심각해지기 시작한다. 그런 사람들은 군대에 가지 않는 방법이 있을까? 알아보기 시작하고 남들이 근거도 없이 얘기하는 불확실한 소문에 휘둘리기도 한다. 하지만 그래 봐야 별 방법은 없다. 대한민국의 모든 남자는 병역의 의무를 성실히 수행할 의무가 있기에 결국엔 군대를 가야 한다.

어떤 극성스러운 부모는 부대 근처에 방을 얻어놓고 시간 날 때마다 면회를 신청하고, 외출이나 외박을 나오면 부대 앞에서부터 복귀할 때까지 따라다닌다고 하니 참 세상이 많이 변했다는 생각이 든다. 이처럼 극성스러운 부모의 행동이 아들의 장래를 망칠 수 있다는 것을 왜 모르는지 정말 답답하다.

우리나라의 많은 젊은이들은 군대가 20대의 무덤이고 군 생활을 하는 2년여의 시간이 인생의 암흑기라는 부정적인 생각을 한다. 많은 부모들도 입대하는 아들이 군 생활에 제대로 적응하지 못할까 봐, 땅이 꺼져라 한숨지으며 걱정을 한다. 이러한 젊은이들과 부모들을 위해 만든 제도가 바로 동반입대제도다.

'동반입대제도'란 가까운 친구나 동료와 함께 입영하여 훈련을 받고 내무생활권이 같은 단위부대로 배치되어 전역 시까지 같은 근무지에서 서로 의지하며 군복무를 할 수 있도록 만든 제도. 현역병으로 입영한 사람이 든든한 동반자와 함께 군 생활을 함으로써 입대 후 빠른 부대적응은 물론 복무의욕 증진에 따른 적극적인 군 생활을 유도함으로써 군의 전투력 향상에 기여하도록 시행하고 있다. 병무청과 육군에서 2003년부터 육군 징집병을 대상으로 처음 시행했고 2011년, 다문화가족 젊은이에게 확대 적용했으며 2012년부터는 해군에서도 시행 중이다.

지원자격은 만 18~28세까지 중학교 졸업 이상의 학력 소지자 중에서 신체등위 1~3급의 현역 입영대상자다. 그리고 동반입대할 사람이

학교친구나 친척, 다문화가족과 같이 동반입대 자격을 갖추고 있어야한다. 다문화 가족은 결혼이민자, 외국인 귀화자, 북한에서 온 새터민 가정의 젊은이를 말하며 3명까지 동반입대를 할 수 있다.

지원서는 인터넷으로만 접수하는데 육군은 연 4회(2·5·8·11월) 분기별로 접수하며 해군의 경우는 매월 말~다음 달 초순에 접수한다. 구체적인 일정은 '군 지원(모병)안내 → 모집안내서비스 → 이달의 모집계획'에서 별도로 공고하고 있다.

지원서 접수방법으로 동반입대할 2~3명이 함께 지원서를 작성한다. 이때 접수자 본인은 반드시 공인인증서가 필요하다. 육군의 경우 징집병(일반병) 단독입영 희망여부에 '아니오(NO)' 선택 시 동반자에게 결격 사유가 발생하면 신청자도 선발에서 제외된다. 또한 동반자가 입영을 연기하거나 선발이 취소될 경우 신청자 본인의 결격사유가 없더라도 함께 선발에서 제외된다.

다문화 접수자는 접수마감일 다음 날 18시까지 '가족관계등록부'를 포함해 다문화가족 확인이 가능한 서류 사본을 제출해야 한다. 해군의 경우에는 동반입대하는 두 사람이 동일한 응시지구를 선택해야하며 근무 희망지(1·2 지망)와 면접일자도 같아야 한다.

육군은 별도의 선발절차 없이 전산 추첨으로 선발한다. 하지만 해군은 서류전형(자격·면허 40점, 전공학과 30점, 고교출결사항 10점, 가산점 20점)과 면접(100점)을 통해 선발한다.

육군의 경우 상비사단, 군단직할부대는 중·소대 단위까지, 향토·동원사단은 중·대대 단위까지 편성한다. 또한 기초군사훈련 기간에도 같은 내무반에서 생활하도록 배려한다. 자대배치 후에는 다른 내무반으로 편성하나 필요시 사·여단장의 승인하에 같은 내무반으로 편성하기도 한다.

입영시기는 지원서 접수 월로부터 3~5개월 차에 입영하며 입영부대는 제1·3야전군 예하 사단 신병교육대다. 복무지역은 강원도와 경기도 일대의 제1·3야전군 관할 부대이며 특기는 보병·포병·공병·통신병과의 26개 특기 중에서 배정된다.

다문화 동반입대병 지원자 중에서 외관상 식별이 명백한 청년들이 지원했을 경우에는 논산 육군훈련소로 입영하며 복무지역은 본인들의 희망을 고려하여 광역시·도 단위로 전산 분류하고 복무특기는 본인 희망과 부대 실정에 따라 부여한다.

해군은 같은 함정이나 동일한 지역의 내무 생활권에서 함께 복무할 수 있도록 편성한다. 입영시기는 접수 월로부터 2~3개월 후 창원(진해구)에 위치한 해군교육사령부 제1군사교육단으로 입영한다. 복무지역은 갑판병의 경우 대령이나 중령계급의 함장이 지휘하는 군함에 초임 배치된 후 전역 시까지 재배치 없이 복무한다. 헌병일 경우 육지나 섬의 해군부대에서 경계헌병으로 복무한다.

조급하게 서두른다고 원하는 것을 얻는 건 아니다. 사막을 횡단하는 낙타는 천천히 가기 때문에 목적지에 무사히 도착하는 것이 아닐까? 모든 일에는 과정이 있는 법이고 그 모든 과정을 꿋꿋하게 이겨낸 사람만이 값지고 소중한 열매를 얻을 수 있다. 느긋한 마음으로 여유를 갖고 진행하되 결코 자기 자신을 속박해서는 안 된다. 그런 의미에서 군에 입대할 때 자신에 대한 지나친 걱정은 떨쳐내야 한다. 그리고 마음이 통하는 친구와 함께 입대하는 것은 성공적인 군 생활을 할 수 있는 좋은 방법이다.

　사람은 사람을 통해 배우면서 조금씩 채워지고 성장한다. 또한 서로의 멋진 모습을 따라하면서 조금씩 닮아가며 더욱 매력적인 사람이 된다. 이처럼 평생을 같이할 진정한 친구와의 아름다운 우정을 위해 동반입대를 지원해보지 않겠는가?

병역명문가에
도전하라

혹시 우리 가문이 병역명문가는 아닐까?

원광대 조용헌 교수는 '명문가'란 어느 정도의 경제력을 갖추고 인간답고 품위 있는 삶을 지향하며 살아온 사람들을 지칭하며 진정한 의미에서 상류층이라 부를 만한 사람들이라고 했다. 그래서 이제 한국사회도 부도덕한 졸부의 시대는 막을 내리고 존경받을 만한 상류층이 나와야 할 시기가 됐다고 말하고 있다. 그런 의미에서 명문가를 판단하는 기준으로 가장 필요한 요건은 그 집안의 사람들이 '어떻게 살았는가?'다. 돈이 많다고, 출세한 사람이 있다고 명문가가 되는 것이 아니다. 다시 말해 '도덕적으로 존경받을 만한 삶을 대대로 이어 온 집안'이 명문가로 불릴 자격이 있는 것이다.

'노블리스 오블리주'라는 말이 있다. 이 말은 '특권층의 도덕적 의무'를 뜻한다. 쉽게 표현하면 '혜택받은 자들의 책임' 또는 '특권 계층의 솔선수범'이다. 『로마인 이야기』의 저자 시오노 나나미는 "로마 천년의 영광을 가능하게 한 철학이 노블리스 오블리주에 있다"고 말했다. 전쟁이 일어나면 로마의 귀족들은 자신들이 솔선하여 전장에 나가 싸우고 자신들의 소중한 재산을 사회에 헌납했는데 그것은 귀족인 자신들의 가치를 위한 것이며 삶의 질을 높이고 의미를 찾기 위함이었다는 것이 그녀의 주장이다. 이러한 전통은 영국 왕실을 포함한 서양의 명문가에 그대로 전해지고 있다. 그들은 국가가 위기에 빠졌을 때 노블리스 오블리주를 몸소 실천하기 위해 솔선해서 군에 입대하고 전장으로 향한다. 그리고 국민들은 그들을 존경하는 마음으로 인정하고 진심 어린 박수를 쳐준다.

서양의 이런 전통과 비교할 때 우리나라의 실상은 어떠한가? 대한민국에도 제법 많은 재벌가와 정치명문가가 있지만 존경받는 가문은 별로 없는 것 같다. 우리나라에서 재벌가나 정치명문가로 회자되는 가문의 사람 중에서 노블리스 오블리주를 몸소 실천하는 사람이 별로 없었기 때문이다. 오히려 2015년에 있었던 '땅콩회항 사건'처럼 국제적인 망신을 당하지 않으면 다행이라고 생각한다.

대한민국 재벌가나 정치명문가에서 롤 모델로 삼아야 할 외국의 명문가를 추천한다면 미국의 '빌 게이츠 가문'을 언급하고 싶다. 미국 시애틀의 소문난 은행가, 변호사 집안으로 재벌이 갖춰야 할 도덕적 의무와 책임을 다하는 가문으로 평가받고 있다. 그들은 자녀에게 부자 티를 내지 않고 올바른 인성과 창의력, 세상을 보는 안목을 갖게 해주는 데 주력했다. 그렇게 교육받은 자녀들이 경영자가 되었을 때, 부모로부터 교육받은 그대로 수익의 일정 부분을 사회에 환원하며 투명하고 양심적인 경영을 했다. 그렇기 때문에 사람들은 그 가문을 명문가라고 부르며 인정해주고 존경한다.

2014년 우리나라 모 재벌그룹의 딸이 해군 장교로 지원해서 화제가 된 적이 있다. 평범한 집안의 딸이었다면 아무런 관심도 받지 못했겠지만, 그녀는 자신의 의지로 도전적인 삶을 선택했고 그와 같은 사례는 재벌가에서 정말 보기 드문 경우였기에 세간의 주목을 받은 것이다. 어려운 훈련을 마치고 해군 장교로 임관했을 때 많은 국민들은 그녀에게 아낌없는 박수를 쳐주었다. 그녀가 재벌가의 딸이고 군에 가지 않아도 되는 여성임에도 노블리스 오블리주 정신으로 군대라는 어려운 곳에 도전하여 목표를 달성하고 해군 장교로서 솔선수범하는 모습을 보여주었기 때문이다.

징병제를 기본으로 하는 병역법이 시행된 지도 60여 년이 지났다. 그동안 대한민국 남자들의 어깨에는 신성한 국방의 의무인 병역의무 이행이라는 부담스러운 짐이 있었지만 대부분의 사람들은 이러한 병역의 의무를 성실히 수행했다. 그러나 정부 차원에서 이들에게 긍지와 보람을 줄 수 있는 제도를 마련하지 못했다는 아쉬움이 항상 있었다. 이에 정부는 국방의 의무를 성실히 이행한 사람들의 자긍심을 높이고 그들의 희생과 헌신에 대한 존경의 마음을 기리기 위해 2004년부터 병무청 주관으로 병역명문가 사업을 추진하고 있다.

'병역명문가'란 3대(조부, 부·백부·숙부, 본인·형제·사촌형제)가 모두 현역복무를 성실히 마친 가문을 뜻한다. 여기서 '현역복무를 성실히 마친다'는 것은 가족 모두가 징집 또는 지원에 의하여 장교(준사관 포함), 부사관 및 병으로 입대하여 소정의 복무를 마쳤거나 국민방위군, 학도의용군과 같이 군인이 아닌 신분으로 한국전쟁에 참전한 경우를 뜻한다. 병역명문가에 선정된다는 것은 해당 가문에게 대단히 영광스러운 일이다. 이는 가문의 모든 구성원이 3대에 걸쳐 국방의 의무를 성실히 수행하려는 확고한 의지를 보여 준 것이며 노블리스 오블리주를 몸소 실천한 것이다. 이는 명문가의 요건인 '그 집안사람들이 어떻게 살았는가?'와 병역의무 이행이라는 특정 분야에서 '사회적으로 존경받을 만한 삶을 대대로 이어온 집안'이라는 뜻이다.

제도시행 첫해인 2004년 40개 가문이 병역명문가로 선정된 이후, 정부의 적극적인 홍보와 병역명문가 선양사업에 대한 사회적 공감대가 형성되어 매년 신청자가 꾸준히 증가했다. 2014년까지 신청서를 접수한 4,633 가문 중 2,405 가문이 병역명문가로 선정되었고 이들 가문에서 병역의무를 이행한 사람은 총 1만 1,463명에 달한다. 특히 2014년에는 한국광복군을 창설한 '백범 김구 선생'의 후손과 3대 모든 가족이 전쟁에 참전한 가문에게 '특별상'을 수여함으로써 국민과 언론으로부터 많은 관심과 성원을 받았다.

국방부는 병역명문가로 선정된 가문의 전통과 명예심을 기리기 위해 병역명문가 증명서와 인증패를 수여하고 대통령 축하메시지와 기념품을 주고 있다. 또한 선정가문의 병역이행자 모두에게 병역명문가증도 발급해주고 그 가문을 병무청 홈페이지 '병역명문가 명예의 전당'에 영구 게시하고 있다.

정부는 병역명문가 선양사업으로 공정한 병역이행문화를 확산하기 위해 국가기관, 지방자치단체, 민간업체가 참여하는 병역명문가 지원 사업을 병행하여 추진하고 있다. 2009년부터 시작한 병역명문가 지원 사업은 민(기업)·관(공공기관/단체)·학(대학교) 142개 기관간의 업무협약MOU 체결로 시작했다. 이렇게 시작된 지원 사업은 국민적 성원에 힘입어 참여기관이 2014년 기준 630개 기관으로 대폭 증가했다. 이들 기관은 병역명문가에게 자연휴양림과 궁·능원 관람료·주차료 면제, 병(의)원 진료비와 문화·레저시설·콘도 할인, 금리우대 등 다양한 혜택을 주고 있다. 또한 22개 지방자치단체에서 병역명문가 예우 조례를 제정함으로써 사회 전반의 지속적인 지원이 가능해졌다.

자기 가문의 모든 남자들이 병역의 의무를 성실히 수행했다면 병역명문가에 도전하라고 권하고 싶다. 그래서 병역을 명예롭게 이행한 사람이 존경받고 보람과 긍지를 갖는 사회분위기가 조성됐으면 좋겠다. 공정한 병역이행 문화가 정착되기 위해서는 더 많은 병역명문가를 발굴하고 언론매체를 통하여 그들을 전 국민에게 널리 알려야 한다. 그래서 누구나 예외 없이 병역의 의무를 이행하고 그것을 자랑스럽게 생각하며 사회에서도 이를 인정하고 존중해주는 분위기가 정착되기를 바란다.

생계곤란 병역감면제도로 가족을 지켜라

나의 성실함으로 가족의 생계를 책임진다

혼신의 힘을 다해 장애물을 넘는다면 나머지는 저절로 해결될 것이다.
– 노먼 빈센트 필

가족의 생계를 혼자서 책임지고 있는 젊은이가 있다. 대부분의 젊은 이들은 부모의 도움으로 어려움 없이 대학에 진학하고 학창 시절의 낭만을 즐긴다. 하지만 가족의 생계를 책임지고 있는 젊은이는 삶의 무게가 평범한 사람과는 비교가 되지 않을 만큼 무겁다. 그들의 등에 는 무겁고 많은 짐이 지워져 있다. 그래서 그들은 그 무거운 짐을 내려 놓고 싶지만 자신이 그 짐을 내려놓으면 사랑하는 가족이 살아갈 수 없기에 이러지도 저러지도 못한다. 하지만 그들도 병역의 의무를 이행 해야 하는 대한민국 남자이기에 언젠가는 군대에 가야 한다. 어느 날 문득 군대에 가라는 입영통지서를 받는다면 그들은 가족의 생계 걱정에 잠을 이루지 못할 것이다. 이렇게 어려운 환경에서도 가족을 위해 꿋꿋하게 살아가고 있는 젊은이들을 위해, 그리고 그들이 갖고 있는 마음의 짐을 조금이나마 덜어주기 위해 국가에서 만든 제도가 바로 '생계곤란 병역감면제도'다.

이 제도는 본인이 아니면 가족의 생계를 유지할 수 없는 젊은이에게 가족부양비율, 가족소유의 재산규모, 월 수입액이 법에서 정해놓은 기준을 모두 충족하면 병역을 감면 처분하여 제2국민역으로 선정해주는 제도다. 다시 말해 승인이 되었을 경우, '군대에 가지 않아도 된다'는 말이다.

신청대상 및 제출시기로 현역병 입영대상자는 입영통지서를 받은 후부터 입영일 5일전까지, 사회복무요원 소집대상자는 징병검사를 받은 다음 해부터 수시(20세 이후 징병검사를 받은 사람은 당해 연도)로, 재학연기 중인 사람은 재학연기 사유가 해소된 후 신청이 가능하며 현역병이나 사회복무요원으로 복무중인 사람은 복무기간 중 언제든지 가능하다.

신청서류는 자신의 거주지 관할 지방병무청에 방문하거나 우편으로 제출해야 하며 현역병으로 복무 중인 사람(상근예비역, 전환복무자 포함)은 입영 당시 담당했던 지방병무청에 제출한다. 병역감면 처리 기준으로 부양비율(부양의무자 1인이 부양할 수 있는 피부양자의 수)이 남성 부양의무자 1명에 피부양자가 3명 이상, 여성 부양의무자 1명에 피부양자가 2명 이상이거나 가족 중에서 부양의무자가 없고 피부양자만 있을 때 해당되며 부양의무자와 피부양자 간 연령 적용기준은 다음과 같다.

구 분	부양의무자 (다른 가족을 부양할 능력이 있는 사람)	피부양자 (부양을 받아야 할 사람)	자활가능자 (스스로 생활할 수 있는 사람)
남 녀	19세~59세	19세 미만, 65세 이상	60세~64세

출처: 2017년 병무청 자료

또한 2017년 기준으로 재산은 가족이 보유한 부동산전세금, 월세보증금, 현금, 예금액, 보험금 합계가 6,140만 원 이하고 가족의 월 수입액 (가족의 1년간 총수입액을 월로 나눈 금액)이 보건복지부 기준 중위소득의 40% 이하인 경우에 해당되며 가족 인원수별 월 수입액 기준은 다음과 같다.

구 분	1인	2인	3인	4인	5인	6인	7인
금액(원)	661,172	1,125,780	1,456,366	1,786,952	2,117,538	2,448,124	2,778,710

출처: 2017년 병무청 자료

위에서 살펴본 병역감면제도에 대한 처리 절차를 요약해서 설명하면 법령에서 규정된 기준 충족여부 판단 → 민원 신청서류를 해당병무청에 접수 → 유관기관 조회(세무서, 은행, 시·군·구청 등) 및 미비서류 본인 보완 → 병무청 주관 병역감면여부 심사 → 가결(제2국민역)/부결(비해당) 여부를 확인하면 된다. 한 가지 유의할 점으로 이 제도는 피부양자 인정 기준, 부양비 산정방식, 재산액 가산대상, 월 수입액 기준금액 등 병역감면 판단 기준이 매년 변경될 수 있으니 정확한 내용은 병무청 홈페이지에서 반드시 확인해야 한다.

살다 보면 하는 일마다 뒤틀리고 손대는 일마다 모두 어긋날 때가 있다. 꿈꾸는 삶이 무너져가는 기분이 들고 조그마한 아픔도 견디기 힘든 절망감으로 다가올 때도 있다. 운명마저도 항상 나를 비껴가는 느낌, 그런 느낌이 들 때면 우리는 심한 좌절감을 느끼며 모든 것을 포기하고 싶어진다. 하지만 우리가 명심해야 할 금언 중에 "명심하라. 하늘은 결코 인간에게 견딜 수 없는 슬픔을 주지 않는다는 사실을……." 이라는 윌리엄 사파이어의 말이 있다. 하늘이 만물의 영장인 인간에게 이 세상을 운영하며 살아갈 권리와 의무를 주었다는 뜻이다. 그런데도 사람들은 조그만 시련에도 쉽게 좌절하고 삶을 포기한다. 그것은 스스로에 대한 모욕이고 굴욕이다.

그런 나약한 사람들에 비해 가족의 생계를 홀로 책임져야 하는 젊은이는 삶의 무게가 너무 무거워 포기하고 싶은 마음조차 한갓 사치스러운 감정으로 느껴질 것이다. 그런 젊은이에게 우리가 해줄 수 있는 건 별로 없다. 살아온 날보다 살아가야 할 날이 더 많이 남아 있는 그들에게 우리는 '생계곤란 병역감면제도'라는 좋은 제도를 활용할 수 있게 적극적으로 도와줘야 한다. 그래서 그들이 희망을 갖고 좀 더 나은 미래를 위해 노력하도록 배려해야 한다.

독일 속담에 "진정한 기쁨은 남의 짐을 대신 질 때 생긴다"는 말이 있다. 이는 나 아닌 다른 사람들을 위해 무엇인가를 해줄 때 스스로에게 만족감을 느끼게 된다는 것을 뜻한다. 대부분의 사람은 자신의 삶에 얽매여 남을 위해 봉사하는 데 익숙하지 못하다. 그만큼 남을 위해 산다는 것이 어려운 것이다. 슈바이처 박사가 신학박사, 음악가로서의 삶과 도시에서 편안하게 지낼 수 있는 의사의 삶을 버리고 척박한 아프리카 오지에서 풍토병과 싸우며 살아간 것은 남을 위해 봉사하는 삶이 진정한 기쁨임을 알았기 때문이다. 하물며 남도 아닌 가족의 짐을 대신 짊어지는 것을 고통이라고 생각하지 말자. 사랑과 헌신으로 가족의 짐을 대신 지다 보면 분명히 기쁨과 보람을 느끼게 되고 언젠가는 좋은 날이 올 것이다.

"삶이란 지금 이 순간 내게 주어진 일을 얼마나 치열하게 신들린 듯이 해 나가느냐에 따라 달라진다"라고 했다. 또한 어떤 이는 "삶은 자신의 선택이고 기회이기도 하다"라고 말한다. 바로 이 순간에도 우리는 오고 가는 기회들을 붙잡거나 놓치면서 삶의 길을 그려 나가는 것인지도 모른다.

우리에게 좋은 제도가 있고 우리 주변의 어려운 누군가가 그 제도를 활용할 자격이 되는데 그것을 알지 못해 더 어려운 삶을 산다면 그것은 국가와 우리 사회가 잘못된 것이다. 우리 모두는 주변의 어려운 젊은이들이 '생계곤란 병역감면제도'라는 좋은 제도를 이용할 수 있도록 적극적으로 홍보해 21세기 살기 좋고 희망찬 대한민국을 만들어 나가는 데 동참하기를 바란다.

카투사는 한국군일까, 미군일까?

나도 미군과 함께 근무한다면 네이티브 영어가 가능할까?

> 성공한 사람들이 도달한 높은 봉우리는 단숨에 올라간 것이 아니라 다른 사람들이 자고
> 있는 동안 한 걸음, 한 걸음 힘들여 올라간 것이다.
> ― R. 브라우닝

군 입대를 해야 하는 젊은이 중에서 자신이 영어를 조금 잘 한다고 생
각하는 사람은 누구나 한 번쯤 카투사KATUSA, Korean Augmentation Troop To
the United States Army에 대해 관심을 갖는다. 그리고 자격만 되면 혹시나
하는 마음에 일단 지원하는 경우가 많아 연간 평균경쟁률이 7대 1일
정도로 상당히 높다.

카투사는 주한 미8군에서 복무하는 한국 육군요원으로 원활한
한·미 연합방위작전을 수행할 수 있도록 한국군과 미군을 연결해주
는 역할을 수행한다. 처음 카투사는 1950년 육군에서 100명을 선발,
운용하기 시작해 2003년 선발업무를 병무청으로 인계할 때까지 육군

에서 직접 선발, 운용했다. 현재 3,600여 명 수준을 유지하기 위해 병무청을 통해 매년 2,000여 명을 선발, 보충하고 있다.

카투사는 미8군에서 복무하지만 미군이 아닌 대한민국 육군 병사로서 한국군지원단 소속이다. 한국군지원단은 한국 육군본부의 통제를 받아 주한 미8군부대에 근무하는 한국 육군요원의 인사행정관리와 교육을 담당한다. 또한 카투사제도 전반에 대하여 주한 미 육군과의 긴밀한 연락, 협조업무도 수행한다.

많은 사람이 카투사를 선호하는 이유는 무엇보다 네이티브 영어를 구사하는 미군과 생활하며 영어실력을 획기적으로 향상시킬 수 있다는 기대감 때문이다. 또 영내에서 빡빡한 내무 생활을 하는 한국군과 달리 일과 후 자유로운 외출이 가능하고 숙소도 2~3인실 또는 1인실을 사용하는 등 상당히 자유로운 환경에서 근무하기 때문이다.

지원자격은 징병신체검사 결과 현역병 입영대상자(신체등위 1~3급)이고 어학성적이 정기시험으로 다음 중 어느 하나에 해당되어야 한다.

어학구분	TOEIC	TEPS	TOEFL IBT	TOEFL PBT	G-TELP Level 2	FLEX
기준	780점 이상	690점 이상	83점 이상	561점 이상	73점 이상	690점 이상
지역	국내·외	국내	국내·외	국내·외	국내	국내

출처: 2016년 병무청 자료, 『우리 아들 군대 어떻게 보낼까?』

선발인원은 육군본부로부터 매년 8~9월경 다음 해 모집인원을 통보받는다. 2017년까지는 매년 2,000여 명을 선발하기로 주한미군과 합의가 됐다. 이후 주한미군 2사단의 병력감축과 근무 교대주기가 9개월로 변경됨에 따라 장기적으론 카투사의 인원 축소가 예상된다. 하지만 예산삭감을 앞둔 미군은 병력의 질이 우수한 카투사의 존속과 유지를 강력히 희망하고 있다. 주한미군의 편제개편으로 카투사 병력의 중요도가 오히려 커졌기 때문이다.

9개월마다 주한미군 병력을 교체 운용해야 할 미군의 입장에서 한국사정을 잘 아는 카투사는 그들에게 매우 중요한 병력자원으로 그들에 대한 의존도가 더욱 높아질 것으로 예상된다. 그러므로 카투사는 미군 병력 충원뿐만 아니라 주한미군을 상대로 하는 민간외교사절이라는 점이 더욱 부각될 것이다.

지원서는 매년 9월 병무청 홈페이지를 통해 접수한다. 개인정보보호를 위해 공인인증서나 공공아이핀(국외체류자)이 필요하다. 지원서 작성 시 어학시험 종류, 시험 연월일, 성적을 정확히 기록해야 한다. 특히 토익은 수험번호, 토플은 영문 이름과 등록번호를 정확히 기록해야 한다. 어학성적은 접수일 다음 날 기준으로 2년 이내의 성적만 유효하니 주의해야 한다.

선발은 매년 11월 초, 지원자와 가족, 육군본부 관계자, 시민단체 등이 참여한 가운데 전산 무작위 공개추첨으로 선발하고 있다. 구체적인 선발방법은 월별로 지원자의 어학성적 점수를 3개 그룹으로 나누고 분포비율을 적용하여 선발한다. 예를 들면 다음과 같다.

그룹별 어학점수 적용 기준

어학구분	TOEIC	TEPS	TOEFL IBT	TOEFL PBT	G-TELP Level 2	FLEX
1그룹	780~850	690~790	83~95	561~600	73~80	690~790
2그룹	851~920	791~890	96~105	601~640	81~90	791~895
3그룹	921~990	891~990	106~120	641~677	91~100	896~1000

만약 3월에 배정된 선발인원이 100명인데 3월 입영희망자 1,000명이 지원했다고 하자. 1,000명에 대한 어학성적 점수대별 분포를 분석해보니 1/2/3그룹 점수 지원자 분포비율이 60%/30%/10%라고 하면, 비율에 따라 1그룹에서 60명(60%), 2그룹에서 30명(30%), 3그룹에서 10명(10%)을 추첨하여 총 100명의 배정 인원을 선발한다.

카투사를 각 점수대별 지원인원비율에 따라 선발하는 이유는, 전투병·운전병 등 41개 특기로 구분해 복무하는데, 어학성적이 일정 수준 이상만 되면 근무하는 데 아무런 지장이 없기 때문이다. 그래서 높은 어학성적 순으로 선발할 이유가 없다. 따라서 어학점수가 높으나 낮으나 해당 월별 합격가능성은 똑같지만 월별로 계획된 배정인원을 선발하기 때문에 지원자가 많은 달에는 경쟁률이 더 높다. 매년 지원 사례를 분석해보면 연초에 경쟁률이 높고 연말로 갈수록 경쟁률이 낮아지는 경향이 있다. 그러므로 합격가능성을 높이고 싶다면 11월이나 12월을 희망 월로 지원하는 것도 방법이다.

카투사는 전산 무작위 공개추첨으로 선발하므로 운이 좋아야 한다. 그런데 카투사 지원은 1번만 가능하다. 그러니 신중하게 지원해야 한다. 선발되지 않았을 경우에 대비해 재학생 입영신청(징집병), 육군 기술행정병, 해군·해병·공군 일반병과 중복지원을 하는 것이 좋다. 카투사에 선발되면 다른 중복지원 사항은 모두 자동 취소된다.

카투사로 입영하는 사람은 논산 육군훈련소에서 5주간 기초군사훈련을 받고 한국군지원단 카투사교육대에서 3주간의 후반기 교육을 받는다. 카투사에 대한 특기 분류는 한국군지원단에서 실시하는데 전공, 영어성적, 경력, 자격증 등을 점수로 산정하고 상위점수 순으로 특기 우선순위에 의거 특기를 결정한다. 모든 교육을 받고 특기를 배정받은 사람은 전산으로 의정부, 동두천 등 미군 부대 내 한국군지원단으로 무작위 배치된다.

카투사로 복무하는 것은 대한민국 육군을 대표해서 미군과의 군사외교를 담당하는 것이다. 그러므로 카투사에 선발된 사람들은 미군과 마음의 문을 열고 전우라는 마음가짐으로 근무해야 한다. 그렇다면 미군과 서로 마음의 문을 열려면 어떻게 해야 할까?

첫째, 자신의 담당 분야에서 최고가 되기 위해 노력해야 한다. 성심을 다해 노력하는 사람은 마음의 문을 열수 있다. 그러한 사람은 마음의 여유를 가질 수 있고 그 여유가 자신감을 갖게 해주기 때문이다. 또한 자신감을 가진 사람은 마음의 문을 열고 상대방에게 먼저 손을 내밀 수 있다. 그에게는 넉넉한 마음이 있기 때문이다. 둘째, 서로를 배려하고 존중할 수 있어야 한다. 배려하는 마음은 상대방의 입장에서 보면 알 수 있다. 아마 저절로 서로에 대한 이해의 폭을 넓힐 수 있고 서로의 고충을 알 수 있을 것이다. 진정으로 상대방 마음이 되어보면 자기 입장이나 고집만을 주장할 수 없게 된다. 배려하는 마음은 자연스럽게 마음의 문을 여는 일과 함께하기 때문이다.

셋째, 서로가 다름에 대한 관용, 즉 똘레랑스를 가져야 한다. 우리가 서로 다름이 얼마나 신기한 일인가? 생각이 다르고, 의견이 다르고, 문화가 다르고, 습관이 다르다는 것을 있는 그대로 인정해보라. 이따금 의견이 충돌할 때면 '왜 그런 생각을 하는 걸까?'라는 의문을 던져 보라. 서로 다르다는 것을 인정하는 것이야말로 성숙함을 나타내는 표시다. 다름을 기꺼이 인정하기 시작하면 자연히 마음의 문을 열

수 있다. 넷째, 원활한 쌍방향 소통을 해야 한다. 소통은 서로에 대한 이해의 폭을 한층 깊고 넓게 만든다. 정보가 흐르지 않으면 오해가 생긴다. 오해는 마음의 문을 닫는 것과 같다. 오해를 뛰어 넘어 이해의 장으로 가는 길에 서로에 대한 풍부한 정보를 나누는 일이 병행되어야 한다. 가능한 많은 정보를 나누자. 원활한 정보의 흐름은 마음의 문을 열게 하는 중요한 수단이 될 것임에 틀림없다.

다섯째, 공정한 룰을 서로 지킬 수 있어야 한다. 공정한 룰을 서로 지키려고 노력할 때 마음의 문을 열 수 있다. 조직에서 공정함이 하나의 원칙으로 자리 잡을 때 사람들은 승자에게도 따뜻한 박수를 보낸다. 편법이 아니라 공정함이 조직을 지배하도록 노력하자. 여섯째, 개개인을 존중하는 조직문화를 만들어야 한다. 개인을 존중하는 조직문화가 마음의 문을 열게 한다. 조직 관리의 중심에 인본주의 정신이 흐르면 사람들은 국적에 관계없이 개개인을 존중하게 될 것이다. 서로에 대한 존중은 열린 마음과 함께 할 것이다.

카투사로 근무한다고 해서 모두 영어를 능숙하게 구사할 수 있는 것은 아니다. 간혹 한국 군인들끼리 생활하는 부서로 배정되거나 한국인 룸메이트만 희망한다면 한국 군대와 다를 바가 없다. 실제로 내가 아는 사람 중에서도 편한 생활만 좋아하고 주말마다 미군과 어울려 술 마시는 재미에 빠져 별다른 성과도 얻지 못하고 전역한 사람도 있다.

높은 산이든 낮은 산이든 올라가는 방법은 간단하다. 한 걸음 한 걸음 자신에게 맞는 속도로 걸어서 올라가면 된다. 일찍 오르고 싶은 욕심에 무리하게 빠른 속도로 오르다 보면 정상은 고사하고 반도 올라

가지 못하고 지쳐 포기하게 된다. 산을 단숨에 올라가는 사람은 없다. 아무리 전문 산악인이라고 해도 적절한 준비를 해서 올라간다.

영어회화도 마찬가지다. 운이 좋아 카투사에 선발되어 근무하더라도 특별한 노력 없이는 단기간에 영어실력이 향상되지 않는다. 함께 근무하는 미군과 소통하고 배려하면서 그들의 마음을 얻고 꾸준히 노력해야 자신이 목표한 만큼의 결실을 얻을 수 있다. 카투사로 군대 생활을 한다면 자신의 노력여하에 따라 분명히 영어실력을 획기적으로 향상시킬 수 있다. 하지만 별다른 계획도 없이 시간을 보낸다면 아무것도 얻지 못할 것이다. 만약 자신이 카투사에 지원하여 선발된다면 복무기간 동안 많은 것을 얻을 수 있도록 알차고 뜻깊은 카투사 생활을 계획하기 바란다.

최전방수호병으로
명예롭게 근무하라

대한민국의 최전방은 내가 지킨다

하버드 대학의 로자베스 모스켄터는 21세기 성공 요소로 3C를 제시했다. Concept(개념), Connection(연결), Confidence(자신감)이다. 그는 특히 Confidence(자신감)에 대해서 다음과 같이 강조했다. "문제가 발생하는 것은 그리 나쁜 일이 아니다. 위기에 대처하는 것은 성공 주기를 방해하기보다 오히려 이를 가속화할 수 있다. 과거에 문제를 성공적으로 해결한 사람들은 새로운 위협이 닥쳐도 위기감을 덜 느낀다. 이처럼 리더의 잠재력을 가진 사람들은 위기극복에 성공하거나 역경을 무사히 극복했을 때 더 강해진다."

그런 의미에서 긍정적인 마인드와 도전정신이 있으며 자존감이 높은 젊은이들의 취향에 딱 맞는 육군의 새로운 현역병 지원제도가 있다. 바로 최전방수호병 제도다. '최전방수호병'이란 육군 제1·3야전군 예하 전방사단의 GP, GOP(휴전선 경계 및 감시 초소) 또는 해안과 강 연안을 지키는 부대의 소총병 직위에 배치되어 전투·경계근무 및 수색 정찰 등의 임무를 수행하는 병사로서 2015년 1월 입영하는 사람부터 희망자를 선발하고 있다.

2014년까지 육군 제1·3야전군 예하 전방사단에 배치되는 소총병은 징집병 중에서 일정한 자격기준을 적용하여 충원해왔다. 본인의 의사와 상관없이 각 부대별 훈련소에서 일정 기준을 통과한 인원 중 무작위로 차출했다. 그런 인원을 GP나 GOP 등에서 근무시키다 보니 근무의욕이 떨어지는 병사가 많았다. 제대로 적응하지 못한 병사들이 순간적인 충동을 참지 못하고 간혹 총기사고를 일으키기도 했다. 대표적인 것이 2014년 대한민국을 떠들썩하게 만든 22사단 임 병장 총기난사 사건이다.

이에 육군에서는 '긍정적인 마인드와 도전정신'이 있는 젊은이들의 지원을 받아 '하고자 하는 의지와 능력을 갖춘 우수 자원'을 선발해 최전방 부대에 배치하고 있다. 창끝부대의 전투력을 강화하고 복무 이후 만족감과 자긍심을 심어주는 획기적인 병역제도를 마련하여 시행하고 있다.

육군은 '최전방수호병'으로 군 복무를 자원한 젊은이에게 다양한 혜택을 주고 있다. 최전방수호병 명예휘장을 수여하고, 정기휴가 외에 보상휴가를 월 2박 3일씩 추가하며, 복무기간 동안 경계근무수당을 지급한다. 2015년 1월 이 제도가 처음 시행되었을 당시, 명칭은 '분·소대 전투병', '분·소대 우수병'이었다. 평범한 명칭 때문에 오해가 잦아져 2015년 전반기, 국방부에서 전 장병을 대상으로 명칭공모전을 실시했고 '최전방수호병(영어로 Front Guardian)이란 명칭이 선정됐다.

처음에는 "누가 GOP에 제 발로 걸어가겠냐?"라는 말이 있었다. 그래서 자발적인 지원이 거의 없을 것이라 예상했다. 하지만 '밀리터리 마니아'가 존재하듯이 남들과 달리 최전방에서 복무하길 원하는 진취적인 젊은이가 상당히 많았다. '해병대처럼 아무나 갈 수 없다'는 이미지가 생기면서 경쟁률은 예상보다 훨씬 높았다. 원하는 시기에 군에 입대하기가 점점 어려워지는 요즘, 별다른 특기 없이 군대에 빨리 입대할 수 있는 새로운 제도가 생겼다는 점도 경쟁률을 높이는 한 요인으로 작용했다.

2014년 11월 최초로 시행된 '최전방수호병' 모집 결과, 500명 모집에 3,902명이 지원해 7.8대 1이라는 높은 경쟁률을 보였으며 많은 국민과 언론으로부터 비상한 관심을 모았다. 이후에도 긍정적이면서 도전 정신을 갖고 있는 많은 젊은이들이 관심을 보이며 높은 경쟁률을 이어가고 있다. 육군은 매년 전반기 5,500여 명, 후반기 4,500여 명 등 연간 1만여 명을 '최전방수호병'으로 선발하여 운영하고 있다.

지원자격은 만 18~28세까지 중학교 졸업 이상의 학력 소지자 중에서 신체등위 1~2급의 현역입영대상이면서 키 165cm 이상, 몸무게 60kg 이상인 젊은이는 누구나 지원할 수 있다. 최전방수호병은 신체조건이 일반 현역 복무대상자보다 약간 강화됐다. 징병검사 결과 3급 현역대상자를 제외했다. 키와 몸무게는 전방근무 수준에 맞는 키 165cm 이상, 몸무게 60kg 이상을 기준으로 적용하고 있다. 또한 징병신체검사에서 심리검사 결과 정밀검사를 받은 경력만 있어도 선발대상에서 제외하고 있다. 이는 매일 수류탄과 실탄을 지급받는 최전방 경계부대에서 복무하는 근무여건상 강한 체력과 정신력을 가져야 하기 때문이다.

지원서는 매월 초순경 인터넷으로만 접수한다. 구체적인 일정은 병무청 홈페이지 '군 지원(모병)안내 → 모집안내서비스 → 이달의 모집계획'에서 별도로 공고하고 있다. 최전방수호병에 지원하고 싶은 사람은 관심을 갖고 공지사항을 자주 확인해야 한다.

선발절차는 지원서를 접수한 후 시작된다. 1차 선발은 모집계획 인원의 2배수를 전산 추첨으로 선발하고 구비서류를 제출하여 통과가 되면 신체검사와 범죄경력 조회를 실시한 후 최종 선발한다. 최종 선발 배점(총 100점) 기준은 신체등위 55점, 중·고교출결사항 30점, 가산점 15점이다. 평가점수가 동일한 경우 ① 신체등위 점수가 높은 순 ② 출결사항 점수가 높은 순 ③ 가산점 점수가 높은 순 ④ 생년월일이 빠른 순으로 선발한다.

입영시기는 지원서 접수마감 월로부터 3개월 차에 입영한다. 입영부대는 제1·3야전군 예하 신병교육대다. 복무지역은 강원도나 경기도 일대의 육군 제1·3야전군 예하 전방사단과 해·강안부대다. 전방 GP·GOP(휴전선 경계 및 감시 초소) 또는 해안과 강 주변에 설치된 초소에서 소총병으로 전투·경계근무나 수색, 정찰 임무를 수행한다.

하지만 군 생활 내내 전방초소에서 경계근무만 하는 것은 아니다. 통상 각 대대별로 한번 투입되면 3개월간 전방초소 경계임무를 수행한다. 임무수행기간에는 각종 훈련에서 제외되지만 임무교대 후 대기

기간(통상 6개월)에는 교육훈련을 위한 각종 훈련과 휴식을 실시한다. 이때 그동안 가지 못했던 보상휴가와 외출·외박을 갈 수 있다. 결론적으로 전방 초소에 투입되어 근무하는 기간은 전체 복무기간의 3분의 1이다.

대한민국 젊은 청년들의 가슴을 뛰게 하는 것은 과연 무엇일까? 아직 경험하지 못했던 미지의 세계에 대한 동경, 어렵고 힘들더라도 그것을 이겨내면 자신이 더 성장하고 자신감을 갖게 된다는 확신, 그런 고난을 맞이하고 이겨낼 수 있다는 기대와 희망이 그들의 가슴을 뛰게 하는 것이 아닐까?

최전방수호병의 높은 지원율은 계속 유지될 것으로 보인다. 대한민국 젊은이들의 가슴속에는 아직 도전정신과 긍정적인 마인드가 꿈틀거리고 있고, 성공에 대한 확신과 자신에 대한 자존감이 매우 높기 때문이다. 육군은 최전방수호병이 분단된 조국, 최전방 부대 경계근무의 질적 향상과 전투력 향상에 기여함은 물론 어렵고 힘든 부대의 경계근무를 자원한 만큼 그들의 건강한 정신과 책임감이 모든 부대에 확산되어 병영문화 혁신에도 크게 기여할 것으로 기대하고 있다.

자녀가 있다면 출퇴근하는 상근예비역이 되라

사랑하는 가족은 가장인 내가 책임진다

신념엔 반드시 실천적 의지가 뒤따라야 한다.
무언가를 하겠다고 결심했다면 절대 포기하지 말고 꾸준히 밀고 나가라.
– E. 버크

상근예비역은 징집에 의해 현역병으로 입영하여 소정의 기초군사훈
련을 받고 곧바로 전역된 후 상근예비역 신분으로 다시 소집되어 21개
월(기초군사훈련 기간 포함)간 군부대나 예비군중대로 출퇴근하며 근
무하는 병역제도다. 일과시간에 항상 근무하는 예비역이기에 상근예
비역이라고 부른다.

비록 일과시간만 부대에서 근무하고 퇴근하지만 신분이 군인이므
로 현역병과 같이 진급하며 복무기간이 다 끝나야 예비역 병장으로서
전역증을 받는다. 이들은 기초군사훈련을 마치면 집에서 출퇴근이 가
능한 군부대에 배치되는데 부대본부 소속으로 배치되어 근무하는 상

근예비역을 '군 상근' 또는 '부대 상근'이라고 부른다. 또한 보통 주민센터 근처에 있으며 향토방위업무를 담당하는 지역부대 예하 예비군 중대에 배치되는 상근예비역을 '동대 상근' 또는 '향방 상근'이라고 한다.

상근예비역과 비슷한 제도로 사회복무요원이 있으나 사회복무요원은 현역자원이 아닌 보충역 판정을 받은 사람을 대상으로 국가·지방자치단체, 사회복지시설과 같은 공공기관에서 24개월간 공익목적으로 근무하는 제도로서 상근예비역제도와는 목적, 복무기간 및 소속기관, 대상자원 등에서 구별된다.

상근예비역은 1994년 12월 31일부로 폐지된 방위소집제도를 대신하여 지역 향토방위 인력을 보충하고 예비전력을 확보하기 위해 1995년 1월 1일부로 시행된 병역제도다. 방위병은 현역이 아닌 보충역 판정을 받은 사람이지만 상근예비역은 현역자원(징병검사결과 1~3급 판정자)이기에 소집 해제 시 현역과 같은 예비역 병장이다.

제도가 처음 시행된 1995년 1월부터 1999년 2월까지는 1년간 전방부대에서 내무 생활을 하고 남은 기간만 집에서 출퇴근하도록 했다. 1999년 3월부터 현재와 같이 기초군사훈련을 마친 후 출퇴근하면서 근무하는 형태로 바뀌었다. 상근예비역 전체인원은 일만 7,000여 명으로 추산되며 매년 입영인원은 8,000~1만여 명이다.

상근예비역은 자녀가 있는 특별한 경우를 제외하고 원칙적으로 지원이 안 된다. 또한 주민등록을 기준으로 어느 지역에 사는지 여부에 따라 해당지역을 담당하는 군부대의 필요인원만 입영하게 되므로 본인의 의사와 상관없이 육군이 될 수도 있고 해군이나 해병대가 될 수도 있다. 그렇기 때문에 어느 군에 근무하더라도 복무기간은 육군과 동일한 21개월이고 진급과 급여 또한 육군 현역병과 동일하다. 하지만 처음 입영하여 받는 기초군사훈련 기간은 자신이 입영한 군과 지역부대의 특성에 따라 다르다. 육군의 경우 전방 제1·3야전군 예하부대는 8주, 나머지 육군부대는 5주이고 해군은 4주, 해병대는 7주 교육을 받는다.

특정지역을 관할하여 지역별 방어 임무를 수행하는 부대를 지역위수부대라고 한다. 통상 후방지역은 해당지역 향토사단이, 전방 해안지역은 해당지역 상비사단이, 전방 군단지역은 해당지역 군단 예하 경비연대가 담당한다. 육군부대가 없는 일부 특수지역(포항·진해·제주도·강화도·울릉도·백령도 등)은 육군이 아닌, 해군이나 해병대 부대가 담당한다. 공군은 육상지역 방어임무를 수행하는 지역위수부대가 없으므로 상근예비역이 없다.

매년 11월 국방부(소요군)에서 상근예비역 소집계획서를 제출하면 현역병 입영대상자 중에서 우선순위에 의거 12월 중 그다음 해 소집대상자를 병무청 직권으로 결정해 입영통지서를 발송하고 있다. 상근예비역은 출퇴근 복무가 보장돼야 하므로 지방병무청 주관으로 자원을 관리하고 시·군·구, 읍·면 단위로 소집대상자를 선발하고 있다.

이에 따라 병무청에서는 상근예비역 소집대상자의 거주지, 학력, 신체등위, 나이 등 선발 기준을 엄격히 적용하여 소집부대와 자원 대비 필요한 인원이 맞는지 확인하고 있다. 배정인원이 적절하지 않을 시에는 소집부대장과 협조해 다시 조정하고 자원별·시기별 전역인원 등을 고려하여 상근예비역 선발 규모를 정확히 판단함으로써 적정 인원을

선발하고 있다. 또한 출산장려정책에 맞게 자녀가 있는 기혼자가 상근
예비역으로 지원하여 복무할 수 있도록 적극적인 홍보와 안내를 실시
하고 있다.

상근예비역은 향토방위임무를 필요로 하는 지역의 현역병 입영대
상자 중 학력과 신체등위가 낮은 사람이 선발될 확률이 높다. 선발 우
선순위를 필자가 다시 정리해보면 1순위는 자녀가 있는 사람(의료 관
련학과 대학이나 대학원 졸업자와 졸업예정자, 박사학위 입학 이상의 학력
자 제외)과 6개월 미만의 징역이나 1년 미만의 집행유예를 선고받은 수
형자, 6개월 이상 소년원 재원전력자 등이다. 2순위는 중졸, 고졸 등 대
학교 재학 미만의 저학력자인데 중졸 이하는 보충역 처분을 받기 때
문에 상근예비역 소집대상이 아니다. 3순위는 신체등위가 3급에 가까
운 경우다. 기본적으로 대학생이거나 신체등위가 높은 사람이 상근예
비역으로 소집될 확률은 거의 없다. 하지만 현역병 입영대상자가 많지
않은 강원도 산골이나 섬 같은 특별한 지역은 학력이나 신체등위가
높더라도 소집될 가능성이 도시에 비해 비교적 높다고 할 수 있다.

지방병무청장은 상근예비역 소집대상자로 선발된 사람 중 신상변
동 등으로 인해 선발된 지역에서 근무할 수 없는 사람에 대하여 선발
을 취소할 수 있다. 일반적인 선발 취소 사유로는 대학생 입영연기자,
가족과 함께 타 지역으로 전출한 사람, 각 군의 모집분야에 선발된 사
람, 단독거주자, 국민기초생활수급자 등이 있으며 본인이 희망하면 직
접 선발 취소를 신청할 수도 있다.

사회복무요원도 집에서 출퇴근을 하지만 그들은 현역이 아닌 보충
역으로서 민간인이다. 이에 반해 상근예비역은 전역 후 예비역 병장

이 되는 분명한 현역복무다. 일과가 끝나면 퇴근을 하고 집에서 지낼 수 있다는 것만으로도 부대에서 생활하는 다른 병사들보다 편하고 자유로운 것이 사실이다. 하지만 새벽에 출근해서 함께 구보할 때도 있고 필요시 야간 경계근무에도 참가해야 하며 훈련이나 비상시에는 퇴근이 제한되기도 한다.

그럼에도 일반 현역병사 입장에서 상근예비역을 바라보면 부러울 수밖에 없다. 그래서 상근예비역을 제대로 된 현역복무가 아니라고 무시하는 일반병사도 간혹 있다. 상근예비역으로 복무하는 병사 입장에서는 일반 병사들과 같이 현역복무 판정을 받은 사람이기에 기분이 나쁠 수도 있다. 하지만 고생하는 일반 현역병들을 잘 이해하고 조금 더 배려하는 처신을 한다면 오히려 인기 있는 병사가 되어 보람 있는 군 생활을 할 수 있을 것이다.

상근예비역은 규정상 주 5일만 근무하게 되어 있으며 일과시간과 경계근무시간, 훈련기간, 비상시에만 자신의 임무를 확실하게 수행하면 된다. 대부분 예비군 중대에서 근무하는 경우가 많고 부대에서 근무하더라도 육체적으로 힘든 경우는 별로 없다. 그러므로 일과 후 시간을 자유롭게 활용하되 자기 계발을 할 수 있는 계획을 세우고 반드시 실행해야 한다. 부대장에게 요청하여 허락을 받으면 일과시간 후에는 학원을 다니는 등 학업 활동을 할 수도 있으니 시간을 효율적으로 활용하기 바란다.

상근예비역으로 근무할 때 항상 기억해야 할 것이 있다. 그것은 자신이 병역의 의무를 이행 중인 현역 군인이라는 점이다. 주 5일, 출퇴근을 하면서 근무하다 보면 자신이 의무복무 중인 현역병이라는 것을 망각할 수 있다. 특히 일과 후 시간에 일반인 친구들과 어울려 군인의 신분에 어긋난 행동을 할 수 있는데 그럴 경우 영창에 가는 등 현역병이 받는 모든 징계를 동일하게 받게 되므로 각별히 유의해야 한다.

상근예비역 자격요건이 되어 지원을 했거나 선발됐다면 자신이 누릴 수 있는 좋은 여건을 잘 활용해야 한다. 만일 무분별한 생활로 시간활용을 제대로 하지 못한다면 일반 현역병으로 군대 생활하는 것보다 훨씬 못한 결과를 가져올 수 있다. 그러므로 가족들의 관심과 격려 속에서 자신의 발전을 위해 분명한 목표를 세우고 노력한다면 21개월의 복무기간이 자신을 새롭게 태어나게 하는 소중한 기회로 작용해 그 어떤 군 생활보다 값진 시간이 되리라 생각한다.

에필로그

군대는 성장의 인큐베이터!
취업과 성공을 위해 직접 CHOICE하자

34년간 군 생활을 했다. 그런데 전역을 한 지금도 풀리지 않는 의문이 남아 있다. "왜 대부분의 장병들은 아무런 생각 없이 군에 오는 걸까?" 그 해답을 찾기 위해 이 책을 쓰기 시작했다.

별다른 목표도, 희망도 없이 그저 의무복무를 한다는 생각으로 입대한 단기복무 간부와 병사들, 그들에게 희망을 심어주고 목표를 갖게 해준 것이 나의 군 생활 중 최고의 보람이었다. 그래서 전역을 앞두고 책을 쓰기 시작했고 김병완 작가를 비롯한 많은 지인들의 도움으로 완성했다.

'군 입대는 이제 의무가 아닌 자신의 선택이다.' 남자든, 여자든 배우자를 잘 만나야 행복하게 살아갈 수 있다. 그래서 모두들 좋은 배우자를 만나기 위해 자신을 가꾸고 할 수 있는 모든 노력을 다한다. 군대도 그런 마음으로 준비해야 한다. 좋은 배우자를 찾는 것처럼 '자신에게 맞는 곳을 선택'해서 군 생활을 시작해야 한다. 그렇게 군 생활을 시작하는 사람은 '훌륭한 리더로 성장하여 성공하는 삶을 살아갈 것' 이다.

20대에 맞이하게 되는 군 생활 2~3년은 황금 같은 시간이다. 그 시간을 자신의 경력으로, 성장의 시간으로 활용하는 사람과 아무 생각 없이 하루하루를 보내는 사람을 어떻게 비교할 수 있겠는가? 자녀를 21세기 리더로 성장시키고 싶은 부모, 성공하는 삶을 살고 싶은 젊은이라면 군대를 직접 선택할 수 있어야 한다. 생각 없이 군대 가서 루저 Loser가 될 것인가? 아니면 골라 가서 리더Leader가 되겠는가?

군대는 젊은이들에게 '성장의 인큐베이터'다. 공짜로 자신을 변화시키고 도약할 수 있는 최적의 장소이기 때문이다. 훈련소에 입영해 군복을 입으면 모두 똑같은 모습의 군인이 된다. 서울대 출신이든, 하버드 졸업생이든, 고위공직자나 재벌의 자제든 모두 똑같이 입고 먹고 잠을 잔다. 남녀차별도 없고, 금수저와 흙수저의 구분도 없이 모두가 같은 조건에서 출발하는 곳이 바로 군대다. 그러니 '입대하기 전, 자신의 꿈을 설정하고 입대 후 그 꿈을 이루기 위한 맷집을 키워야' 한다. 간절한 마음으로 자신의 꿈을 찾고 자신에게 맞는 군과 특기를 찾아 미리 준비한다면 성공에 한 발 먼저 다가갈 수 있다.

베토벤의 '월광소나타'를 즐겨듣던 작은 소년이 1982년 1월, 해군사관학교를 선택했고 34년이 지난 2016년 5월, 해군 대령으로 명예롭게 전역을 했다. 군 생활을 하는 동안 국가로부터 많은 혜택을 받았다. 해군 장교로 근무하면서 한 번도 다녀오기 어렵다는 세계 일주를 3번이나 다녀왔고 영예로운 함장 직책도 3번이나 성공적으로 수행했다. 나의 조국 대한민국에게 받은 많은 혜택을 군에 입대해야 하는 젊은이들에게 나눠주고 싶다. 그래서 군에 가야 할 젊은이들이 자신에게 맞는 꿈을 찾고 목표를 설정하는 데 도움을 주고자 이 책을 썼다. 군 입대를 앞둔 젊은이들이 올바른 선택을 하는 데 나의 경험과 군대에 대한 정보가 조금이나마 도움이 되길 진심으로 바란다.

끝으로 늘 나를 믿고 격려해주신 어머니와 가족들, 흔쾌히 추천의 글을 써주신 한민고등학교 교장 김태영 전 국방부 장관님과 천안함재단 이사장 손정목 전 해군교육사령관님, 그리고 퀀텀독서법의 저자며 나를 작가의 길로 이끌어준 김병완 대표님께 감사의 말씀을 전하며 오늘의 내가 있기까지 많은 가르침을 주신 모든 분들께도 깊이 감사드린다.

2017년 8월 임준호

부록

알아두면 유익한 군대 관련 상식

1

세계 각국의 병역제도

병역제도의 유형

❖ 병역제도는 병력의 충원 수단에 법적 강제성이 있는지 여부에 따라 의무병 제도와 지원병 제도로 구분되며 다시 의무병 제도는 징병제와 민병제로, 지원병 제도는 직업군인제, 모병제, 의용군제로 나뉜다.

❖ 한 나라의 병역제도는 그 나라가 처한 안보상황, 지정학적 위치, 정치·경제·사회·문화적 여건, 역사적 전통 및 국민정서 등 제반 상황을 고려해 그 나라 실정에 맞게 정책적으로 결정된다. 현재 전 세계적으로 징병제를 실시하는 나라는 약 70여 개국이 있다.

의무병 제도

❖ 징병제: 국민개병주의에 입각하여 평시에는 국방에 필요한 최소한의 군대를 상비군으로 유지하고 군 복무를 마친 자원을 예비군으로 확보하고 있다가 전시·사변 등 국가 비상사태 시 소집해 충원하는 제도.

❖ 민병제: 국민개병주의에 입각하여 군대를 경제적으로 양성·유지하는 제도로서 평시에는 자신의 생업에 종사하면서 매년 일정기간 군사교육에 참가하여 전투력을 유지하고 유사시에는 동원 소집되어 전시 체제로 편성하는 제도.

지원병 제도

❖ 직업군인제: 군인을 직업으로 삼는 제도로서 장교·부사관 등 장기복무를

희망하는 사람은 지원에 의해 복무할 수 있도록 채용하고 기본생활을 보장해주어 군인의 길을 보람 있게 여기도록 만들어주는 제도.

❖ 모병제: 본인의 자유의사에 따라 국가와 계약하여 병역에 복무하는 제도로 군별·신분별·병과별로 자신의 희망에 따라 지원할 수 있다.

❖ 용병제: 돈을 벌기 위한 목적으로 일정한 급여와 복무연한을 계약하고 근무하는 제도. 대표적인 용병부대로 프랑스 외인부대가 있다.

❖ 의용군제: 전쟁이나 사변 등 국가 위기상황 시에 오로지 국가와 민족을 위해 운명을 같이한다는 정의감과 충성심을 바탕으로 종군하는 제도.

국가별 병역제도

❖ 대한민국: 의무병 제도 중 징병제를 채택하고 있으며 장교·부사관의 경우 지원병 제도 중 직업군인제를 채택하고 있다. 다시 말해 의무병 제도(징병제)를 기본으로 지원병 제도를 일부 채택하고 있다.

❖ 의무병제 국가

    - 중국: 전통적으로 징병제이나 의무병과 지원병, 민병과 예비역을 상호 결합한 병역제도를 운영하고 있다.

    - 터키: 직업군인 및 징집병으로 구성되며 조국을 위해 봉사하는 것을 국민의 의무이자 권리로 헌법에 명시하고 있으며 군이나 공공분야에서 이러한 의무를 이행하는 방법을 법률로 정하고 있다.

    - 이스라엘: 남녀 구분 없는 징병제이며 유대교와 드루즈교 신자만 징병한다. 국방의 주력을 예비군이 담당하고 있다.

❖ 지원병제 국가

    - 미국: 제1·2차 세계대전, 한국전, 베트남전 때 한시적으로 징병제를 실시했으나 1973년 7월 1일에 모병제로 전환했다. 평시에는 모병제로 병력을 충원하며 전시에는 선병본부 주관하에 징병제로 전환한다.

- 캐나다: 전시법 제정을 통해 징병제 전환이 가능하며 현역과 예비군으로 구성되어 있다.
- 프랑스: 지원병제로 각 군에서 병과 직종별로 인터넷에 공고해 서류심사, 인성검사, 체력검정을 실시한다. 부족한 병력은 용병으로 보충하고 있다.

❖ 민병제 국가
- 스위스: 국민개병주의를 채택하고 있다. 규정된 나이가 되면 일정기간 기본군사교육을 마친 후 귀가해 생업에 종사하다가 매년 6회 동원 소집되어 군 복무를 실시한다. 평시에는 직업군인만 상시 복무하고 나머지 인원은 민병으로 편성된다. 2004년부터는 전체 민병의 20% 내에서 300일을 계속 근무하고 전역하는 '계속 복무군' 제도를 시행하고 있다.

2

반드시 알아야 할 병역의무 이행과정

2015년 현역병 연령별 입영현황: 18~20세가 전체의 72%(단위: 명)

계	18~19세	20세	21세	22세	23세	24세 이상
251,121	28,059	152,703	47,267	11,826	5,150	6,116

❖ 복학시기를 맞추기 위한 '입영일자 본인선택': 매년 12월 중 병무청 홈페이지에 게재 및 각 언론사 홍보.

❖ 나의 전공과 경력을 활용할 수 있는 '현역병 모집': 매월 병무청에서 각 군별로 모집, '병무청 홈페이지 초기화면의 군 지원(모병) 안내' 활용 지원.

대한민국 남성의 병역의무 이행 도표

구분	18세	19세	20~30세	31~40세	45세
제1국민역편입	병역 의무 발생				전시에는 병역의무 기간연장 (45세)
징병검사		징병검사			
징·소집 복무			19~37세까지 징·소집 입영		
예비군 복무			예비군편성 병력동원(훈련) 소집		

신체등위 판정에 의한 병역처분 기준

구분	1급	2급	3급	4급	5급	6급	7급
대학 재학		현역병 입영대상자		보충역			
고졸							
고퇴					제2 국민역	병역 면제	재신체 검사
중졸		보충역					
중퇴 이하							

부록: 알아두면 유익한 군대 관련 상식
❖

법령에 의한 병역처분 기준

다음과 같은 요건에 해당하는 사람은 징병검사를 받을 필요 없이 증빙서류만
제출하고 병역처분을 받으면 됨.

❖ 보충역 처분 대상
 - 부모나 형제자매 중 전몰군경, 순직군인 또는 상이정도가 6급 이상인
  전상 군경이나 공상 군인이 있는 경우 1인.
 - 6개월~1년 6개월 미만 실형 선고자, 1년 이상 형의 집행유예 선고자.

❖ 제2국민역/병역면제 처분 대상
 - 장애인(일부 경증 장애인 제외)과 북한이탈주민.
 - 1년 6개월 이상 징역 또는 금고의 실형 선고자.
 - 고아, 귀화자, 성전환자(여성→남성).

3

현역병 입영관련 Tip

Tip 1: 현역병 입영시기

① 현역병 입영자격 및 시기: 징병검사 결과 신체등위 1급~3급 현역 입영대상 자로 판정된 사람은 징병검사를 받은 해 또는 그다음 해에 입영해야 한다. 하지만 대학에 재학(휴학 포함) 중인 사람은 대학별 졸업 제한 연령까지 입영을 연기할 수 있다. 대학 재학 연기 중에 입영을 원할 경우 '재학생 입영원'을 신청하거나 '입영일자 본인선택' 또는 각 군 지원을 통해서만 입영이 가능하다.

② 입영시기 선택

❖ 재학생 입영원(다음 연도 입영 월 신청)은 대학에 재학(휴학 포함) 중인 사람이 입영을 원할 때 신청하며 신청방법은 다음과 같다.

　*병무청 홈페이지 → 병무민원포털 → 현역/상근입영 → 재학생(국외)입영신청

❖ 입영일자 본인선택(추첨), 당해 연도 입영희망일자 신청

　- 본인이 희망하는 당해 연도 입영일자를 선택하면 전산 추첨을 통해 최종 입영일자가 결정된다.

　- 입영부대는 입영일자 결정시 전산으로 자동 결정되며 추가공석이 발생하면 입영일자 본인선택 신청자 중에서 선착순으로 결정된다.

　- 대상은 고졸 이하자, 각급학교 재학(휴학포함) 중인 자와 대학 이상 졸업예정자다.

　- 신청방법: 병무청 홈페이지 → 병무민원포털 → 현역/상근입영 → 현역병 입영일자 본인선택(추가/수시)

* 각급 학교에 재학 중인 연기자는 연중 선택 가능하나 '고졸 이하 및 졸업예정자' 중 입영일자 본인선택을 하지 않은 사람은 병무청에서 직권으로 입영일자를 결정한다.

❖ 육해공군, 해병대 모집병은 매월 병무청 홈페이지 → 군 지원(모병) 안내를 통해 지원서를 접수하며 입영 결정 시까지 2개월 이상이 소요된다.

❖ 현역병 입영일자와 입영부대 조회는 병무청 홈페이지 → 병무민원포털 → 현역/상근입영 → 입영일자/부대조회를 통해 확인이 가능하다.

❖ 현역입영 통지서는 입영일 45일 전에 이메일이나 등기우편으로 본인에게 송부된다.

③ 현역병의 복무기간

육군·해병대 병은 21개월, 해군 병은 23개월, 공군 병은 24개월이다.

Tip 2: 학력별 입영연기 제한규정

고등학교 이상의 학교에 재학(휴학)중인 사람은 징병검사 후 각급 학교별 제한 연령 범위 내에서 졸업(수료) 시까지 입영을 연기할 수 있다.

⇨ 입영희망 시 본인선택이나 재학생 입영원을 제출하고 입영해야 함

① 입영연기 가능 학교

❖ 고등학교, 전문대학 및 대학(상급학교에 입학학력이 인정되는 학교와 경찰대학, 과학기술대학, 방송통신대학, 원격대학)

❖ 대학원(석사이상의 학위를 수여하는 학교), 연수기관(사법연수원)

* 대학교 부설 사회교육원, 학점은행제, 전산원 재원 중인 자는 해당 없음.

② 학교별 제한연령

고등학교	대학		대학교				대학원				박사과정	사업연수원
							석사과정					
	2년제	3년제	4년제	5년제	6년제	7년제	2년제	2년 초과과정	일반대학원의 의학과, 치의학과, 한의학과, 수의학과, 약학과	의·치의학 전문대학원		
28세	22세	23세	24세	25세	26세	27세	26세	27세	28세	28세	28세	26세

* 졸업, 자퇴, 제적 등 연기사유가 해소되면 입영을 통지

③ 입영연기 절차: 재학하고 있는 학교의 장(고등학교는 시·도 교육감)이 매년 3월 31일까지 학적보유자 명부를 지방병무청장에게 전산 송부하면 학교별 제한연령까지 지방병무청장 직권으로 입영연기 처리가 가능하다. 그러나 입영연기 처리 전에 입영 통지된 사람은 재학증명서를 제출하면 연기할 수 있다.

④ 제한연령 계산방법: 현재 연도에서 출생연도를 뺀 연령으로 그 연령이 되는 해의 1월 1일부터 12월 31일까지를 말한다.

  * 대학생이 장기간 입영대기하지 않으려면 본인선택으로 입영일이 결정되거나, 모집병에 최종 합격한 이후라도 입영통지서를 받은 후 휴학해야 함.

Tip 3: 현역병 입영 시 유의사항과 준비물

① 유의사항

❖ 입영통지서는 이메일에서 3부를 출력해, 1부는 입대 시 지참하고 1부는 대학 휴학 시 학교에 제출하며 나머지 1부는 휴대전화 해지 시 해당 통신사에 제출한다. 단, 등기로 통지서를 수령했을 경우에는 3부를 복사하여 사용하면 된다.

❖ 입영 전 과다한 음주를 하거나 기름진 음식을 너무 많이 먹을 경우 혈압과 지방간 수치가 일시적으로 높아져 본의 아니게 귀가 조치될 수 있다. 그러

므로 입영하기 직전에는 자신의 건강관리에 더욱 신경 써야 한다. 만약 입영 전, 몸이 아플 경우에는 입영기일 연기를 신청하고 치료 후 입영하는 것이 좋다.

❖ 두발은 단정한 스포츠형, 복장은 간편복으로 입영하도록 한다. 또한 군 생활에 필요한 물품(세면도구, 바느질세트, 반창고 등)은 입영 당일 부대에서 각 개인에게 지급하므로 부대 주변 잡상인에게 구입할 필요가 없다. 혹시나 하는 마음에 개인적으로 사제품을 구입하더라도 일체 사용할 수 없다.

❖ 입영 후 현금카드와 휴대전화는 사용할 수 없으며 1만 원 이하의 소액은 휴대할 수 있다.

② 준비물: 입영통지서와 신분증, 나라사랑카드는 반드시 지참해야 하며 징병검사 이후 취득한 자격증이나 면허증 사본은 특기 분류, 자대 배치 등에 활용될 수 있으니 가급적 챙겨두는 것이 좋다.

③ 입영자 휴대전화 해지: 입영자의 입영통지서 복사본이나 지방병무청에서 발급받은 병적증명서를 해당 통신사에 제출하면 된다.

❖ 나라사랑카드: 징병검사 시 발급받아 징병검사 후부터 현역 및 보충역 근무, 예비군 임무를 수행할 때까지 사용할 수 있는 다기능 스마트카드. 국가기관이 병역 의무자에게 주는 여비와 급여를 온라인 지급하기 위한 전자통장인 동시에 병역증, 전역증 기능도 수행한다.
❖ 병적증명서: 병적확인을 위하여 지방병무청장이 발급하는 증명서로 군 복무를 마친 사람과 입영예정자, 병역면제자 등 군 복무를 마치지 아니한 사람으로 구분, 기재하여 발급한다.

Tip 4: 현역병 입영 시 훈련기간, 연락방법, 부대배치

① 육군 현역병 훈련기간: 총 6주

❖ 육군훈련소, 향토사단(31·32·35·36·37·39·50·53사단), 제1야전군 관할사단(2·7·12·15·21·22·23·27사단), 제3야전군 관할사단(1·3·5·6·8·9·

17·20·25·26·28·30·51·55사단 및 수기사)

- 입영부대의 입소대대에서 일주일간 신체검사, 보급품 수령, 적성검사를 실시하여 귀가시킬 인원 선별 후 2주차부터 입영부대의 교육연대로 이동하여 5주간의 기초군사훈련을 받는다.

＊ 해군은 진해 해군교육사령부에서 5주, 공군은 사천 공군교육사령부에서 6주, 해병대는 포항 교육훈련단에서 7주간 실시하고 있음.

◆ 육군은 해당 훈련소에서 5주간의 기본 신병교육 과정을 수료하면 심화교육 과정을 통해 부대별 특성에 맞는 전투능력을 배양하고 있다. 심화교육과정은 부대 및 특기에 따라 교육기간이 다르며 후반기 교육에 편성된 특기병의 경우 병과학교에 입교하면 교육수료 후 복무하게 될 부대로 전속된다.

② 연락방법: 각 훈련소에서 운영하는 홈페이지를 방문하면 된다.

❖ 신병교육대 홈페이지(카페) 운영

- 대한민국 육군(http://www.army.mil.kr) → 국민마당 → 신병사진보기
- 훈련병 사진 탑재, 훈련소 생활 소개 등이 게재되어 있으며 아들에게 소식을 전달할 수 있는 인터넷 편지 작성이 가능하다.
- 수료식 후 면회일정은 부대별로 상이하며 각 부대에서 안내되는 일정에 따라 면회를 실시해야 한다(자대에 배치되면 수시로 면회 가능).

＊ 해군·공군·해병대 신병교육 부대에서도 홈페이지를 운영하고 있음.

③ 부대배치 조회

❖ ARS(1577-9600, 1588-9090)나 육군본부 홈페이지에서 신병 부대배치를 조회하면 확인이 가능하다. 입영부대별로 다르나 대부분 신병교육 5주차 금요일이면 확인이 가능하다.

4

병역의무자 국외여행 허가제도

병역을 이해하지 아니한 사람이 국외여행을 하고자 할 경우 병무청장의 허가를 받도록 하는
제도. 다만 24세 이하 자는 허가 없이 출·귀국이 가능함

허가 대상자

25세 이상의 제1국민역 또는 보충역으로서 소집되지 아니한 사람(2017년 기
준 1992년 이전 출생자)

* 승선근무예비역 또는 보충역(사회복무요원, 산업전문요원, 공보의 등)으로
복무 중인 사람은 24세 이하자라도 국외여행 허가 대상임.

여행목적별 허가 기간

❖ 단기여행: 1년의 범위에서 27세까지

  * 국내 교육기관에서 28세까지 재학사유 입영연기가 가능한 사람은 그
  기간까지

❖ 유 학

  - 학교별 제한연령까지

  - 학교별 제한연령 내에 졸업이나 학위취득이 곤란한 사람은 학교별 제
  한연령에 1년을 더한 기간의 범위까지(박사과정은 학위취득이 가능할
  경우 30세 되는 해 6월 말까지) 기간연장 가능

※ 학교별 제한연령

• 대학교: 4년제는 24세, 5년제는 25세, 6년제는 26세(단, 의·치·한의·수의·
  약학과 대학은 27세)

• 대학원: 석사 2년제는 26세, 석사 2년 초과는 27세, 박사는 28세(단, 의·치·한의·수의·약학과 석사과정은 28세)

  - 연수·훈련: 2년 범위 내에서 27세까지
  - 국외이주: 37세까지(영주권·시민권 취득, 부모와 5년 이상 해외 거주 등)

신청방법

❖ 방문 신청: 지방병무청 민원실, 인천공항 병무민원센터

❖ 인터넷 신청: 병무청 홈페이지 → 병무민원포털 → 국외여행/체재 → 국외여행 허가신청(공인인증서 또는 공공아이핀으로 로그인)

  * 국외에서 기간연장 허가 신청 시 관할 재외공관 또는 인터넷을 통해 신청 가능. 국외이주, 국외취업 사유로 허가 신청 시는 관할 재외공관을 통해 신청해야 함.

허가절차

국외여행허가신청서 및 구비서류 제출(병역의무자) → 병역사항 및 구비서류 검토 후 처리(지방병무청) → 허가사항 전산입력 후 허가번호 부여(지방병무청) → 국외여행 허가(지방병무청) → 여권발급(외교부) → 해당자 출국

허가제한 대상

징병검사 또는 병역기피자, 사회복무요원 등의 복무이탈자, 국외여행 허가 의무 위반자, 국외이주자로서 1년의 기간 내에 통산 6개월 이상 국내 체재 또는 영리활동자, 병역의무 기피·감면을 목적으로 도망가거나 행방을 감춘 자, 신체 손상이나 사위행위를 한 자

5

국외체재자 전자민원 출원제도

국외에 체재 중인 병역의무자가 귀국 후 본인이 원하는 시기에 병역의무를 이행할 수 있도록
현지에서 인터넷을 활용하여 징병검사와 입영신청을 할 수 있게 하는 제도

출원 대상자

❖ 국외여행(기간연장) 허가를 받고 국외체재(승선)중인 사람으로서 징병검사
또는 입영을 희망하는 사람

민원신청 종류

❖ 우선징병검사 신청

❖ 국외입영(현역·사회복무) 신청 또는 취소

❖ 현역병 입영일자 본인선택 또는 취소

❖ 사회복무요원 소집일자·복무기관 신청 또는 취소

출원방법 및 절차

❖ 병무청홈페이지 → 민원마당 → 민원신청 → 국외여행·국외체재 민원 →
국외여행·국외체재 민원신청 → 국외체재자 병역의무이행(취소) 신청 →
민원신청 종류 중 본인이 원하는 사항을 선택 출원

＊공인인증서 또는 공공아이핀 로그인 후 신청 가능

처리결과 통보

❖ 국외체류자에게 이메일로 통보하며 국내 친권자에게 우편이나 전화로 안내

6

예비군 훈련 관련 Tip

❖ 예비군이란?: 전시, 사변 등 유사시를 대비한 예비 병력으로 국가비상사태 하에서 현역군부대의 편성이나 작전수요를 위한 동원에 대비하고 적이나 무장공비 침투 지역의 향토방위체제 확립 임무를 수행하는 병역의무복무를 마친 사람을 말한다.

❖ 예비군이 동원훈련을 받는 이유: 전시 등 국가비상사태에 대비, 부대편성이나 군 작전수요를 충족하기 위하여 사전에 병력동원 소집자를 지정하고 지정된 사람에 대해 동원절차를 숙지시키고 전투력을 유지하기 위해 평시에 훈련시키는 것이다. 동원훈련은 국가와 국민을 지키기 위한 훈련이므로 반드시 받아야 한다.

❖ 예비군에 편성되는 기간: 예비역 병(현역 및 보충역)은 전역한 다음 날부터 8년차까지, 예비역 간부(장교, 준사관, 부사관)는 현역 계급별 연령정년까지 편성된다. 그러나 사회복무요원 등 보충역 중 교육소집을 받지 않은 사람, 제2국민역, 병역을 면제받은 사람과 현역 간부가 전역 시 퇴역되거나 보충역으로 편입된 경우에는 예비군에 편성되지 않는다.

❖ 동원훈련 소집대상, 기간 및 장소: 예비역 병은 4년차까지, 예비역 간부는 6년차까지 받는다. 동원훈련 장소는 병무청에서 보내는 동원훈련 통지서(파란색)에 기재되어 있으며 통지서는 등기우편 또는 이메일로 송부하고 있다.

병무청 홈페이지에서 훈련일자와 교통편 조회가 가능하다.

❖ 동원훈련 참가복장과 준비물
  - 복장: 예비군복, 예비군모, 전투화, 허리띠, 명찰 패용
  - 준비물: 신분증(주민등록증, 나라사랑카드, 자격증, 면허증 중 1개 지참), 본인 계좌번호 숙지(여비 입금용), 세면도구, 수건, 속옷 등

❖ 대학생의 동원훈련 참가 여부: 대학 직장예비군에 편성된 재학생은 학교 예비군부대에서 실시하는 교육훈련(8시간)을 받으며 2박 3일 동안 실시하는 동원훈련은 원하는 사람만 받는다. 그러나 휴학자, 수업연한을 초과한 졸업유예자나 유급자는 학생예비군에서 지역 예비군부대로 편성되어 일반예비군과 동일하게 동원훈련을 받는다.

❖ 동원훈련 연기방법: 병무청 홈페이지를 방문하여 연기원서를 제출(공인인증서 또는 공공아이핀 필요)하거나 통지서를 송부한 각 지방병무청에 우편이나 팩스로 제출한다. 연기 사유는 병무청 홈페이지 → 병역이행안내 동원훈련/예비군 → 병력동원훈련 소집연기에서 확인할 수 있다.

❖ 동원훈련 무단불참 시 처벌: 동원훈련에 무단불참하면 즉시 고발 조치되므로 반드시 참가해야 한다.

❖ 예비군 등 병역의무 종료시점: 예비역(현역 및 보충역) 병, 제2국민역은 41세에 종료(면역)되며 예비역/보충역 간부는 현역 계급별 연령정년이 도래하면 병역의무가 종료(퇴역)된다.

7

직업군인의 진급과 정년

직업군인의 진급

장교 및 부사관으로서 최저근속기간과 계급별 최저복무기간의 복무를 마치고 상위직책을 감당할 능력이 있다고 인정된 사람은 한 단계씩 진급시킨다. 진급의 종류에는 정상진급, 임기제 진급, 근속진급, 명예진급이 있다.

진급에 필요한 최저복무기간

진급할 계급	최저근속기간	계급별 최저복무기간
소 장	28년	준장으로서 1년
준 장	26년	대령으로서 3년
대 령	22년	중령으로서 4년
중 령	17년	소령으로서 5년
소 령	11년	대위로서 6년
대 위	3년	중위로서 1년
중 위	1년	소위로서 1년
원 사		상사로서 7년
상 사		중사로서 5년
중 사		하사로서 2년

❖ 정상진급: 각 계급의 최저복무기간을 채운 사람 중에서 근무성적을 비롯한 제반 사항을 심사하여 우수한 자원을 진급시킨다.

❖ 임기제 진급: 진급 최저복무기간을 채운 영관급 장교 이상인 사람 중에서 인력 운영을 위해 필요하거나 전문 인력이 필요한 분야로서 대통령령으로

부록: 알아두면 유익한 군대 관련 상식
❖

정하는 직위에 보임하기 위해 2년의 임기로 1계급 진급시킬 수 있으며 임기가 끝나면 전역해야 한다.

❖ 근속진급: 부사관에게 해당되는 진급제도로 하사로서 5년 이상, 중사로서 11년 이상 재직한 사람은 중사 및 상사로 각각 근속진급 시킬 수 있다. 단, 징계 중이거나 징계절차가 진행 중인 사람 등 근무성적이 불량한 사람은 제한된다. 근속진급 제도는 장기복무 부사관의 직업안정성 보장을 위해 만든 제도다. 장기복무자로 선발될 경우 상사의 연령정년인 만 53세까지 복무가 보장된다. 참고로 장교에겐 근속진급이 적용되지 않아 진급이 되지 않으면 계급별 근속 및 연령정년을 적용받아 젊은 나이에 전역해야 한다.

❖ 명예진급: 군인으로서 20년 이상 근무한 사람이면서 복무 중에 뚜렷한 공적이 있는 사람이 정년 전에 스스로 명예롭게 전역하는 경우 명예진급을 시킬 수 있다. 단, 명예진급된 사람의 연금, 명예전역수당 등 각종 급여는 명예진급 전의 계급에 따라 지급하고 그 밖의 예우는 명예진급된 계급을 적용한다. 명예진급은 대령까지만 적용된다.

장기복무자의 정년
군인은 계급에 따른 권위와 상관의 명령과 복종에 의해 조직을 운영하는 특수한 조직이다. 그러므로 일반 공무원이나 교직 공무원과 다른 복잡한 정년 제도를 운영하고 있다.

❖ 계급별 정년: 장기복무자의 현역 정년은 계급별로 원수는 종신, 대장은 63세, 중장은 61세, 소장은 59세, 준장은 58세, 대령은 56세, 중령은 53세, 소령은 45세, 대위~소위는 43세, 준위/원사는 55세, 상사는 53세, 중사는 45

세, 하사는 40세로 규정하고 있다.

> * 알기 쉽게 설명하면 계급별 연령정년이다. 일반공무원이나 교직공무원은 직급에 상관없이 정년이 보장되어 있지만 군인은 해당 계급에서 진급을 하지 못하고 규정된 나이가 되면 전역해야 한다. 대부분 군인은 일반공무원에 비해 일찍 전역하는데 소령에서 중령으로 진급이 되지 않은 장교의 경우 만 45세에 전역하게 된다. 그런 장교의 경우 재취업이 되지 않으면 가족의 생계를 꾸려가기가 어렵다. 그래서 20년 이상 근무한 장기복무자가 전역을 하면 전역과 동시에 군인연금을 지급하는 것이다.

❖ 근속 정년: 장기복무 장교에게만 적용되는 규정으로 대령은 35년, 중령은 32년, 소령은 24년, 대위~소위는 15년, 준위는 32년이다. 근속 정년은 자신이 장교로 임관 후 군 생활을 한 햇수가 규정된 기간이 되면 전역해야 함을 말한다. 장교들은 자신의 나이에 따라 근속 정년과 계급별 정년 중 먼저 해당되는 연도에 전역하게 되는데 대부분의 장교들은 계급별 정년을 먼저 맞이한다.

❖ 계급 정년: 해당 계급에 진급한 후 규정된 햇수 내에 진급하지 못할 경우 정년을 맞게 되는 것으로 장성에게만 해당된다. 중장은 4년, 소장과 준장은 각각 6년이다.

8

군무원, 나는 군대에서 근무하는 공무원이다

군무원이란?

군무원은 군대에서 근무하는 특정직 공무원이며 군인과 더불어 국군의 일원이다. 하지만 대부분의 사람들은 군무원과 공무원이 다르다는 것을 잘 모른다. 군대에는 현역 군인만 근무하는 것이 아니다. 군대의 각 분야에는 원활한 부대 운영을 위한 전문가가 필요하다. 그러므로 현역 군인들은 전투력 유지를 위한 제반업무 위주로 근무하고 기술이나 연구, 행정 등 기능적인 업무는 군무원을 채용해 부대를 운영하고 있다. 군무원은 통상 한 지역에서 오랫동안 근무하며 대부분 특정 업무 위주로 임무를 수행한다. 일반적으로 군무원은 일반직 군무원, 기능직 군무원으로 분류하고, 업무의 특수성과 전문성을 고려하여 별정직 군무원과 계약직 군무원으로 구분한다.

❖ 일반직 군무원: 주로 군에서 필요로 하는 연구 분야와 행정, 사서, 시설관리 등 한자리에서 오랫동안 근무하는 것이 효율적인 분야를 담당한다.

❖ 기능직 군무원: 군인들이 생활하는 데 지원이 필요한 분야의 기술을 가진 사람들이다. 예를 들면 조리, 이발 등에 해당하는 보건 분야와 목공, 통신기기 점검 등 각종 기술지원 시 필요한 기능 업무를 전담한다. 한마디로 군인의 실생활과 가장 밀접하게 연결되어 있는 사람들이다.

❖ 별정직 군무원: 특별한 전문성이 필요한 분야에 일시적으로 인원이 필요할

때 채용한다. 통상 군과 관련된 특별한 전문성을 요구하기 때문에 군에서 해당 분야에 근무했던 예비역 간부나 관련 기관에서 근무했던 사람 중에서 주로 채용한다. 이들은 복잡하고 어려운 업무를 담당하기 때문에 비교적 높은 직급을 모집하는 경우가 대부분이다.

❖ 계약직 군무원: 계약직 공무원과 같은 개념으로서 군에서 필요한 전문기술이나 신기술, 지식 등과 관련된 분야에서 일정기간 근무하며 업무를 수행한다. 계약군무원도 대부분 특정 분야의 경력을 보고 선발하므로 젊은 층보다는 비교적 연령대가 높은 사람들이 주로 채용된다.

❖ 채용방식: 군무원 채용은 국방부와 각 군에서 주관하는 시험을 통해 선발한다. 채용은 필요에 따라 공개채용, 경력경쟁채용(일반직·계약직) 등 다양한 방식으로 전개된다. 공개채용은 5급·7급·9급 군무원으로 나누어 채용하므로 전 직급이 해당된다. 공식적인 채용 공고는 매년 1회 실시하며 별정직 군무원과 계약직 군무원은 소요발생 시기 고려 전·후반기 매년 2회 공고를 낼 수 있다. 선발절차는 통상 1차 필기시험, 2차 면접을 실시한다. 별정·계약직 군무원을 채용하는 경우에는 필기시험은 생략하고 1차 서류전형, 2차에는 실기시험과 면접을 실시하기도 한다.

군무원은 특정직 공무원으로서 현역 간부와 병사들이 군 본연의 업무에 집중할 수 있도록 군 운영에 관한 기능 분야에서 일하는 전문 직종이다. 그래서 군인에 준하는 대우를 받지만 급여와 연금 등 전반적인 처우는 국가공무원과 같다. 하지만 2016년 6월 30일부로 대통령령인 「군인복무규율」이 폐지되고 정식 법률인 「군인복무기본법」이 시행됐다. 과거 「군인복무규율」에서는 군무원에 대해 군인에 준한 처우를 했으나 「군인복무기본법」에서는 군인과 같이 정식 법률 적용대상에 포함시켰다.

최근 공무원 채용 경쟁률이 수백 대 일에 이를 정도로 경쟁이 치열하다. 많은 젊은이들이 공무원이 되기 위해 몇 년씩 학원에 다니며 고시공부 하듯이 시간을 투자한다. 이러한 분위기에서 군무원은 공무원과 같은 대우를 받으면서 일부는 군인의 대우를 받는 특별한 직업군이다. 필자가 보기에 공무원과 군무원의 채용시험은 여러모로 비슷하기 때문에 공무원이 되고자 준비하는 사람이라면 군무원 시험에 같이 도전해보는 것도 좋은 취업전략일 것이다.

9

병무청 모바일 서비스 안내

스마트 앱 서비스 내용

나의병역	일자 / 병역기본사항 / 민원처리결과 조회
군지원	모집계획, 지원현황, 지원가능분야, 모병합격자조회
알아보기	적성찾기, 병역일정, 일자리, 약도, 공지사항 안내
복무제도	사회복무 / 전문·산업 / 승선예비역 /특별보충 복무제도
보관함	저장정보 / 동원소집통지서 / D-Day / PUSH 수신정보 조회
홈페이지	병무청 모바일홈페이지 이동
상담센터	전화상담, 문자상담
앱소개	앱소개, 개선안내, 신규서비스신청
환경설정	주민등록번호, PUSH 설정, D-Day 설정, 인증서관리, PC에 인증서 복사

스마트 앱 이용방법

❖ 앱 스토어에서 '병역안내'로 검색하고 스마트폰 앱 설치 후 사용

※ 앱 스토어: 애플-스토어, 구글마켓, 올레마켓, T-스토어, OZ-스토어

❖ 공인인증서가 필요한 서비스 이용방법

※ 공인인증서가 필요한 서비스: 일자조회, 병역기본사항 조회, 모병합격자 조회, 적성찾기, 동원소집통지서

① 개인 PC에서 병무청 홈페이지(http://www.mma.go.kr) 접속

② 홈페이지 메인화면 우측의 빠른서비스에 「스마트 앱 인증서」 접속 후 공

지된 순서에 따라 PC나 USB에 저장되어 있는 공인인증서를 스마트폰으로 전송 후 사용 가능

문자상담 이용 안내

❖ 이용시간: 평일 오전 9시 ~ 18시

※ 이용시간 외 문자상담 요청 시 다음 날 답변

❖ 이용방법: 문의사항을 문자상담번호(#11109090)로 전송 후 답변 수신

※ 개인정보 활용 동의여부를 문자로 확인(최초 1회) 시 이용 가능

※ 문자상담은 본인확인이 불가하므로 개인정보가 포함된 내용은 상담 제외

10

지방병무(지)청 연락처 및 관할지역

소속 기관	소재지(연락처)	관할 지역
서울지방 병무청	서울특별시 영등포구 여의대방로 43길 13 (신길7동 산159-1, ☎ 02-820-4522)	서울 전 지역
부산지방 병무청	부산광역시 수영구 연수로 301 (망미동 640-5, ☎ 051-667-5228)	부산/울산 광역시
대구·경북 지방병무청	대구광역시 동구 동내로 63 (신서동 1168-1 ☎ 053-607-6229)	대구광역시, 경상북도 전 지역
경인지방 병무청	경기도 수원시 팔달구 고화로 120 (화서동 53-2, ☎ 031-240-7442)	경기북부를 제외한 경기도 전 지역, 인천광역시
광주·전남 지방병무청	광주광역시 동구 양림로 119번길 8 (학동 69, ☎ 062-230-4420)	광주광역시, 전라남도 전 지역
대전·충남 지방병무청	대전광역시 중구 중앙로 16번길 5 (문화동 1-6, ☎ 042-250-4227)	대전광역시, 세종시, 충청남도 전 지역
강원지방 병무청	강원도 춘천시 백령로 15 (효자동 349-2, ☎ 033-240-6258)	춘천·원주시, 홍천·횡성·영월·철 원·화천·양구·인제·평창·정선군
충북지방 병무청	충청북도 청주시 흥덕구 남사로 33 (사직동 38, ☎ 043-270-1259)	충청북도 전 지역
전북지방 병무청	전라북도 전주시 완산구 관선3길 14 (남노송동 519-12, ☎ 063-281-3227)	전라북도 전 지역
경남지방 병무청	경상남도 창원시 의창구 중앙대로 250번길 13 (신원동 103-3, ☎ 055-279-9258)	경상남도 전 지역
제주지방 병무청	제주특별자치도 제주시 청사로 59, 313호 (도남동 정부합동청사, ☎ 064-720-3225)	제주특별자치도 전 지역
인천지방 병무청	인천광역시 남구 노적산로 76 (학익동 545-1, ☎ 032-870-0651)	인천광역시, 경기도 부천, 광명, 안산, 시흥, 김포
경기북부 병무지청	경기도 의정부시 전좌로 76 (호원동 274-2, ☎ 031-870-0257)	의정부·고양·파주·양주·동두천· 남양주·구리시,연천·양평·포천· 가평군

부록: 알아두면 유익한 군대 관련 상식
❖

소속 기관	소재지(연락처)	관할 지역
강원영동 병무지청	강원도 강릉시 율곡로 2705 (노암동 200-11, ☎ 033-649-4235)	강릉·동해·태백·속초·삼척시, 고성·양양군
중앙 신체검사소	대구광역시 동구 첨복로 10 (신서동 1168, ☎ 053-670-0234)	면제대상, 이의제기자 정밀검사 실시
병무민원 상담소	대전광역시 서구 청사로189 정부대전청사 2동 (둔산동 920, ☎1588-9090)	병역이행 상담, 안내

참고문헌

단행본

1. 워너비 검은베레 / 김환기, 양욱, 박희성 공저 / 플래닛미디어 / 2014
2. 오백년 내력의 명문가 이야기 / 조용헌 / 푸른역사 / 2002
3. 새로운 인생 2막(아름다운 동행) / 전상중 / 2007
4. 잘되는 나를 위한 명언 에스프레소 / 이탄 / 도서출판 점자 / 2010
5. 세상을 바꾸는 위인 그리고 명언 / 박정규 / 글모아 출판 / 2012
6. 군대를 꼭 가야만 한다면 / 문형철 / 브레인 스토어 / 2016
7. 군대윤리 / 조승옥 등 5명 공저 / 집문당 / 2010
8. 한국의 여군 / 김가령 / 형설출판사 / 2013
9. 나의 직업군인 "육군" / 청소년행복연구실 / 동천출판 / 2014
10. 나의 직업군인 "공군" / 청소년행복연구실 / 동천출판 / 2014
11. 대한민국 해병대, 그 치명적 매력 / 김환기 / 플래닛미디어 / 2010
12. 대한민국 공군의 위대한 비상 / 김환기, 임상민 / 플래닛미디어 / 2011

군(병무청 포함) 발간 책자 및 간행물

1. 2014 국방백서 / 국방부 / 2015

2. 2016 국방백서 / 국방부 / 2017

3. 해군의 중추 부사관 복무지침서 / 해군본부 / 2015

4. 해군리더십 연구 제9호 / 해군리더십센터 / 2015

5. 해군 핵심가치 지침서 / 해군본부 / 2015

6. 대한민국 해군의 걸어온길, 함께 가는길 / 해군본부 / 2014

7. 해군역사와 창군정신 / 해군리더십센터 / 2013

8. 병무행정 용어 해설집 / 병무청 / 2010

9. 2013~2014 병무백서 / 병무청 / 2015

10. 2010년 병무연보 / 병무청 / 2011

11. 우리아들, 군대 어떻게 보낼까? / 병무청 / 2016

12. 2015년도 미래병역의무자를 위한 "병무행정 소개" / 병무청 / 2015

13. 육군사관학교 모집요강 / 홍보책자

14. 해군사관학교 모집요강 / 홍보책자

15. 공군사관학교 모집요강 / 홍보책자

16. 국군간호사관학교 모집요강 / 홍보책자

인터넷 자료

1. 군 관련 홈페이지: 국방부, 병무청, 육군본부, 해군본부, 공군본부, 해병대사령부, 육군사관학교, 해군사관학교, 공군사관학교, 국군간호사관학교, 육군3사관학교, 육군부사관학교, 해군교육사령부, 공군교육사령부, 해병대교육훈련단, 육군특수전사령부, 육군특수전교육단, 해군특수전전단

2. 공공기관 홈페이지: 행정안전부, 해양수산부, 해양경찰청, 통계청, 경찰청, 소방방재청, 중앙소방학교

3. 관련학교 홈페이지: 항공과학고등학교, 고려대, 건양대, 경남대, 대전대, 조선대, 영남대, 원광대, 용인대, 청주대, 충남대, 서경대, 상명대, 한국해양대, 부경대, 목포해양대, 제주대, 세종대, 한양대, 한국항공대, 한서대, 한국교통대, 아주대, 영남대, 단국대, 대덕대, 오산대, 원광보건대, 영진전문대, 전남과학대, 대전과학기술대, 경북전문대, 경기과학기술대, 경남정보대, 순천청암대, 신성대, 영남이공대, 충북보건과학대, 포항대, 대구과학대, 혜천대, 여주대, 동양대

찾아보기

취업과 성공을 보장하는
군대 골라가기

ⓒ임준호

2017년 8월 11일 초판 1쇄 인쇄
2017년 8월 18일 초판 1쇄 발행

지은이 임준호
펴낸이 우찬규 박해진

펴낸곳 도서출판 학고재(주)
등록 2013년 6월 18일 제2013-000186호
주소 04034 서울시 마포구 양화로 85 동현빌딩 4층
전화 02-745-1722(편집) 070-7404-2810(마케팅)
팩스 02-3210-2775
전자우편 hakgojae@gmail.com
페이스북 www.facebook.com/hakgojae

ISBN 978-89-5625-356-5 03320